文明新形态"两史两论"丛书　　　总主编◎张东刚　林尚立

文明冲突论的
终结

The End of the
"Clash of Civilizations" Theory

张东刚　王　文　等◎著

中国人民大学出版社
·北京·

序　言

　　1993 年夏，塞缪尔·亨廷顿在《外交》（*Foreign Affairs*）杂志上发表了一篇题为《文明的冲突?》的文章，提出了文明之间的冲突是否决定世界政治前途的问题，掀起了对冷战后世界秩序的广泛讨论。三年后，亨廷顿将这篇论文丰富扩展成一本专著，出版了著名的《文明的冲突与世界秩序的重建》，提出了一种全新的分析框架，即世界政治的基本冲突不再源于意识形态或经济利益，而是源于不同文明之间的深层文化差异。亨廷顿认为，冷战结束后，全球主要的冲突将围绕不同文明之间的差异展开。根据他的理论，世界分为八大文明——西方文明、中华文明、伊斯兰文明等。他认为，这些文明在历史、文化、宗教等方面的根本性差异将不可避免地导致冲突。

　　《文明的冲突与世界秩序的重建》一书自 1996 年首次出版以来，

已经被翻译成数十种语言发行，仅在中国的发行量就超过 40 万册，可见其影响力之巨大。文明冲突论为何能够在世纪之交一经提出就产生如此大的影响力？人类社会之间的争斗冲突是否由文明差异引起？不同文明之间的关系是否真的像亨廷顿所预言的那样，以不可避免地走向冲突与对抗为终点？判断一种理论是否有生命力，我们首先要关注它诞生的背景和根源。

文明冲突论诞生于冷战后的世界时局交替更迭时期，此时，以社会主义—资本主义二分的意识形态为基础的国际关系分析框架失灵，而新的分析范式尚未确立。亨廷顿试图重建国际政治分析框架，绘制以文明为基点的国际秩序蓝图，将文化与文化认同树立为国际关系与世界政治互动的底层逻辑。作为美国的爱国者和政治学者，亨廷顿意图通过宗教身份以及人种身份构建一个共同体，用否定的方式构建一个反面共同体作为敌人，以此来维护美国在其盟友之中以及在西方世界的领导地位。例如，亨廷顿特别指出了伊斯兰文明和西方文明之间的紧张关系，认为这两者之间的冲突将是未来国际政治中的核心矛盾。

文明冲突论一经提出，便受到了广泛的关注与热议，成为学术界和政界讨论的焦点。然而，文明冲突论从诞生起就充满了争议。随着时间的推移，它逐渐暴露出一些理论上的不足与局限性。首先，它过于简化了文明的定义，将文明视为相对封闭和固定的实体，忽视了文明内部的多样性和变化性。事实上，任何一个文明内部都是多元化的，并且随着时间的推移不断变化。例如，伊斯兰世界内部的冲突，诸如逊尼派与什叶派的冲突，无法简单归结为文明间的对立。同样，西方文明内部的差异也是显而易见的，欧洲和北美在文化、政治、经济等方面都有显著差异。再如，今天的伊斯兰文明、中华文明或西方文明都与数百年前的形态有所不同。文明的发展并非一成不变，它们会随着经济、社会、技术等因素的发展而发生重大变化。这种忽视文明内部的多样性和变化性的做法使文明冲突论在解释许多复杂的国际冲突时显得过于笼统和僵化。

亨廷顿虽然敏锐地察觉到了冷战后世界格局的变化，但他的文明冲突论却未能从历史出发，并适应全球化的持续深化。从历史来看，不同文明之间既有冲突，也有交流、融合，各大古老文明都有对话协商的传统。亨廷顿只看到了文明之间的差异，放大了文明之间的冲突，却有意忽视了文明内部的多样性和变化性，以及文明间的交流和互动。在人类历史的长河中，不同民族的文明是不断交流、融合和发展的，这正是人类社会得以进步的源泉。中华文明几千年的历史就是一部多文明不断磨合、交融、发展、进步的历史，这成就了中华文明的博大、精深和包容。美国建国几百年来也成功地融合了多种文明，吸收和同化了外来文化，成为号称代表自由的国度，吸引着来自世界各地的逐梦者，为美国的国家建设添砖加瓦。美国在二战后成长为超级大国，与其文化的兼收并蓄及招揽全球人才是密不可分的。

亨廷顿的理论过于强调文明的对立性，仿佛不同文明之间势同水火，互不相容，却刻意忽视了历史上不同文明之间的互动、借鉴、涵化和融合。文明冲突论假设文明之间的差异不可调和，但实际上，许多不同文明之间的差异在合作和对话中得到了弥合。比如在面对气候变化、疫情、恐怖主义等全球性问题时，不同文明的国家能够携手合作，共同应对全球挑战。这种合作表明，文明之间的共同利益和共同关切可以超越文化、宗教和价值观的差异。通过互动，文明会吸收他者的思想、技术和文化元素，形成新的融合。在现代世界中，经济、科技、文化等领域的跨文明交流比以往任何时候都更加频繁。文明冲突论选择性地忽视了这种文明融合的力量，刻意回避了文明之间交流、互动、合作带来的共同进步的可能性。近代以来，随着科技的发展，人类交往愈加频繁，文化的交流与融合更是无处不在、无时不有，不同文明间的相互影响也是惊人的。比如，"人权"概念一度被认为是资本主义的，是反社会主义的。2004年"人权"被写进《中华人民共和国宪法》。虽然对人权内涵的解读还存在差异，但至少这个概念被接受和认同，被写进法律更是前所未有的新的一步。这种变化是与西方文明不断接触、碰撞、交流的结果，是文明融合的典型例证。

本书从未否定文明冲突的存在，文明之间的冲突一直存在，但文明冲突并不是文明之间关系的全部。全球化时代，不同文明之间的交流和互动大大加强，相互之间的碰撞必然增多，这一点亨廷顿没有说错，但是他忽视了文化涵化与融合的惊人力量。在全球化的推动下，不同文明之间的相互学习与合作在政治、经济、文化等领域表现得尤为显著。各国的经济发展越来越依赖全球供应链，各种思想、技术、文化的流动跨越了国界，不同文明之间的对话成为推动世界进步的动力。全球化带来的文明之间相互交流借鉴、共同进步的可能性也越来越大。特别是中国的崛起，为全球文明提供了新的视角。中国通过"一带一路"倡议推动不同文明的经济、文化融合，以和平共赢的方式促进了国际社会的共同发展。在这样的背景下，亨廷顿所谓的"文明冲突"不仅没有成为主要矛盾，反而被各文明间的合作与共存取代。

亨廷顿看到了西方文明正面临的衰落和中华文明的崛起，并且将中国的崛起视作未来对西方的主要挑战，认为中国的崛起对美国形成了更根本的挑战。美国和中国几乎在所有重大政策问题上都没有共同的目标，两国的分歧是全面的。中国不愿意接受美国在世界上的领导地位或霸权，美国也不愿接受中国在亚洲的领导地位或霸权。在这一问题上，美国应对中国崛起所采取的激进态度印证了亨廷顿的预言。美国多次提及"修昔底德陷阱"，将中国视为"假想敌"鼓吹新冷战，新麦卡锡主义沉渣泛起，在经贸、金融、科技等多领域对中国实施制裁。这背后不乏美国信奉的西方文明中心论的影响。

然而，亨廷顿对于中国将对抗西方以及中美两国关系将长期处于紧张态势与两国矛盾不可调和的判断过于绝对。西方哲学强调二元对立、主客二分、矛盾斗争，形成了崇尚科学、征服自然、个人主义、社会多元的西方文明，演化为武力征服的文明传播方式。中国哲学则强调和合中庸、自然天理、变化生生，形成了"责任先于自由""义务先于权利""群体高于个人""和谐高于冲突"的中华文化。

中华文明绵延五千多年，从两汉之际佛教东传到丝绸之路的开辟，从明代郑和七下西洋到近代文明"西学东渐"以及马克思主义中国化，直到改革开放以来全方位与世界多元文明交流对话，中华文明对待外来文明始终保持着开放包容、兼容并蓄的精神基因，积极吸收借鉴其他文明的成果并发展创新。中国历史悠久的文明发展历程展示了一个多元文化交融的范本：中华文明自古以来就注重"和而不同"，通过吸收、融合外来文化而不断发展壮大。中华文明缺乏基于文化或文明因素与其他文明冲突的因子，因此中美之间的文明冲突完全是美国的一意孤行造成的。中华文明不仅不寻求冲突，反而还是发展多样文明、天下大同文明、融合创新文明的拥护者。

文明冲突论过于注重文明差异，将许多冲突简单归结为文明间的对抗，但现实中的国际冲突往往比这一框架要复杂得多。许多冲突并非单纯的文明间对抗，而是由国家利益、权力斗争、经济问题等多重因素共同作用的结果。以美国和中国之间的关系为例，虽然亨廷顿将中华文明视为西方文明的对立面，但实际上，中美之间的竞争更多体现在经济、科技、地缘政治等方面，而不是单纯的文明冲突。亨廷顿过分强调文化和文明的差异，忽视了其他更为复杂和多样的因素，这使得他的理论在解释当代国际冲突时显得过于片面。

归根结底，文明冲突论是美国的政治学者为政治家、战略决策者提出的关于冷战后世界格局和世界秩序的一种理论假设，即国家间的冲突看上去是利益不同所致，而本质上则是文明之不同所致。它产生了一种美国政府可以直接使用于国际关系中的战略布局和政策范式，为美国对外部世界继续保持霸权主义和强权政治政策提供了理论依据，具有为美国和西方利益服务和进行舆论宣传的实质，客观上为美国等西方国家的国际战略布局和对外政策提供了学理层面的基础。这种现象看上去像极了"以学术讲政治",实则是"为政治讲学术"。

中华文明正处于崛起的进程之中。自中国共产党的十八大以来,中国不断走近世界舞台中央,成功探索了一条有别于西方大国的文明型崛起之路。对内,中国坚持"以人民为中心",促进共同富裕与社会公平正义,避免社会贫富差距扩大与阶层固化;对外,中国提出并实施"一带一路"倡议,创建了亚洲基础设施投资银行,积极参与及引领 G20 和金砖合作机制等,均充分展现了一个负责任大国的形象。习近平总书记的人类命运共同体、人类安全共同体等重要论述赢得广泛赞同。可以说,中华文明的崛起为世界带来的是和平、发展与繁荣,而非殖民、杀戮与血腥。人类命运共同体理念强调各国应在和平共处、互利共赢的基础上,共同面对全球性挑战。这一理念在中国式现代化的背景下得以深化,倡导各国在发展中合作、共赢,推动了国际社会的团结与合作。

在全球化交往的时代,人类正突破传统交往的限制,迈向更为广阔的生存发展空间,同时也面临着发展与变革、竞争与合作、冲突与融合交织并存的局面。在过去的数千年时间里,世界人民的交往越发频繁,但这个融合过程从来不是一帆风顺的。而解决之道就是交流互鉴、对话协商。不同文明间包容互通是文明交流互鉴的保障。总的来看,文明交往的和平形式占据主导地位,不论是商业贸易还是文化交往,都为文明之间的和谐共生创造了条件。不同文明相互包容的基础在于,人类发展在追求共同的价值,秉持着共同的意愿。文明交往是构建人类命运共同体的必要途径,文明交往的动力来源于全球化进程中各国人民"你中有我，我中有你"、相辅相成的命运联系。

中国式现代化道路是中国共产党在中国特有的历史、文化、社会和经济条件下探索出的一条适合中国国情的发展道路。这一道路不仅对中国自身的发展具有重要意义，也对人类文明的发展产生了深远的影响。中国式现代化强调在发展中保持文化多样性，尊重不同文明的价值观和发展模式；中国的现代化过程注重经济增长与社会进步的同步发展，通过改革开放和政策创新，实现了贫困人口全部脱贫，消灭了绝对贫困；大力推动科技创新和可持续发展，通过研发新技术、推动绿色能源和智能制造，为全球应对气候变化和生态环境保护提供了新的思路和方案；中国式现代化也在推动全球治理体系的变革，通过参与国际组织和多边合作，中国积极倡导建设公平、公正、合理的国际秩序，推动全球经济治理改革，为其他国家在全球化进程中发声提供了平台，体现了更为平衡的国际关系。

中国式现代化道路不仅是对自身发展问题的探索，更为全球文明发展提供了新的思路和方向。通过强调多样性、协调发展、科技创新、全球治理和共同体意识，中国式现代化为人类文明的进步做出了重要贡献，展现了不同文化和发展模式共存共荣的可能性。中国式现代化道路着眼于人类文明演进的规律，以中国之治为基础，以自己的文明逻辑创造了人类文明新形态，给出了"世界怎么了，人类向何处去"的文明之解。

随着中国式现代化的发展，中国正在积极倡导通过合作共赢、互鉴互学的方式促进世界文明的共同进步。习近平总书记提出的人类命运共同体理念，正是为了解决文明冲突，推动全球和平与发展而给出的一个全新答案。世界各国紧密相连，命运与共，人类愈发成为一个整体，共同书写着世界历史。人类命运共同体是着眼于世界人民的共同利益和历史发展逻辑做出的科学判断。面对诸多全球性危机，不存在安全孤岛，没有人能独善其身，需要全世界人类团结起来共同应对。

2023年3月15日，习近平总书记在中国共产党与世界政党高层对话会上发表题为《携手同行现代化之路》的主旨讲话，提出包括倡导尊重世界文明多样性、倡导弘扬全人类共同价值、倡导重视文明传承和创新、倡导加强国际人文交流合作四点主张在内的全球文明倡议，并提出"以文明交流超越文明隔阂、文明互鉴超越文明冲突、文明包容超越文明优越"。这些观点构成了中国在文明问题上的基本态度，进一步丰富了"世界怎么了，我们怎么办"这一世界之问的中国答案。

全球文明倡议基于文明的多样性、平等性和相互尊重，强调通过文明的对话与交流来化解冲突，构建一个更加包容和谐的全球秩序。全球文明倡议的提出表明中国共产党将致力于推动文明交流互鉴，促进人类文明进步，再次彰显出中国共产党的全球视野和使命担当。从文明交流互鉴到全球文明倡议，人类文明新形态越来越具象化，人类文明的未来越来越清晰。

当今世界正处于百年未有之大变局，人类面临着深刻的发展、大规模的变革和全面的调整。全球各国的政治、经济、文化和科技都在经历前所未有的变动与重塑。在这一背景下，人类文明的进程正在孕育新的突破与跃升。站在 21 世纪的今天，全球文明的走向已经远远超出了亨廷顿当初的文明冲突论的预测，取而代之的是一种更加复杂和多元的互动关系。随着人工智能、大数据、云计算等前沿技术的迅速发展，传统的生活方式、工作模式和社会结构正在经历根本性的变革。这一切的变化不仅推动了经济的高效运转，更深刻影响着人类的思维方式和价值观念。数智文明的崛起意味着人类正在进入一个全新的阶段，在这个阶段中，数字技术和智能化将成为社会进步的核心动力。

在数智文明的框架下，各国人民的联系将更加紧密，文化的交流与融合将更加频繁。不同国家、不同文化之间的互动，不再局限于传统的经济贸易，而是向着知识、技术、价值观的广泛共享发展。这种跨国界的合作关系将帮助人类共同应对诸如气候变化、网络安全、公共卫生等全球性挑战。与此同时，数智文明还将共享技术进步带来的丰硕成果，推动社会的整体福祉提升。通过共享技术和创新成果，全球人民能够享受到更高质量的教育、医疗和生活服务，这不仅提升了人类的生活水平，也为实现可持续发展目标奠定了基础。数智文明的时代不仅是技术发展的时代，更是人类命运共同体意识提升的时代。在这个全新的文明形态中，各国人民将携手共进，推动人类文明的繁荣与进步，共同书写人类历史的新篇章。

文明冲突论曾经在世纪之交影响深远，但它所描绘的世界图景并未成为现实。相反，在全球化的持续深化下，文明之间的对话与合作正成为时代的主旋律。文明之间的交流与融合，既如春雨般悄然滋润万物，不着痕迹地改变着人们的思想和生活，也能在关键时刻爆发出惊人的力量，推动历史的进步与变革。本书旨在通过探讨文明冲突论的时代背景与理论来源，辨析其核心概念与主要论点，批判其西方至上主义的本质、服务于美国利益的政治意图，以及仅仅看到文明的冲突却忽视了文明的融合的局限性，阐明文明交流互鉴与相互包容的重要性，提出践行人类命运共同体理念，开创新型文明观，走向更加美好的人类文明新形态。本书的出版将帮助我们重新思考文明冲突与融合的关系，指明通往未来文明之美的道路。通过跨文化的理解与包容，未来的世界将更加繁荣、和平与美好。

本书共分为七章：

第一章从《文明的冲突与世界秩序的重建》的成书背景切入，首先对亨廷顿的个人经历、后冷战时代的特殊时代环境与理论背景，以及文明冲突论的理论来源与基础进行介绍；其次展开对亨廷顿文明冲突论的核心概念与主要论点的阐释，深入"文明"的视角；最后梳理学界与之相关的争论及其回应，重思文明冲突论的贡献与局限性。

第二章揭示西方至上主义对文明冲突论的潜移默化的影响，探讨西方文化心理背后的宗教传统，概述西方野蛮的文明发展、扩张过程，进一步讨论西方至上主义视角下文明冲突论的内涵。

第三章指出文明冲突论所设置的学术陷阱，即表面是"以学术讲政治"，实则是"为政治讲学术"；指明文明冲突论学术外衣下的政治意图——一切为了美国的安全和利益，分析美式霸权存在的底层逻辑，揭穿以文明的冲突挑起后冷战时代意识形态的对立，以维系美式霸权的真实面目。

第四章从历史与学术角度探讨文明冲突论，批判"西方文明优越论"，指出西方文明是多种文明交流互动的产物；论述西方文明的二元思维及对外扩张的属性，明确宗教在西方殖民扩张过程中的角色和作用，评估文明冲突成为"自我实现的预言"的影响，指出百年大变局呼唤新文明观。

第五章探究被文明冲突论忽视的文化涵化与文明融合，从文明的思想演变探讨文明融合的内在思想基础，以"希腊化"文明的形成作为范本解释古代文明融合的过程，借鉴文化涵化与文明融合的过程揭示不同文明之间交流融合的客观规律，进而分析百年变局下东西方文明融合的新特征，以中国式现代化进程为例探讨不同文明在中国的融合过程。

第六章探讨文明的多样性、平等性与文明的道路，强调人类文明多样性是世界的基本特征和人类进步的源泉，不同文明是平等的，没有高低、优劣之分，提倡文明的交流互鉴与相互包容，指出交流互鉴、对话协商是消解文明冲突的必要条件，阐明中国式现代化道路对于人类文明发展的意义。

第七章从百年变局视角看待文明的未来，同时尝试从文明角度理解百年变局，阐明人类文明新形态的生成逻辑、精神内涵和世界意义。百年变局下，人类社会已经进入数智时代这一全新的文明阶段，面对数智时代带来的机遇与挑战，应加快构建人类命运共同体，借助人工智能技术探索人类文明新形态。

目 录

第一章　亨廷顿与文明冲突论

《文明的冲突与世界秩序的重建》的诞生是亨廷顿特殊的个人经历、后冷战时代复杂的国际政治环境和学术理论背景共同作用的结果。作为美国政治学家和学者，亨廷顿的一生写满了对美国政党政治的忧虑与关切。这名18岁便从耶鲁大学毕业的天才少年很早就投身于美国政治与社会——他在美国陆军服役，在世界名校任教，在政治舞台上运筹帷幄。亨廷顿不仅在学术领域取得了令人瞩目的成就，还在美国政治实践中崭露锋芒，理论智慧与实践经验沉淀出他观察世界政治犀利而独到的视角。他从政党政治、官僚政治和军政关系入手描摹现代国家的逻辑，在国家有效性与合法性的辩证关系之间探求美国乃至世界前行的方向。

冷战后，站在历史的十字路口，亨廷顿意识到人们迫切需要"一个新的框架来理解世界政治"。世界时局交替更迭，美国政治与国际关系研究在美国大胜利后的大狂欢中陷入迷茫和失落，冷战时以社会主义（共产主义）—资本主义二分的意识形态为基础的国际关系分析框架彻底失灵，新涌现的四类分析范式又缺乏解释力。一生服务于美国国家利益的亨廷顿努力在"爱国"之心与治学之心两种立场、政治学家与政治学者双重身份间寻求平衡，试图重建国际政治分析框架，绘制以文明为基点的国际秩序蓝图——《文明的冲突与世界秩序的重建》由是诞生。

文化与文化认同形成了冷战后国际关系与世界政治互动的底层逻辑，文化的区别从此成为人与人之间最重要的区别——亨廷顿认为，以文明为基础的世界秩序正在出现。西方国家逐渐衰落，非西方国家日益崛起，在文明力量对比的变动中，不同文明之间的差异与矛盾日益凸显，文明断层线上频频发生的冲突似乎印证了亨廷顿的文明冲突论——文明相似的国家更倾向于相互结盟，而文明相异的国家则往往难以形成联系紧密的联盟，更容易爆发冲突。然而，文明之异不是冲突的全部原因，冲突也不是相异文明的唯一宿命。在后文明冲突论的世界里，多元文明的碰撞正在为世界政治书写冲突之外的答案。

第一节　焦虑的亨廷顿

塞缪尔·P. 亨廷顿（Samuel P. Huntington）是美国著名政治学家、政治评论家及政治顾问。作为政治学学者，亨廷顿的成就无疑是杰出的。哈佛大学负责国际事务的一位副教务长称亨廷顿为"过去半个世纪以来全球政治学的巨人之一"，形容他"能够运用自己的天赋和技能对一个至关重要但不便回答的问题制定经得起时间考验的分析"。他长期任教的哈佛大学评价他为"过去五十年中最具影响力的政治科学家之一"①。亨廷顿的很多观点极具原创性和颠覆性，不仅在学术界具有很大的影响力，在学术界以外也引起了很多争论。同时，作为政治实践的参与者，亨廷顿得到了许多相冲突的评价。《卫报》称他为"最具争议性的美国政治理论家之一"②。

一、塞缪尔·P. 亨廷顿的生平

1927 年 4 月 18 日，亨廷顿出生在纽约市皇后区的一个白人新教徒中产阶级家庭。他的父亲是一名旅馆业杂志的出版商，母亲是一位短篇小说作家。亨廷顿早年便有过军队经历，在 18 岁以优异的成绩从耶鲁大学毕业后，他在美国陆军中短暂服役，退役后在芝加哥大学获得硕士学位，之后在 22 岁时完成了博士论文，获得哈佛大学哲学博士学位。亨廷顿曾任教于哈佛大学和哥伦比亚大学。在 1949 年博士毕业后，他任教于哈佛大学政府系。1959 年，他辞去了哈佛大学的教职，与布热津斯基（Zbigniew Brzezinski）一同前往哥伦比亚大学任教，担任政治系副教授以及哥伦比亚大学战争与和平研究所副所长。1963 年，亨廷顿受邀回到哈佛大学任教，此后一直在哈佛大学

---

① 关于哈佛大学对亨廷顿的评价，参见：https://news.harvard.edu/gazette/story/2009/02/samuel-huntington-81-political-scientist-scholar/。

② 关于《卫报》对亨廷顿的评价，参见：https://www.theguardian.com/world/2009/jan/01/obituary-samuel-huntington。

担任教职，曾任艾伯特·J. 韦瑟黑德三世（Albert J. Weatherhead Ⅲ）学院教授，并在 1967—1969 年以及 1970—1971 年两度担任哈佛大学政府系主任。亨廷顿不仅在哈佛大学担任教职，也先后担任了不同研究所的负责人。亨廷顿在 1978—1981 年担任哈佛大学国际事务中心主任，并且自 1989 年起担任约翰·M. 奥林（John M. Olin）战略研究所所长，从 1996 年到 2004 年，他担任哈佛大学国际和地区问题研究所所长。亨廷顿在政治学学术上取得诸多成就。他是 17 本书和 90 多篇学术文章的作者、合著者或编辑。他与"竞选中的政治对手、亲密的朋友"沃伦·D. 曼舍尔（Warren D. Manshel）一道创立了《外交》杂志，并且至 1977 年一直担任共同编辑。在学术研究中，亨廷顿是当时美国学者的代表，他使用数学来证明自己的个人理论，这被反对者称为伪数学政治科学。在 1985 年和 1986 年，亨廷顿两次被提名为美国国家科学院院士，但两次都被拒绝。在亨廷顿是否应该被选为美国国家科学院院士的争论中，耶鲁大学数学家塞尔日·朗（Serge Lang）指责亨廷顿在他的著作《变化社会中的政治秩序》中使用了"伪数学"，朗反对将"纯粹的政治观点"认定为科学，他尖锐地批评了亨廷顿利用基于电话数量以及其他随机选择的数据指标的方程式，来论证种族隔离下南非比法国更加稳定的观点，但许多政治学家都为亨廷顿进行了辩护。[①] 亨廷顿于 1986 年至 1987 年担任美国政治学会主席，2007 年他从热爱的教学工作中退休，结束了在哈佛大学 50 多年的任教生涯。在他写给哈佛大学校长

---

① LANG S. Challenges. New York：Springer，1998：31－39.

的退休信中，他写道："我很难想象还有比在这里教书更有意义或更愉快的职业，尤其是教本科生。自 1949 年以来，我一直珍惜度过的每一年。"2008 年 12 月 24 日，亨廷顿逝世于马萨诸塞州玛莎葡萄园岛（Martha's Vineyard），享年 81 岁。

在政治光谱中，亨廷顿被视为保守的政治现实主义者，他不仅在学术领域取得了令人瞩目的成就，也深刻参与了 20 世纪美国的政治实践。亨廷顿自称是神学家莱因霍尔德·尼布尔（Reinhold Niebuhr）的知识分子追随者。作为一名终身民主党人，亨廷顿在 20 世纪 50 年代担任民主党总统候选人阿德莱·史蒂文森（Adlai Stevenson）的演讲稿撰稿人。他在史蒂文森 1956 年总统竞选期间遇到了意中人南希（Nancy），并于次年与她结婚。在 20 世纪 60 年代，亨廷顿担任副总统休伯特·汉弗莱（Hubert Humphrey）的外交政策顾问，并与汉弗莱一起经历了 1968 年的不成功的总统选举。1967 年，作为美国国务院顾问，他撰写了一份关于越南战争的百页机密报告，该报告于 1968 年被发表在《外交》杂志上。这份报告质疑了美国在越南促进农村发展的政策，将美国在越南的失败归咎于"有效权威结构的缺乏"。由于这些观点，加之亨廷顿支持被称为"冷战自由主义"的自由民族主义，他受到 20 世纪 60 年代左翼人士的指控，并且出现了反对他的校园示威。他的家门口被涂上"战犯住在这里"的字样，任教的哈佛大学国际事务中心也遭到了燃烧弹袭击。亨廷顿在州和地方政治中间歇性地活跃，他曾为爱德华·肯尼迪（Edward Kennedy）、波士顿市长以及总统候选人凯文·怀特（Kevin White）工作。在 20 世纪 70 年代中期，亨廷顿担任民主党外交政策咨询委员会主席。1977—1978 年，亨廷顿在吉米·卡特政府担任美国白宫国家安全委员会的安全规划协调员（Coordinator of Security Planning），参与了白宫有关国家安全战略的决策过程并协调各项相关政策。在 20 世纪 70 年代后期，亨廷顿也关注过中美关系，在对布热津斯基即将到来的中国之行的讨论中，亨廷顿发表了自己的看法：中国人区分"长期原则"与"短期考虑"，不应该将中美两国讨论的重点放在意识形态上，而应该放在具体事务上；可以通过北京的伍德科克（Woodcock）给予中国苏联的情报以建立中国人的感激之情，帮助伍德科克进入中国官场；美国对美苏关系的政策表述不应该使用"缓和"，而应该用"第二阶段"。这些观点展现了亨廷顿美国利益至上的态度以及现实主义的政治立场。① 亨廷顿曾担任巴西军政府自由化问题的顾问长达十多年，在 20 世纪 80 年代的南非种族隔离时期，他担任过 P. W. 博塔（Botha）安全部门的顾问，1981 年，他在南非政治研究协会会刊上发表的一篇论文经常被引用为 P. W. 博塔政府推行改革和安全镇压政策的理论依据。

在人际交往上，亨廷顿与亨利·基辛格、布热津斯基是哈佛大学的同学，并且布热津斯基是他的要好的朋友，在亨廷顿离开哈佛大学前往哥伦比亚大学时，他说服了布热津斯基与他一同前往哥伦比亚。在冷战达到顶峰时期的 20 世纪 60 年代，亨廷顿与布热津斯基共同写作了《政治的权力：美国与苏联》（*Political Power：USA/USSR*），这是对冷战动态的主要研究。后来亨廷顿与布热津斯基一

---

① 亨廷顿对布热津斯基中国之行的看法，参见：https：//china. usc. edu/samuel huntington-national-security-advisor-zbigniew-brzezinski-may－11－1978。

同在白宫对美苏争夺全球权力的竞争进行广泛的战略评估，对卡特政府和里根政府的政策产生了重大影响。① 基辛格与布热津斯基都与美国政坛关系深厚，基辛格作为外交家，曾在尼克松政府担任国家安全事务助理，并且两度出任国务卿，在中美建交中发挥了重要作用；布热津斯基曾出任卡特的安全顾问及国家安全事务助理，是20世纪70年代末美国外交政策的实际操控者。亨廷顿的学生众多，包括弗朗西斯·福山（Francis Fukuyama）、埃利奥特·科恩（Eliot Cohen）、法里德·扎卡里亚（Fareed Zakaria）等。其中最为著名的是弗朗西斯·福山，代表作为《历史的终结与最后的人》，提倡"历史终结论"。由此可见，亨廷顿倾向于与持保守主义观点的美国政治人士保持密切关系。

综上所述，不能将亨廷顿单纯地作为政治学者看待，而应该结合他作为学者与政治学家的两重身份，来看待他的作品及理论。

二、亨廷顿的学术成就

作为学者，亨廷顿的研究领域十分广泛，涵盖了军政关系、比较政治、民主体制、国际关系等领域。亨廷顿的学术研究的一个特点是其作品与现实紧密结合，理论往往是对现实中出现的问题的回应；另一个特点是模型的建构与历史和实证的证据相结合。

受到1951年杜鲁门总统因为麦克阿瑟将军不服从指挥而解除其职务一事的启发，亨廷顿在20世纪50年代将研究兴趣放到军政关

---

① HUNTINGTON S P. The clash of civilizations and the remaking of world order. 2nd. New York：Simon & Schuster，2011：Foreword.

系上，写出了《军人与国家：军政关系的理论与政治》（1957 年）
一书。在此书中亨廷顿分析了现代军事职业的形成过程，提出了军
政关系的一般理论，区分了"主观文官控制"与"客观文官控制"
两种军政关系的理想类型，并且从权力、意识形态与职业主义三个
维度区分了军政关系的五种模式。随后仔细考察了美国自建国以来
的军政关系，并且赞扬了历史上保持稳定、专业和政治中立的军官
队伍。

在 20 世纪 60 年代至 20 世纪 80 年代，一方面受到冷战不断激化
的影响，亨廷顿进行了美国政治与比较政治的研究。其代表作包括
《共同防务：国家政治中的战略计划》（1961 年）、《政治的权力：美
国与苏联》（1964 年，在书中亨廷顿比较分析了美国和苏联的政治
制度，探讨了以美国和苏联为代表的两种相互对立的政治哲学如何
塑造世界），以及《美国政治》（1981 年）。另一方面，二战后众多
新兴国家摆脱了殖民国家的控制，走上独立的道路，受到这种政治
现实的影响，亨廷顿研究了民主政治与现代化理论，代表作为《变
化社会中的政治秩序》（1968 年，也有版本译为《变革社会中的政
治秩序》）、《第三波：20 世纪后期民主化浪潮》（1991 年）。在《变
化社会中的政治秩序》中，亨廷顿驳斥了当时流行的现代化观念，
提出了一个评估现代化进程中政治稳定性的分析框架。当时在学术
界流行的现代化理论有两种：第一种是把国家分为传统国家和现代
国家，传统国家需要在发展的过程中吸纳并采用现代国家所具有的
特质，抛弃传统社会的历史包袱，从而过渡到现代社会；第二种是
强调传统性和现代性的关系是复杂的，传统性可以通过吸纳现代性

的元素来适应国情，所以应该借助不断适应国情的传统性使国家进入现代化。这两种理论的共同之处在于，它们都认为从传统国家向现代国家过渡需要采取西方国家的民主制形式，并且政治稳定首先是经济发展，其次是社会变革的自然而然的结果①，即"好运都是纷至沓来的，好事都是携手并进的"。但从二战结束到 20 世纪 60 年代中期，一大批先前的殖民地摆脱了宗主国的控制，走上了寻求独立的道路，但在这些新兴国家中，社会经济的现代化并没有带来政治的现代化，基于对这种政治现实的观察，亨廷顿提出了"政治差距"与"政治衰朽"概念，在国家现代化的过程中，政治发展与政治衰朽都有可能发生。亨廷顿选取了民众政治动员程度和政治组织化程度这两个变量作为对政治稳定性分析的基础。在此基础上，亨廷顿定义了政治参与程度高于政治制度化且不稳定的"普力夺"（Praetorian）政体以及相反的公民政体，并且区分了低动员度与低组织度的传统社会、高动员度与低组织度的动荡社会以及高动员度与高组织度的现代民主社会，将二者组合，便产生了六种不同的政治体制，解释了新兴独立国家不同的政治现实。亨廷顿将政治秩序视为现代化中独立的一环，认为建立一个政治共同体、正当性的权威、有能力治理的强大政府是通向现代性之路上不可或缺的。在《第三波：20 世纪后期民主化浪潮》中，亨廷顿总结了 19 世纪以来的三波民主化浪潮历程，重点分析了 1974 年至 1990 年席卷全球，影响了 60 多个国家的民主化浪潮。亨廷顿在书中将第三波民主化浪潮中进

---

① 亨廷顿. 变革社会中的政治秩序. 李盛平，杨玉生，等译. 北京：华夏出版社，1988：6.

行民主化的威权政权分为一党体制、军人政权和个人独裁三种。民主化变迁过程也被划分为三种类型：变革，由政府主导；置换，由反对派主导，且导致威权政权崩溃；移转，政府和反对派采取联合行动。威权政权性质的差异会影响变迁过程的性质。随后亨廷顿区分了政权巩固过程中可能遇到的三种类型的问题——转型问题（由政体转型直接产生的问题）、情境问题（与政体无关的本国特有问题）以及体制问题（威权体制以及民主体制在运作中出现的问题），最后分析了建立民主政治的步骤以及第三波民主化国家的前景。

20 世纪 90 年代后，冷战后的现实图景发生了极大的变化，冷战的结束导致很多人鼓吹所谓"历史终结论"。面对冷战结束后东亚国家经济快速发展、美国多元文化兴起的现实，亨廷顿的研究转向国际关系、文明与文化认同，在这方面的代表作为《文明的冲突与世界秩序的重建》（1996 年）、《文化的重要作用》[2000 年，与劳伦斯·哈里森（Lawrence E. Harrison）合著]、《我们是谁？：美国国家特性面临的挑战》（2004 年）。在对现代化的研究中，亨廷顿就提出了"共同体"的概念，共同体是社会发展完善的标志，"如果该社会要成为一个共同体，那么每个群体都应该通过政治制度来行使自己的权力"①，在此处亨廷顿将共同体的构建与政治制度相联系。随着对现实政治的观察以及更加深度地参与政治实践，特别是苏联解体、冷战结束，当时流行的以政治制度进行区分的做法显得不合时宜：

---

① 亨廷顿. 变革社会中的政治秩序. 李盛平，杨玉生，等译. 北京：华夏出版社，1988：10.

苏联解体使美国失去了联合欧洲等盟友的借口，欧盟的成立使欧洲的政治力量得到增强，此时美国需要新的理论解释和支持自己在欧洲等盟友中领导地位的合理性。亨廷顿将文明视为共同体的最大界定标准，即"最大的'我们'"。1993 年亨廷顿在《外交》杂志上发表了《文明的冲突？》一文，提出了"文明冲突论"，为国际关系分析提供了一种新的范式。1996 年出版的《文明的冲突与世界秩序的重建》进一步丰富了文明冲突论。亨廷顿是在西方社会学、历史学文明观念和研究方法的学术史基础上提出文明冲突论的。

早在 18 世纪，伏尔泰在《风俗论》中就以先后存在于地球上的各个民族作为考察的对象，将欧洲的各个民族与欧洲以外世界的民族加以比较。马克斯·韦伯在讨论宗教和资本主义的关系时，从宗教的角度区分了不同的文明。韦伯认为宗教观念是经济行为的决定因素，因而也是社会经济改革的原因之一。西方世界在宗教改革后产生了以加尔文宗为代表的新教，加尔文宗信奉天职观，认为每个人都有荣耀上帝的义务，都应该劳动。这种禁欲主义的新教伦理促使人们以劳动为天职，资本家在这种伦理下也压抑自己的非理性欲望，不断进行再生产，推动了资本主义的发展。相应地，韦伯对中国的儒家文化与道家文化、印度的宗教都进行了研究，这也是区分世界上不同文明的尝试。在 20 世纪，斯宾格勒（也译为施本格勒）与汤因比进行了文化形态史学/文明形态史学的研究，斯宾格勒认为任何一种文化形态都是一个有机的整体，每一种文化都具有自己的个性。他将世界上存在的文化分成了八种，而人类的历史其实就是各种文化自生自灭的过程，每一种文化的终极归属都是灭亡，文明则是文化发展濒临死亡的状态和最终归宿。汤因比继承并发展了斯宾格勒的"文化形态史学"，将文明（文化）作为历史研究的基本单位。汤因比的"文明"是由政治、经济和文化构成的综合整体，其中政治与经济是文明的物质基础，以宗教为核心的文化才是文明的精髓和社会进步的标准。汤因比认为在人类文明的历程中，一共出现过 26 种文明。在文明发展的观点上，汤因比反对斯宾格勒的西方文明最终会走向消亡的观点，他认为西方文明只要正确地运用刺激-挑战机制，吸取既往文明的教训，就能够得以幸存。在研究方法上，亨廷顿受到了西方社会学的影响。一方面是韦伯的"理想类型"（Ideal Type）方法。理想类型是理论结构，是从一个时代某些特有的社会现象和观念等经验材料中概括和抽象出来的，但不涉及经验事实。在被抽象出来后，这些概念可以用来对事实进行研究。在文明冲突论中，亨廷顿首先定义了什么是文明、文明的组成、文明的内涵和外延、文明之间的关系、文明集团的形成等问题。这些定义构成了一套精巧的解释范式，被亨廷顿运用于分析现实政治问题。其中的"文明""文明集团"等概念便是"理想类型"的体现。另一方面，亨廷顿也受到了涂尔干的结构主义和实证主义方法的影响。在《文明的冲突与世界秩序的重建》中，亨廷顿多次引用数据证明自己的观点；并且在文明冲突论中，生活在某一文明中的人都受到文明这个共同体的影响，具有相似的价值观和生活方式，个人的能动性为社会结构所压制。由此可见，亨廷顿以文明作为世界格局的基本单位的分析范式植根于西方历史学、社会学的思想传统。（关于斯宾格勒以及汤因比的观点，在本章第三节"'文明'来自何方？"部分有详细的介绍。）亨廷顿提出全球一体化的发展催生了文明的意识，世界格局的决定因素表现为八大文明，这些文明可以被划分为一个西方文明与多个非西方文明，冲突的根源将是以文化差异为基础的文明之间的冲突，对世界稳定的最大威胁来自不同文明的国家或群体之间的冲突。文明的冲突在微观层面表现为"断层线冲突"或"断层线战争"，发生在不同文明的相邻国家之间、一国内的不同文明之间、试图在残骸上建立起新国家的集团之间；在宏观层面，文明的冲突发生在西方文明与非西方文明之间。在《我们是谁？：美国国家特性面临的挑战》中，亨廷顿继续探讨了身份认同的问题，他分析了"美国信念"的历史与构成因素，认为阿拉伯裔和穆斯林、拉美裔的大规模文化移民会对美国造成文化威胁，可能"将美国分成两个民族、两种文化或两种语言"，他呼吁强迫移民采用英语，美国转向新教宗教以减少美国面临的文化威胁。

三、"爱国者"与学者的双重身份

亨廷顿不仅是一位卓越的政治学者，同时也是一位"爱国者"。从读书到任教，他人生的主要部分都是在学校中度过的；但他也深度参与了 20 世纪的美国政治，他早年曾在美国军中服役，在 20 世纪先后担任过美国民主党外交政策咨询委员会主席、白宫国家安全委员会的安全规划协调员、总统长期综合战略委员会成员等，对政治实践的深刻参与影响了他的写作。亨廷顿在其毕生写作中不避讳自己为美国国家利益服务的根本目的："我是以一名爱国者与一名学者这样两种身份写作本书。……爱国之心和治学之心有时是会冲突的。我意识到这一点，所以尽量努力争取做到超脱地、透彻地分析各种现象。但仍需提醒读者，我对于这些现象的选择和说明很可能还是受到我的爱国心的影响。因为我希望发现它们在美国的过去及其可能的未来所具有的意义。"①

亨廷顿的作品充分体现了他的双重身份，他在分析中尝试做到客观，摒弃自己的身份认同带来的政治立场的影响。亨廷顿常用的研究方法也注重客观性，在亨廷顿的研究中，往往会先针对研究的问题定义相关的变量，进而提出一般的模型，随后运用比较历史研究法，通过对历史和现实政治进行详细分析，以及使用能够代表变量的相关的数据得到证实一般理论的实证证据，从而使针对某个问题提出的理论更加可信。如在《军人与国家：军政关系的理论与政治》中，在阐述完军政关系的理论框架后，亨廷顿花了很大笔墨叙述西方现代社会军人职业的兴起以及德国、日本、美国的军政关系史；在《变化社会中的政治秩序》中，亨廷顿用政治参与程度与政治制度化阐述了现代化理论后，对每一种政治体制都进行了案例研究，并且通过分析20世纪中国革命的进程，证明了强大的政治制度能够促进政治稳定这一命题。在《文明的冲突与世界秩序的重建》中，亨廷顿也用了很多数据和案例证明文明冲突论，在分析各文明力量的变动时，运用了各文明制造业份额、军事人员份额等数据分析西方的衰弱，在谈到断层线战争时，详细地分析了克什米尔战争

---

① 亨廷顿. 我们是谁？：美国国家特性面临的挑战. 程克雄，译. 北京：新华出版社，2005：3.

及阿塞拜疆与亚美尼亚战争的案例。在研究方法之外，一些观点的提出也反映了亨廷顿在学术讨论中的客观立场，在对现代化的讨论中，亨廷顿反对当时的新兴国家效仿欧美的民主政治就可以迎来现代化的观点，而是肯定了有能力的强大政府的作用。在对文明冲突的分析中，亨廷顿冷静地指出，认为冷战后会迎来一个和谐的世界，西方自由民主制是历史的终结的论断是错误的，文明之间的冲突将会取代意识形态的冲突。由此出发，亨廷顿建立了以文明为基础的国际关系分析范式。

但在客观的叙述之外，一些地方也体现出亨廷顿的"爱国者"身份以及白人身份对他写作的影响，这种身份使亨廷顿采取西方中心主义，甚至是美国中心主义的视角，从美国的国家利益出发来看待问题。第一，亨廷顿将文明视为"对人的最高文化归类，人们文化认同的最广范围"，"文明是最大的'我们'，在其中我们在文化上感到安适"①，人们借助自己所归属的文明来确认自己与他人的区别。在这个框架下，文明就是人与人之间最高的共同体，如果脱离了自己所属的文明，人在文化上就不会感到安适。所以在亨廷顿的文明冲突论中，所有的文明之间都是相冲突的，就像在霍布斯所描述的"自然状态"之中，他也将不同文明之间的关系分为冲突性较重与冲突性较轻两类。② 这种分析将文明的差异等同于文明的冲突，忽略了文明之间相互交融、和平共处的可能性。亨廷顿的这种视角反映了站在处于领先地位的西方世界的焦虑，西方将其他文明都视为挑战

---

① 亨廷顿. 文明的冲突与世界秩序的重建. 周琪，等译. 北京：新华出版社，1998：26.
② 同①232.

自己领先地位的挑战者角色，而不是认为所有文明可以和平共处、美美与共。第二，在叙述文明之间的冲突时，亨廷顿宏观上将几大文明之间的冲突视作西方文明与非西方文明的冲突，微观上将重点放在欧亚大陆上西方文明与伊斯兰文明之间的冲突，这种叙述方式展现了他面对二战后东亚国家的崛起、伊斯兰教力量的扩张影响西方地位的担忧，也在某种程度上体现出对西方利益的重视以及从西方的视角出发看待世界。第三，亨廷顿将美国视为一个属于盎格鲁-新教文明的国家，认为其他文明的移民到美国后会保留他们自身的文化，不会为美国主流的文化所同化，多元文化的存在会对美国由西方文明遗产所界定的文化造成冲击，对形成统一的美国文化造成威胁，进而可能会造成美国的分裂，白人生育率不断下降以及少数族裔生育率处于高位也加剧了这一问题。在《我们是谁？：美国国家特性面临的挑战》中，亨廷顿对这一问题做了进一步探讨。对盎格鲁-新教文化的维护以及对多元文化的拒斥，体现出亨廷顿维护美国国家利益的视角。亨廷顿对美国国家利益的重视也让他在关于文明冲突论的写作中将美国所面临的情况投射到世界形势当中。在他看来，美国处于非西方文明对于西方文明的冲击当中，这种冲击在世界上就表现为各个文明之间的冲突，忽略了文明合作的可能性。第四，从亨廷顿的作品性质中也可以看出他对美国利益的重视，在与布热津斯基一同在美国政府工作期间，他对冷战期间的美苏关系做出了一系列的评估，撰写了许多报告。除了作为政府人员写作的报告外，这种重视也体现在他对国家认同的研究之中。从《我们是谁？》这本书的副标题"美国国家特性面临的挑战"中可以看出他作为保守派对美国前途的担忧以及对美国的感情："作为一名爱国者，我深盼我的国家能够保持团结和力量。"① 如前所述，亨廷顿提出文明冲突论的一个意图就是希望用基督教/天主教的宗教身份以及白人的人种身份构建一个共同体，并且用否定的方式构建一个其他的共同体作为"敌人"，如书中提到的伊斯兰国家，以此来维护美国在其盟友之中以及在西方世界的领导地位。

四、亨廷顿的焦虑

亨廷顿对文明与文化的研究充分体现了他身为保守派对传统西方文化和美国所面临的形势的焦虑。亨廷顿代表了西方政治思想史的一种传统，即西方世界对非西方世界的想象、担心、异化甚至恐惧这一支思想脉络。萨义德在《东方学》中揭示了西方世界对东方世界存在着的"西方先进-东方落后"的想象框架。在这种二元框架之中，西方是精确的、理性的，东方是逻辑混乱的，东方是西方控制、殖民的对象。"东方学的策略积久成习地依赖于这一富于弹性的位置的优越，它将西方人置于与东方所可能发生的关系的整体序列之中，使其永远不会失去相对优势的地位。"② 将东方世界替换成非西方世界，由于18—20世纪大部分非西方地区都遭到了西方国家的殖民统治，这种观念上的优越感依然存在。但随着二战后亚洲一些国家经济的发展，以及伊斯兰国家兴起的对西方某些思想的拒斥，

① 亨廷顿. 我们是谁？：美国国家特性面临的挑战. 程克雄，译. 北京：新华出版社，2005：3.

② 萨义德. 东方学. 王宇根，译. 北京：生活·读书·新知三联书店，1999：10.

西方对非西方的想象转变为担心、异化，甚至是恐惧。亨廷顿的文明冲突论就是这种思想脉络的代表。

第一是对西方文明地位的焦虑。自新航路开辟以来，西方便开始了在世界各地的殖民史，通过殖民的手段完成了血腥的原始积累，使西方文明在面对其他文明时处于优势地位。自二战以来，全球化加速发展，西方文明将自己的价值观传播到世界各地，希望构建一种以西方文明为基础的所谓"普世文明"。但正如亨廷顿所分析的，随着全球化的发展，人们产生了在本地文化中寻求自身认同的需求，所以全球化的发展反过来推动了各地本土文化的壮大，强化了当地人对本地文明的认同，所谓的"普世文明"概念正在遭到非西方文明的抵制，"西方人眼中的普世主义，对非西方来说就是帝国主义"①。同时，西方虽然目前在世界上占据支配地位，但西方的力量相对于其他文明在 20 世纪呈衰落趋势，对比 1900 年与 1991 年的政治控制的领土面积、人口数量、经济总产值所占份额、军事人员总数所占份额这几项指标，西方文明在 1991 年的指标都不及 1900 年的表现。与西方文明的衰落相对应，二战后由于经济的发展，中华文明、伊斯兰文明在相应地区的影响力不断扩大，反对西方文化，重视本土文化、传统文化的声音逐渐获得了更多的支持者，在人口数量、人口受教育程度、国家实力等方面的相对力量都有了极大的上升，亨廷顿认为这代表了与西方文明相异的中华文明与伊斯兰文明力量的增强以及复兴，且这种趋势会持续

---

① 亨廷顿. 文明的冲突与世界秩序的重建. 周琪，等译. 北京：新华出版社，1998：199－200.

下去。

第二是对美国传统白人文化所构建的认同被多元文化冲击的焦虑。阿拉伯裔和穆斯林、拉美裔等少数族裔进入美国后自身的文化不会被美国的白人文化同化，从而将导致美国的分裂。在亨廷顿看来，"美国信念"（American Creed）是美国特性的关键决定因素，这种"美国信念"是盎格鲁-新教文化的产物。① 美国在发展的过程中，抛弃了人种属性和民族属性，成为一个多人种、多民族的国家，美国这座"大熔炉"能够将不同人种、不同民族熔铸为具有"美国信念"的美国人。但随着非西方文化力量的逐渐增强，从伊斯兰国家、拉美地区进入美国的新移民带着对自身所属文明的认同，不会认同基于盎格鲁-新教文化的"美国信念"而成为具有美国特性的典型美国人。这些新移民反而会传播自己的文明认同，对原本统一的美国认同产生威胁，所以美国特性不得不再次与人种和民族联合在一起。在文明冲突论中，亨廷顿对西方文明、伊斯兰文明、中华文明的分类也呈现出文明-民族二者之间相互对应的关系。由于人口数量及生育率的差别，以阿拉伯裔和穆斯林群体为代表的新移民生育

---

① 亨廷顿认为从历史的角度看，美国特性有四个组成部分：人种属性、民族属性、文化以及政治。随着美国移民的增加以及民权运动的兴起，人种和民族已经不能够成为美国特性的界定标准。"到了 20 世纪 70 年代，界定国家特性/国民身份的因素只有文化和'美国信念'。"（亨廷顿. 我们是谁?：美国国家特性面临的挑战. 程克雄，译. 北京：新华出版社，2005：34.）"美国信念"是由定居者，即最早从欧洲到美国定居的人创造的文化，这种文化的基础是"基督教信仰，新教价值观和道德观念，工作道德，英语，英国式的法律、司法和限制政府权力的传统，以及欧洲的文学、哲学和音乐传统"，"美国信念"的"原则是自由、平等、个人主义、代议制政府和私有财产制"。（亨廷顿. 我们是谁?：美国国家特性面临的挑战. 程克雄，译. 北京：新华出版社，2005：36.）在美国独立的过程中，为了和英国加以区别，"美国信念"的内涵更加确定，包括对个人权利的主张、对共和政体与民主体制的信仰，"美国信念"在美国人的心中打下了类似宗教的烙印。

率高于白人，按照人口增长的趋势，白人在数量上也难以占据大多数，美国成为种族上越发殊异的社会。一方面，这体现了内生于传统美国文化价值中的矛盾，美国作为一个新教社会而建立起来①，持异议的态度成为美国精神的一部分，"持异议中的持异议既说明美国新教的历史，又说明它具有的特性"②，这种持异议的传统构成了"美国信念"中的平等、宗教自由和言论自由的元素，所以在传统美国文化中具有平等的要素。在西方文明占主导的时期，人们可以接受包含着平等的一整套"美国信念"，抛却人种和民族之间的差别，成为多民族国家；但随着新移民坚持自己的文化认同，平等的精神使得美国需要尊重国内不同的文化，在保守主义者看来，这就是美国分裂的征兆。另一方面，这也体现出传统的西方文化与 20 世纪美国现代化下的文化观念及"左派"身份政治之间紧张的关系，现代化的进行更新了人们的观念，越来越多的人认可种族、文明的平等，反对西方中心论与白人至上主义。这就导致了无论是在西方文明中，还是在美国国内，传统的盎格鲁-新教文化都面临萎缩的风险。

二战后，美国的经济迅速发展，进入了"黄金时期"，伴随而来的是人均收入的提高。与物质生活相伴随的是文化与精神上的空虚，青年在生活中感到异化与孤独。与此同时，资本主义垄断集团对美国社会的控制越来越强，美国在世界范围内不断干涉他国内政，在

---

① 亨廷顿.我们是谁?：美国国家特性面临的挑战.程克雄，译.北京：新华出版社，2005：53.

② 同①56.

20世纪60—70年代的越南战争中陷入泥潭。美国的种族矛盾也凸显出来，支持种族歧视和反对种族歧视的双方斗争不断激化。在这种经济和政治背景下，产生了反世俗反普世的"文化左派"的身份政治，"文化左派"强调揭示资本主义意识形态对人的规训，拒绝对情感的压抑，主张公开地展露和满足自己的情感，鄙视社会传统观念中对成功的定义，反对种族歧视。这种以青年人为主要参与者的政治运动冲击了以新教伦理为代表的传统生活方式。在新教伦理中，努力工作和劳动是荣耀上帝的方式，是人们的天职，人们应该排除非理性欲望的影响。由此可见，这种"左派"文化与盎格鲁-新教文化对应的价值观念、生活方式相冲突，这也反映了当时美国政治上"右派"与"左派"、保守派与非保守派之间的冲突。在保守主义者看来，这是对"美国信念"的反叛，是一种危险的信号。同时，这一冲突含有浓重的身份政治色彩，即群体间基于特定的身份形成特殊的身份叙事和政治认同（如种族、性别、宗教、社会背景等），并通过某些行动对其特殊性身份叙事进行捍卫，以实现和维护本群体的诉求与权益。所以在两方面因素的作用下，作为保守派的亨廷顿对美国盎格鲁-新教文化的地位十分担忧。

第三是对西方文化民族性萎缩的焦虑。这种焦虑一方面源于西方文化的所谓"普世性"与民族性相冲突。西方文化自从对其他文明取得优势以来，便致力于推广基于自身的所谓"普世文明"，但在这个过程中会丧失原本的民族性。如亨廷顿所言，通用语言是交流的工具，而不是认同和社会群体的根源。英语在变为通用语言的过程中，已"非民族化"或最低程度地民族化了。英语已经被非本土化了，吸收了使它区别于英国英语与美国英语的地方色彩。① 按照亨廷顿的理论，具有民族性的文明构成了身处其中的人的根本认同，民族性的萎缩代表了西方文明力量的衰弱。另一方面是西方传统文化萎缩所导致的西方道德衰落，表现为反社会行为的增长、家庭的衰败、"社会资本"和"职业道德"的下降、人与人之间信任的减少、对知识和学术活动投入的减少等现象。西方社会的这些趋势增强了世界其他地区对其道德力量的优越感。② 亨廷顿将这种道德的衰败归因于作为西方文化主要组成部分的基督教的衰落，欧洲崇尚宗教、参加宗教活动的人逐渐减少，对宗教持冷漠态度的人越来越多。所以他反对推行所谓的"普世文明"，强调文明之间的冲突，以期在不同文明的对比中强化西方人对于西方传统文化的认同，进而倡导西方传统文化意义下的道德生活。

第四是对美国国家地位下降的焦虑。冷战时期的国际关系是以美国为首的北约集团与以苏联为首的华约集团争霸的两极格局。欧洲在二战中遭到了极大的破坏和损失，为对抗以苏联为首的华约集团，二战后美国推出了马歇尔计划援助西欧重建。在整个冷战时期，美国都作为资本主义世界的领袖，带领资本主义国家与社会主义国家相对抗。但在冷战结束后，世界格局不再是资本主义与社会主义的意识形态斗争，而是朝着多极化的趋势发展。欧洲似乎不再需要接受美国领导，保持对美国的向心力。此外，在接受美国领导的同

---

① 亨廷顿. 文明的冲突与世界秩序的重建. 周琪，等译. 北京：新华出版社，1998：48-49.

② 同①360.

时，欧洲一体化也不断发展：1952年欧洲煤钢共同体正式成立；1958年欧洲经济共同体和欧洲原子能共同体正式成立，旨在创造共同市场，取消会员国间的关税，促进会员国间劳力、商品、资金、服务的自由流通；1967年欧洲共同体（欧共体）成立，欧洲一体化进一步加深；1993年欧盟正式成立，欧洲作为一个独立的实体，政治力量大幅增强。此时美国对西方世界的领导似乎显得不合时宜，美国需要新的理论作为保持西方世界领导地位的合理性。亨廷顿的文明冲突论则为这种领导找到了新的理由：它通过强调欧洲和美国共有的天主教/新教等因素，构建了西方文明，将欧洲与美国捆绑在一起，再将世界格局的决定因素划分为八大文明，进一步展现了欧洲与美国合作的必要性；最后强调了文明之间始终处于冲突和竞争的关系，为欧洲和美国的联合找到了一个新的"敌人"。正如亨廷顿所言："没有美国，西方便会成为世界人口中的一个微不足道和衰落的部分。"①

综上所述，文明冲突论中隐含了西方政治思想史上对非西方世界产生的担心、异化的想象的思想脉络，以及亨廷顿对西方传统文化与美国国家地位的焦虑和担忧。

要理解亨廷顿的理论，学者与"爱国者"的双重身份是一把重要的钥匙。在学者这一身份上，亨廷顿做出了十分杰出的贡献，在军政关系、现代化与民主化等领域中，他的研究都是里程碑式的，构建了一般的理论。在国际关系领域，他的文明冲突论虽然遭受了

---

① 亨廷顿. 文明的冲突与世界秩序的重建. 周琪，等译. 北京：新华出版社，1998：354.

很多诟病，但仍然在冷战后提供了一个超越意识形态斗争的新范式，并且在现实中得到了部分的验证。亨廷顿本人也数次担任哈佛大学政府系主任，被誉为"过去五十年中最具影响力的政治科学家之一"。但亨廷顿并没有停留在学术界，他还是一个"爱国者"、一个政治学家。由于他杰出的学者身份以及对政治问题深刻的洞见，他得以在白宫深度参与20世纪的政治实践，所以对于西方和美国利益的关注也时常出现在他的作品当中，导致他不免陷入西方中心论与白人至上主义的窠臼。想要深入了解亨廷顿的学者和"爱国者"身份，不仅需要了解他的履历和作品内容，而且需要了解他所处的时代背景。亨廷顿的作品不仅仅是对政治理论的探讨，更是与现实问题息息相关，其作品的灵感往往来源于现实政治中的问题，他也经常运用政治现实来论证自己的观点；与此同时，亨廷顿对于20世纪政治实践的参与也影响了他的作品内容。亨廷顿活跃的年代从二战结束起一直延续到21世纪初，要更好地了解亨廷顿，必须了解冷战及冷战后的时代背景。而要了解亨廷顿最为著名的文明冲突论，则必须了解冷战后的美国与世界格局。

第二节　冷战后的美国与世界

冷战期间，美苏两个大国的对抗支配了国际政治的内容与结构，两极格局之下，双方意识形态的斗争在冷战的发展和国际关系的塑造上发挥了核心作用，直到苏东剧变，两极格局才被打破。然而，伴随旧秩序的淘汰的并非成形的新秩序，而是新秩序的缺位——大国冲突的主要矛盾被揭去后，掩盖于其下的地区性矛盾与冲突逐渐显露，意识形态之外的新形式冲突不断酝酿发酵，冷战后的世界充斥着危机、变化与不确定性。

由于解释冷战时期国际政治变化的意识形态不再适用于后冷战时代的分析与预测，所以进入失序时代的世界随即陷入茫然，而美国尤甚——冷战的胜利使美国掌握了前所未有的世界霸权，但随着美国相对地位的下降，"单极时刻"也逐渐黯淡，诸多学者对冷战后美国未来的地位和处境感到十分焦虑。在迷茫与焦虑中，政治学界为解释和寻找后冷战时代的变化与规律，提出了诸多不同的学说与范式，大多数可被归入以下四种类型：冷战胜利的乐观主义所催生的自由主义大狂欢、西方与非西方的二分与对立、现实主义国际政治所预测的以实力为基础的国际秩序，以及针对后冷战时代的混乱局势做出的无政府状态预测。然而，这四种范式各有缺点和局限，都无法有效填补冷战后世界的"范式真空"，亨廷顿由此提出文明冲突论，尝试为失序时代勾勒秩序。

文明冲突论为观察与理解后冷战时代的国际关系和世界格局提供了来自文明的新视角，为冷战后的国际冲突与矛盾做出了有力解释，但这一视角下窥见的"相异文明冲突"的结论并非没有局限。本节将首先从冷战后意识形态分析框架的失灵切入，从当时的政治环境与现实背景出发展开后冷战时代解释国际政治的理论之争；其次基于四种范式的贡献与缺陷简要介绍亨廷顿文明冲突论的理论背景；最后将文明冲突论用作解释冷战后发生的国际冲突的工具，在现实世界中分析与检验文明冲突论的解释力与局限。

一、"遏制"之后：意识形态的失灵

作为一个兼具"爱国者"和学者两种身份的政治学家，塞缪尔·亨廷顿的理论分析深深植根于时代，与冷战后美国的处境和世界格局息息相关。20 世纪 80 年代初，苏联陷入内外交困的局面。在国内外的共同压力下，戈尔巴乔夫领导苏联进行新思维改革。经济改革使国内经济水平大幅下滑，政治改革则使苏联共产党最终丧失领导地位，造成社会严重动荡。同时，西方国家推行的和平演变策略加速了苏东剧变。随着 1991 年苏联彻底解体，以美国为代表的资本主义阵营取得了冷战胜利。

现实之变呼唤理论之变。冷战时的分析框架适用于解释冷战中的现实，然而，遏制战略的结束使冷战时国际关系的互动逻辑发生了变化。正如亨廷顿在《文明的冲突与世界秩序的重建》的中文版序言中所写的："冷战期间，人们很容易把全球政治理解为包含了美国及其盟国、苏联及其盟国，以及在其中发生了大量冷战斗争的不结盟国家组成的第三世界。这些集团之间的差别在很大程度上是根据政治意识形态和经济意识形态来界定的。随着冷战的结束，意识形态不再重要，各国开始发展新的对抗和协调模式。为此，人们需要一个新的框架来理解世界政治，而'文明的冲突'模式似乎满足了这一需要。"① 冷战结束后，世界格局出现了一系列变化。苏联解

---

① 亨廷顿．文明的冲突与世界秩序的重建．周琪，等译．北京：新华出版社，1998：3．

体使得社会主义与资本主义两大阵营对峙的局面不复存在。日本、欧盟等国家及区域共同体迅速崛起和发展。改革开放后的中国经济迅速发展。作为世界上最大的发展中国家，中国主张建立公正合理的国际新秩序，反对霸权主义，维护世界和平。俄罗斯作为苏联遗产的最大继承者，拥有可与美国相匹敌的军事实力。第三世界国家民族解放运动此起彼伏。这些情况都使世界格局呈现出多极化趋势。而美国试图称霸全球，推行霸权主义和强权政治，极力构筑以自己为主导的单极世界。"一超多强"局面逐步形成。同时，冷战后世界和平与动荡并存。局部战争不断发生，恐怖主义势力有所抬头，一些国家和地区长期压抑的民族、种族、宗教、领土等矛盾相继爆发。

既然今后的世界不会再沿着从前的轨道行进，从前基于意识形态的理论就无法继续发挥亨廷顿所说的政治地图或范式应有的作用：（1）理顺和总结现实；（2）理解现象之间的因果关系；（3）预期，如果我们幸运的话，预测未来的发展；（4）从不重要的东西中区分出重要的东西；（5）弄清我们应该选择哪条道路来实现我们的目标。旧的理论与新的现实出现了脱节，以社会主义（共产主义）—资本主义二分的意识形态为基础的国际关系分析框架在当时看起来彻底失灵了。因此，就像亨廷顿所说的，人们迫切需要一个关于世界政治的思维框架。现实巨变之下，各种新的国际关系理论应运而生。不同的范式描绘着未来世界的不同图景。

二、失序世界：变化与焦虑下的理论狂欢

冷战的终结打破了美苏争霸的两极格局，带来了国际冲突模式

与国际格局的转变，也迎来了充满未知和混乱的新世界，而未知和混乱也招致了焦虑与迷茫。冷战两极格局的"双寡头"模式构成了稳定的秩序——两个大国相互制衡形成均势，各国对世界运行规则和合法性有一定共识，有效的经济、政治、法律和外交途径也成功协调了相互冲突的目标和理念①，各国之间虽有摩擦，但仍然有序，直到后冷战时代秩序被打破。尽管冷战刚结束时，胜利向人们的头脑中注入了和谐的乐观信号，后冷战的"新世界"却并没有像乔治·H. W. 布什（老布什）总统所构想的"世界新秩序"② 那般美好。冲突、暴力和恐怖袭击接踵而至，冷战的结束带来了世界格局和国际形势的剧变，创造了错综复杂的外部环境，同时"对立面"的退场也让美国国内身份认同削弱甚至瓦解。"单极时刻"渐渐黯淡，拥有史无前例的霸权的美国和同样站在十字路口的世界都愈发感到焦虑和迷茫——冷战后的世界将会去向何处？

在冷战后的迷茫中，学者们在描绘未来图景时选择了不同的方向，美国学界对未来世界的预期图景可以被归纳为以下四类："自由民主的和谐世界"、"富与穷、西方与非西方的两个世界"、国家主义范式和基于无政府状态的混乱范式。然而，这四种分析冷战后国际格局的新范式各有局限，无法准确把握冷战后的格局变化与国际形势发展逻辑，不能为理解和预测后冷战时代的秩序提供有益参考，因此，亨廷顿以文明冲突论对新的国际社会现实和同时代学者们提

---

① 哈斯. 失序时代：全球旧秩序的崩溃与新秩序的重塑. 黄锦桂，译. 北京：中信出版社，2017：62.

② 美国总统乔治·H. W. 布什于 1990 年 9 月 11 日对国会两院联席会议正式提出"世界新秩序"（The New World Order）战略新构想。

出的理论做出了有力回应。

1. 冷战后的国际格局变化

大国战争之后往往伴随着一个不确定的转型时期，而冷战终结后的转型期"在某种程度上最具不确定性"①。首先，潜在的冲突与战争在冷战时期便已在发酵，两极格局的结束使旧的冲突日益凸显。冷战期间，两个超级大国的对抗使防范核战争与世界大战成为各地的军事重点；但在两极均势失衡、世界大战爆发可能性骤降后，世界各地武装冲突和小规模战争便不断发生。其次，冷战的结束并没有带来决定性的军事对抗或战后协商，一个明确的新格局的缺位使旧格局瓦解后的国际社会显得混乱而无序，新的矛盾与冲突诞生于部分国家在剧烈变化与重建的权力关系中的利益争夺。最后，未来冲突未必与冷战相关，其起源未知且难以预测。当意识形态的紧张状态结束时，它便不再构成国家与地区间冲突的根源，而将来会有哪些因素取而代之，在冷战刚刚结束的时期内仍处于未知状态。

国际格局如何演变？权力关系如何发展？未来冲突因何发生？冷战后的世界将何去何从？作为当时唯一超级大国的美国又该如何应对？人们迫切需要"一个新的框架来理解世界政治"②。面对这一系列问题，美国学界提出了不同的国际政治研究范式及与之相应的图景。

2. 未来世界的四种范式

关于对冷战后世界格局的预测，亨廷顿在《文明的冲突与世界秩序的重建》中总结了四种不同范式。

---

① 奈，潘忠岐，谭晓梅．冷战后的冲突：上．国外社会科学文摘，1997（1）．
② 亨廷顿．文明的冲突与世界秩序的重建．周琪，等译．北京：新华出版社，1998：2．

第一种范式，也是最具影响力的，便是"历史终结论"。福山在其著作《历史的终结与最后的人》中提出，自由民主既是"人类意识形态演化的终点"①，也是"人类政体的最后形式"②，认为"历史将终结于自由民主制，而自由民主制下的布尔乔亚则将是'最后的人'"③。冷战的大胜利给美国带来了理论大狂欢，对和谐与趋同（Convergence）的期待得到了广泛的赞同，一系列历史终结论的"家族概念"随之衍生。④ 约瑟夫·奈提出了软权力（Soft Power）的概念，认为在冷战后的世界中，软权力将越来越成为塑造国际形势的关键力量，强调美国在文化、意识形态和制度上的吸引力。⑤ 多伊尔（M. Doyle）、拉西特（Bruce M. Russett）和泽埃夫·毛兹（Zeev Maoz）等学者主张民主和平论（Democratic Peace），认为民主国家之间发生冲突的可能性很小，即使发生冲突，民主国家也不会使用武力或以武力相威胁，因为这有悖于民主的原则和理性；而与之相反，专制国家之间或民主国家与专制国家之间则更容易发生冲突，且更倾向于使用武力解决争端。⑥ 查尔斯·克劳萨默（Charles Krauthammer）

---

① 福山. 历史的终结与最后的人. 陈高华，译. 桂林：广西师范大学出版社，2014：9.
② 同①.
③ 刘瑜. 导读：历史漫长的终结//福山. 历史的终结与最后的人. 陈高华，译. 桂林：广西师范大学出版社，2014：I.
④ 杨光斌. 作为世界政治思维框架的文明范式：历史政治学视野的《文明的冲突与世界秩序的重建》. 学海，2020（4）.
⑤ 奈. 论权力. 王吉美，译. 北京：中信出版社，2015：101.
⑥ DOYLE M. Kant, liberal legacies, and foreign affairs. Philosophy and public affairs, 1983（4）；DOYLE M. Liberalism and world politics. American political science review, 1986（4）；RUSSETT B M. Grasping the democratic peace: principles for post-Cold War world. Princeton: Princeton University Press, 1993；MAOZ Z, RUSSETT B M. Normative and structural causes of democratic peace, 1946 - 1986. American political science review, 1993（3）.

还提出了"单极时刻"（The Unipolar Moment）的观点，认为海湾战争标志着"美国治下的和平"（Pax Americana）的开始①，而单极格局的消失则会带来国际体系的混乱，这一观点本质上是为美国单极霸权的合法性服务的"霸权稳定论"。

"历史终结论"反映了冷战胜利给美国带来的乐观主义大狂欢。然而，永久的和平与"一个和谐世界"的想象依然离现实十分遥远。虽然苏联解体使失去制衡的美国拥有了支配世界的实力②，但这并不意味着"美国霸权""美国治下的和平"或"单极时刻"等理论天然成立。正如亨廷顿所指出的："在柏林墙倒塌五年之后，世界比冷战时代的任何五年都更频繁地听到'种族灭绝'一词。"冷战结束后世界各地持续不断的争端与战争也戳破了"一个永远和平的和谐世界"的乐观主义幻想。

第二种范式认为冷战后世界将被划分成所谓"我们"和"他们"两个部分，即建立在文化上的西方与非西方，或经济上的发达与不发达、富国与穷国之间的对比之上的国际关系。亨廷顿认为这样的划分以及将它用作分析甚至预测国际关系都是没有意义的。从划分来看，将西方与非西方、发达与不发达作为划分标准是对各国复杂条件的过度简化；作为范式而言，"我们"与"他们"两个世界的叙事虽然能够在一定程度上描绘现实，却并不能总结、抽象、厘清、预测，甚至是改变未来世界秩序和国际关系的发展走向。从经济层面观之，穷国缺

---

① KRAUTHAMMER C. The unipolar moment//ALLISON G，TREVERTON G. Rethinking American security: beyond Cold War to new world order. New York: Norton, 1992: 295 - 307.

② 沃尔兹，韩召颖，刘丰. 冷战后国际关系与美国外交政策. 南开学报（哲学社会科学版），2004（4）.

乏向富国挑战的"政治团结力、经济实力和军事能力"①，因而二者之间发生冲突的可能性微乎其微；从文化层面观之，西方和非西方的简单二分，使"非西方"成为一个无所不包的概念，除了"非西方"之外，这些国家并没有其他共同点，将许多缺乏共性的文明安排在了与西方对立的同一个阵营中，使非西方的团结统一成为神话。

第三种范式是现实主义国际政治理论。现实主义国际政治理论有两大假设：一是认为"实力政治"是各国政治的出发点，二是认为国家是世界事务的主体。首先，现实主义国际政治理论假设所有的国家都以同样的方式看待自己的利益，并以同样的方式行动，将权力视为理解国家行为的唯一出发点，肯尼斯·沃尔兹（Kenneth Neal Waltz）和约翰·米尔斯海默（John J. Mearsheimer）对冷战后世界局势的预测便是现实主义国际政治理论的典型代表。然而，亨廷顿认为现实主义国际政治理论不足以深入解释国家行为，因为国家利益的界定有许多根据，在现实主义国际政治理论所关注的权力之外，文化、价值观、民意与制度体制也深刻影响着国家利益的界定，权力之外的其他因素的重要性在后冷战时代日益凸显，现实主义国际政治理论的第一个假设受到削弱。此外，主权国家也不再是世界事务中唯一重要的主体。随着全球化和信息革命所带来的全球权力扩散，世界上更多权力中心的产生弱化了民族国家的影响力，而强化了如国际行政机构等非国家行为体的力量②，因此，国家边界日益

---

① 亨廷顿. 文明的冲突与世界秩序的重建. 周琪，等译. 北京：新华出版社，1998：13.

② HAAS R. The age of Non-Polarity：what will follow US dominance?. Foreign affairs，2008（87）.

变得容易被渗透，国家也不再是国际政治中的唯一活动者。由此可见，现实主义国际政治理论假设不再适用于冷战后的世界，缺乏对这一时期国际关系的解释力与预测力，也不能准确把握冷战后的国际政治与在此之前的国际政治之间的变化和不同之处。

第四种范式认为冷战后的世界将陷入无政府状态下的失控和混乱。旧国际秩序倾覆与新国际秩序真空导致的迷茫让世界的诸多地区动荡不安——这种"无政府状态"图景所强调的正是冷战结束后所出现的种族屠杀、恐怖袭击、国家分裂等混乱状况。虽然此类观点能够在一定程度上反映后冷战时代发生的重大变化，但是将世界描述为失控和混乱的无政府状态否认了冷战后的世界中存在任何秩序与规律，放弃探索后冷战时代国际关系和建立新的分析范式的可能性，不能够指导人们理解和改变现实世界，因而也无法实现理论的使命。

总体而言，美国学界的研究主要围绕着对美国霸权在冷战后世界中的地位的担忧，延续了"美国将继续主导世界秩序还是会走向衰落"的讨论。除了亨廷顿所总结和反驳的四类范式之外，美国学者们还提出了其他几种理论图式，例如斯劳特所提出的"网络世界"①、罗塞诺提出的全球化理论②、罗斯克兰斯提出的美日欧三足鼎立的地缘经济模型（The Three-Bloc Geoeconomics Model）③，以及

---

① SLAUGHTER A M. America's edge：power in the networked century. Foreign affairs，2009（88）.

② ROSSENAU J. The dynamics of globalization：toward an operational formulation. Security dialogue，1996（3）.

③ ROSECRANCE R. A new concert of powers. Foreign affairs，1992（2）.

哈卡维等学者主张的新世界秩序研究①等。然而，上述范式都未能充分解释冷战后国际关系的发展逻辑，不能准确预测未来世界的演变图景，在此理论背景下，亨廷顿为回应时代的要求，提出从文明冲突范式分析后冷战时代世界的新格局，试图重建一个新的国际政治分析框架，绘制以文明为基点的国际秩序蓝图。

三、文明冲突论能走多远？

亨廷顿的文明冲突论认为，冷战后世界格局的决定因素将不再是意识形态，而是文化方面的差异，"文明的冲突"将主宰全球——文明相似的国家更倾向于相互结盟，而文明相异的国家之间则更容易爆发冲突，这一观点似乎不断为冷战后的重大地区冲突和各类国际事件所验证——文明冲突范式能够解释 21 世纪初的"9·11"事件、伊拉克战争、乌克兰内战、叙利亚战争等暴力冲突事件，也可以帮助我们理解近年来出现的俄乌冲突、西方国家民粹主义抬头、欧洲阿拉伯裔和穆斯林移民争端、中美贸易战和土耳其危机等事件。文明冲突范式在对冷战后世界的分析中充分展现了其解释力和生命力，但当用于解释中国崛起后的世界时却屡屡失灵，具有局限性。于此百年未有之大变局之际，世界格局再经震荡，在后文明冲突论的世界里，多元文明的碰撞正在为世界政治书写冲突之外的答案。

亨廷顿的文明冲突范式揭示了冷战后诸多国际事务中的重大冲

---

① HARKAVY R. Images of the coming international system. Orbis, 1997 (4); NYE J. What new world order?. Foreign affairs, 1992 (2).

突与进展。冷战后的诸多重大冲突都可以溯源于全球性宗教复兴，亨廷顿认为这是所谓西方"普世主义"的冲击和冷战意识形态真空的双重作用的结果。全球性宗教复兴的原因"恰恰是那些被认为会引起宗教消亡的东西：20世纪后半叶席卷世界的社会、经济和文化现代化进程。认同和权力体系长期存在的根源瓦解了"①，换言之，现代化不断冲击和消磨归属感、认同感、意义感、目的感，使人们回头转向自己的传统文化和宗教以寻求新的认同，满足对根基与生活方向的心理需要，抵抗所谓"普世主义"带来的空洞和漂泊。另一个原因则是西方的退却和冷战的结束。冷战的终结给部分非西方发展中国家带来了意识形态真空，当两大阵营的压制消除时，民族、宗教情感便集中爆发——"宗教代替了意识形态，宗教民族主义取代了世俗民族主义"②。宗教复兴虽然并不反对现代化、不反对科学和技术进步带来的生活方式转变，却是"反世俗的，反普世的，而且，除了在基督教中的表现，也是反西方的"③，二者冲突的立场在冷战后西方与非西方相对力量的剧烈变化中更加得到凸显。西方霸权虽然衰退，但仍向全世界推广其价值观和体制，努力维持其军事和经济优势，对伊斯兰世界内部冲突进行干预，这些都引起了伊斯兰世界的强烈不满。伊斯兰教和基督教持续千年的"文明的冲突"来自这两种宗教的教义和基于其上的文明的内在冲突——二者的相似性决定了它们的冲突性：两种宗教都是一神教，都用二元的、非

---

① 亨廷顿. 文明的冲突与世界秩序的重建. 周琪，等译. 北京：新华出版社，1998：95.
② 同①99.
③ 同①99.

我即彼的眼光看待世界，同时它们又都负有强烈的使命感，认为其教徒有义务说服非教徒皈依这独一的真正信仰。"十字军东征"便体现了这两种信仰的相似性以及它们与其他主要宗教的区别，二者彼此相向，同时又不同于其他宗教信仰，这一特点为这两种文明的冲突与对抗埋下了隐患。

例如 2001 年的阿富汗战争和 2003 年的伊拉克战争，反映的便是伊斯兰文明和西方基督教文明之间的冲突。而发生在叙利亚、利比亚和也门的战争同样是现代化和西方化之间的紧张关系所致，并因伊朗、沙特阿拉伯和其他地区行为体之间的文明内部冲突而恶化。

除了伊斯兰教和基督教之间的冲突外，亨廷顿的"预言"还在许多其他后冷战时代的重大冲突与国际事件中得到了实现。查伦、拉西特、福克斯、图斯西斯尼等学者使用冷战后世界上发生的地区武装冲突以及大规模战争的数据，定量检验了亨廷顿的理论，发现不同文明的国家之间比相同文明的国家之间更容易发生冲突，距离文明断层线越近的国家间爆发冲突的可能性也越大。[1] 文明的冲突还解释了苏联解体给俄罗斯和乌克兰之间留下的争端，俄乌之间文明的对抗在 2014 年的克里米亚冲突和 2022 年开始的俄乌冲突中愈演

---

① CHARRON N. Déjà Vu all over again：a post-Cold War empirical analysis of Samuel Huntington's "Clash of civilizations" theory. Cooperation and conflict，2010（1）；RUSSETT B，ONEAL J R，COX M. Clash of civilizations，or realism and liberalism Déjà Vu？some evidence. Journal of peace research，2000（5）；FOX J，SANDLER S. Culture and religion in international relations. Basingstoke：Palgrave-Macmillan，2004；TUSICISNY A. Civilizational conflicts：more frequent，longer，and bloodier?. Journal of peace research，2004（4）.

愈烈。文明冲突范式直指东正教下的东乌克兰和东仪天主教下的西乌克兰之间的文化断层、斯拉夫人和盎格鲁-撒克逊人的冲突，揭示了乌克兰分裂的根源。亨廷顿"预言"的实现不止于此——苏联和南斯拉夫解体，前南斯拉夫境内不同民族之间冲突的延续和加剧，伊朗和其他伊斯兰国家提出派遣 18 000 人的部队保护波斯尼亚穆斯林，亚美尼亚人和阿塞拜疆人之间的冲突加剧，宗教激进主义在世界各地的兴起，俄罗斯、土耳其和墨西哥内部国民身份认同的斗争，美国和日本之间的贸易冲突，伊斯兰国家抵制西方对伊拉克和利比亚的压力等，都为文明冲突论提供了论据。

由此可见，文明冲突论仍然具有很强的解释力和生命力，因此即使距其首次发表已逾三十年，与文明冲突论相关的讨论依然活跃于学界与政界。

然而，文明冲突论的解释力和局限性同时存在，亨廷顿的"预言"并不能完全准确地刻画冷战后的国际政治。在后冷战时代，并非所有冲突都发生于相异文明之间，交流与合作也没有仅限于相同文明内部——冲突在相同文明内部发生，交流与合作也在不同文明之间实现，冲突与合作似乎都没有受到文明边界的严格限制。正如珍妮·柯克帕特里克（Jeane Kirkpatrick）等人所指出的："最血腥的战争大多发生在文明内部，而不是文明之间。"[1] 同时，冲突也不是不同文明国家间互动的唯一答案，跨文明的交流与合作更是 21 世纪国际社会的主旋律——世界贸易组织、上海合作组织、亚洲太平洋

---

[1] KIRKPATRICK J, WEEKS A, PEIL G. The modernizing imperative：tradition and change. Foreign affairs，1993（72）.

经济合作组织、博鳌亚洲论坛、"一带一路"倡议、人类命运共同体理念等，都凸显了世界走出冲突与零和博弈、走向合作与共赢的历史趋势。

同时，亨廷顿提出文明冲突论的重要意图在于在发生激烈变革的时代潮流中维护美国国家地位，其理论学术性与政治性并存，这也是我们进行研究和探讨时不可忽视的。在百年未有之大变局之下，文明间的关系会如何演变？文明冲突论将如何适应新的变化，在时间进程中能走多远，还有待实践的进一步检验。

第三节　文明冲突论的内容与演进

文明冲突论无疑是分析冷战后国际格局的重要范式，但这一范式对于 21 世纪以来尤其是百年未有之大变局后的新世界究竟有多大的解释力度仍待讨论。在此之前，系统地梳理亨廷顿文明冲突论的底层逻辑和核心观点、探究文明分析范式的来源以及对该理论的争论与回应将有助于全面、深刻地把握冲突论的内涵，厘清理论的发展脉络，并对理论与现实的契合性做出评论。

一、亨廷顿笔下的文明和冲突

亨廷顿将国际政治舞台上的冲突理解为文明差异的结果。因此，我们有必要先系统梳理亨廷顿对文明的定义，了解所谓的"最高的文化集团和最广泛的文化特点"，并深入探究文明差异的根源，从历史传统、现代化进程和当今经济社会发展三个角度来理解他眼中不同文明间的迥然对立。进一步地，在了解文明之间不同的文化基础后，亨廷顿探究了文明差异的后果——在文明集团断层线上发生的冲突。与其说冲突是打破静态般地猝然而起，他更倾向于认为这是长久以来动态演进的结果，文明集团间联合与对抗的剧目也就在现实中不断上演。

1. 文明集团

亨廷顿对文明的定义是：一种文明就是一个文化实体，是人类最高的文化集团和最广泛的文化特点。[①] 村庄、地区、种族集团、民族、宗教团体都可称为文化集团。一种文明可能包括若干民族国家（如西方基督教文明、伊斯兰文明），也可能只包含某种单一民族的国家（如日本文明）。文明之间会融合交叉，亚文明的存在丰富了文明内部的多样性，从而赋予了这个"最高的文化集团"内部蓬勃的生机和不断运动变化的能力。可见，文明是个极富变化、难以限定的概念。[②]

不过，倘若将文明视为一种实体存在，则必定要讨论其外延和边界。一般认为，在同一种文化中，人们拥有相同或相近的血统、语言、宗教和生活方式。但是，亨廷顿尖锐地指出，文明和种族有所不同：同种族的人可能因文明而产生深刻的分裂，而不同种族的人在同一文明框架的框定下有可能趋向同一。进而，他认为"人类

---

① 亨廷顿.文明的冲突与世界秩序的重建.周琪，等译.北京：新华出版社，1998：26.
② 汤一介."文明的冲突"与"文明的共存".北京大学学报（哲学社会科学版），2004（6）.

历史上的主要文明在很大程度上被基本等同于世界上的伟大宗教"①，是文明之间的价值、信仰、体制和社会结构划清了不同文明的界限。

当然，亨廷顿也承认，文明的内涵和外延会因时因地而改变，从而推演出文明之间并不总是泾渭分明，但不同的文明的确存在、共生、互动。当相似的文明将若干民族国家、文化集团等实体联合起来时，文明集团就诞生了。从这个意义上来说，如果按文化和文明背景来划分文明集团，将新的世界格局与政治互动置于几大文明集团相互作用的范式之中，就可以准确地认知和预判当今世界的国际关系：未来全球性的政治冲突将主要发生在具有不同文明背景的国家和集团之间，文明之间的"断层"将成为未来的冲突的前线。②

在建立了一套精巧的解释范式之后，亨廷顿开始用它来解释冷战后的现实世界。在他看来，世界格局取决于八大文明的相互作用，即中华文明、日本文明、印度文明、伊斯兰文明、西方文明、东正教文明、拉丁美洲文明、非洲文明（尽管亨廷顿对非洲文明的地位还略显怀疑）的相互作用。③ 他认为其中相邻的文明集团将不断发生暴力冲突，争夺对领土的控制权。在更高一层的宏观水平上，所有文明集团都在竞相争夺经济权力，争夺对国际组织的控制权，推广自己特有的政治和宗教价值观，扩大自己的文化影响，进而在文化

---

① 亨廷顿. 文明的冲突与世界秩序的重建. 周琪，等译. 北京：新华出版社，1998：25.
② 同①292.
③ 同①29.

影响的外衣下输出自己的政治经济实力。

2. 冲突的原因

亨廷顿认为文明以集团形式产生冲突有深刻的历史原因，按照时间顺序大致可以概括为如下三个理由。

（1）文明间的差异根源于千百年来的历史文化，它们比意识形态、政治制度和经济结构的差异更为根本和稳定。不同文明的人对个体的社会关系、精神世界、公民义务、等级关系等问题的看法迥异。在阶级斗争与意识形态的"你站哪边？"的选择中，人们确实可以改变自己的选择；但在文明冲突的"你是谁？"这个关键问题上，答案通常无法改变。一个人可能同时拥有双重国籍，但他不可能同时信奉伊斯兰教和天主教。虽然文明的差异不一定导致冲突，冲突也不一定会以暴力的形式体现出来，但历史与现实都证明了文明的差异的确会引发持久而激烈的冲突。

（2）近代以来的经济现代化和社会转型促进了民族间的互动，削弱了民族国家所赋予的认同感，并增强了在西方文明映衬下的自我文明意识。首先，更加紧密的文明互动强化了人们对文明差异的觉察。处在另一个文明中的个体，在相当程度上会被认为是"异己"，更容易被激发出自身的文明意识，进而产生排斥和敌视心态。其次，宗教的激进主义在某种意义上填补了民族国家在促进文明认同上的缺位。民族国家要适应全球化的浪潮，它在构筑国民身份认同（Identity Source）方面的功能往往会收缩。此时，宗教可能会以激进的形式来补充这部分的缺位，进而造成"世界的非世俗化"。而且，恰恰是那些受过高等教育的年轻人、中产阶级、商人等热衷于此。最后，西方的双重作用促进了文明意识的增强。西方长期以来位于权力的顶端，西方的现代化模式也大行其道；但是，非西方文明的"寻根现象"也在日益兴起，非西方国家有着愈发强烈的意愿和实力来采取非西方的模式改变这个世界，它们的精英愈发"本土化"。

（3）经济区域主义正在增长，文明认同与当代流行的区域经济合作互为表里：成功的经济区域主义仰赖共同的文明基石；经济区域主义的成功也将强化文明意识。对此，可能的解释是：一方面，现代经济行为以契约与信用为前提，契约与信用的前提是可预测性与信任，而可预测性与信任的前提是了解。这些显然都与文化同质性有关，同一文化群落内部的国家间显然更容易达到这一点。另一方面，生产力的现实水平要求一种特定的国际经济形态，即特定范围与层次上的国家间合作。而合作的范围越大，就表明潜在的低价生产要素和市场营销范围越大，也就更有可能获得更大的经济利润。而区域性经济合作之所以是当今国际经济分工的重要形式之一，正是因为文明集团成为经济契约可靠性与分工范围扩大化之间的矛盾平衡点。按照亨廷顿的观点，只有扎根于相同文明之中的经济区域化才可能成功。① 欧共体依赖欧洲文化和西方基督教两个文明基石而得以繁荣发展；而日本无论与其他东亚国家间形成多么强大的贸易和投资联系，都无法获得欧共体或北美自贸区般的成功。在这里的论述中，亨廷顿成功地将作为软实力的文明观念与作为硬实力的经

---

① 亨廷顿. 文明的冲突与世界秩序的重建. 周琪，等译. 北京：新华出版社，1998：109.

贸关系有机地融合起来，使他的观点看上去更加可靠。

3. 文明的冲突

在考量"文明的冲突"时，有必要认识到，冲突产生的原因是多种多样的。即使是以文明集团划分阵营的冲突，也有可能是偶然的人为因素的巧合；而看似是两个没有关系的国家之间引发的事端，其本因也有可能根植于文明间难以磨合的异质性与内生结构：人类被划分成集团进行冲突，然而冲突的原因并不等同于划分集团的因素。①

亨廷顿认为："全球政治中的主要冲突将发生在不同文明的国家和集团之间。"这既可以理解为两个拥有不同文明的国家之间的双边冲突，也可以解释成以文明为尺度集结的各个国家集团之间的冲突。但他关注的重点是国家集团之间的冲突。这种意义上的"文明的冲突"至少包含两个逻辑过程：（1）文明的认同——国家以文明为尺度集结为集团，即文明集团的形成。（2）文明集团之间进行冲突。这种"文明的冲突"既可以理解为文明之间如何共处，也可以理解为如何避免文明之间爆发战争。按照这样的分析范式，亨廷顿提出了（西方文明）控制未来世界的对策：促进西方本身的文明，尤其是欧洲和北美的组成部分之间更大的合作和团结；把东欧和拉美社会融入西方，因为它们的文化接近西方文化；保持与俄罗斯和日本的密切关系；支持同情西方价值和利益的其他文明集团；以多边国际组织的形式将西方的扩张与既得利益合法化，并促进这些组织的

---

① 亨廷顿，李俊清. 再论文明的冲突. 马克思主义与现实，2003（1）.

繁荣发展。限制潜在的敌对文明——主要是儒家文化圈和伊斯兰文明——的军事势力的扩张，并利用儒家文化圈和伊斯兰国家之间的分歧。因此，削弱国防建设的乌托邦式的和平不可持续，反而更应该保持美国在亚洲的军事存在。可以说，在这种视域下，亨廷顿注意到了主权独立的民族国家越来越不能成为国际政治最重要主体的现实情况，并强调了在文化共性的基础上形成新的泛国际集团（文明集团）的长期趋势。①

不过亨廷顿也指出，从长期发展看，西方将越来越不得不接纳这些非西方的现代化文明。这在客观上要求西方世界主动承认、接纳其他文明的存在和日益崛起的事实，主动了解其他文明的哲学思维、文化伦理和社会形态。要认识到，在可预见的将来，将不会有所谓"普世文明"，而只有各种不同的文明，每一种文明都必须学会同其他文明共处。②

综上，亨廷顿的逻辑大约遵循以下顺序：文明是最高上位的文化概念，而无论是从历史还是从当今经济社会的发展来看，不同文明之间都存在着悠久而深刻的裂痕，这就引发了文明之间不可消弭的冲突。在当今国际政治舞台上，冲突往往以文明集团之间的对立显现出来。而这种对立发生在文明的断层线上，并有逐渐扩大化的趋势。

不过，值得注意的是，文明之间的差异并不是直到亨廷顿生活的冷战时期才为人们所了解并熟知的。在此之前，诸多历史研究者

---

① 苏国勋. 从社会学视角看"文明冲突论". 社会学研究, 2004 (3).
② 汤一介. 评亨廷顿的《文明的冲突?》. 哲学研究, 1994 (3).

早已尝试从文化角度来切入探讨历史发展。可以说，亨廷顿的文明视角，部分来自此前历史学者们的研究与讨论。因此，有必要回顾先前的历史研究者们是如何看待"文明"这一问题的。

二、"文明"来自何方？

以"文明"作为分析单位并非亨廷顿首创。早在 17—18 世纪，欧洲科学家、哲学家莱布尼茨（Gottfried Wilhelm Leibniz）就曾在《中国近事》中对中国与欧洲文明的关系做出过论述。他指出中国和西方在思辨与实践、社会伦理等方面存在的差异性，并认为二者的交流有利于互相学习历史文明成果，激发创造性。

从社会学角度出发，马克斯·韦伯提出，文明是人类在社会发展过程中建立的一系列制度、组织和价值观念，涵盖政治、经济、文化、法律等各个方面。这一定义在分析框架方面深刻地影响了亨廷顿的研究。19 世纪末 20 世纪初，涂尔干在探讨社会规范与秩序的基础上，研究宗教生活的意义，进而扩展到对世界文明及历史的比较研究。

20 世纪初，不少历史学者也开始从"文化"或"文明"视角研究宏观历史，斯宾格勒、汤因比、布罗代尔便是其中的代表。前两者是文明形态史学的代表人物，斯宾格勒在其著作《西方的没落》中首次提出文明形态史学，掀起了以文化或文明为单位考察世界历史的研究浪潮，汤因比则在长达 12 卷的《历史研究》中继续发展文明形态史学，揭示文明起源、发展的一般规律。经济和文明也是第二代年鉴学派关注的两个主题，在布罗代尔的研究中占据了重要地位。但布罗代尔却摒弃文明形态史学过于简化的文明"规律""模式",主张关注文明本身和微观细节,抓住"从最起码的文化到头等文明"的整体内容。① 亨廷顿的文明冲突论在一定程度上继承和扬弃了这些历史学者的思想,并因所处时代背景和写作目的的不同而有所差异。

文明形态史学以文明为研究对象的理论基础在于文明是历史的创造者。与民族国家分析范式相比,斯宾格勒认为"在一种文化的影响下,较多民族的内在形式和所有表现是一致的,是文化的产物而不是其创建者……世界历史是各个伟大文化的历史,民族只是这些文化中的人们用来进行其宿命的象征形式和容器"②,不是民族创造了语言、文化、宗教,而是文化(文明)③ 创造了它们。汤因比同样指出以民族国家作为历史研究的单位始终是局部的,了解局部必须聚焦于整体,"因为只有这个整体才是一种可以自行说明问题的研究范围"④。文明则作为一个整体,超越了民族国家的范围,要"把国家仅仅看作文明的生命中相当次要和短暂的政治现象的原因。国家正是在文明的怀抱中诞生和消亡的"⑤。对于布罗代尔而言,"文明史几乎等于是人类历史"⑥。因此,要理解民族国家就必须先理解其背后的文明,仅仅将民族国家作为宏大视角的历史研究单位是不合

---

① 布罗代尔. 资本主义论丛. 顾良,张慧君,译. 北京:中央编译出版社,1997:152.
② 斯宾格勒. 西方的没落. 甘长银,译. 北京:煤炭工业出版社,2016:157-158.
③ 关于文明与文化的辨析诸多,但是两者经常被混用,在此暂且不做区分。
④ 汤因比. 历史研究. 刘北成,郭小凌,译. 上海:上海人民出版社,2000:17.
⑤ 汤因比. 文明经受着考验. 沈辉,赵一飞,尹炜,译. 杭州:浙江人民出版社,1988:191.
⑥ 同①161.

适的。

斯宾格勒的"文化有机论"认为任何一种文化形态都是一个有机的整体，其内在结构主要是由"文化的灵魂"和"文化的形式语言"构成的，前者指某一文化形态的核心与基础，往往是神话或宗教，后者指文化外显的、可以人为感知的特性①，如语言、习俗、体制等。基于此，他认为世界上存在八种文化：古典文化②、西方文化、印度文化、巴比伦文化、中国文化、埃及文化、阿拉伯文化和墨西哥文化。③ 汤因比的文明是由政治、经济和文化构成的综合整体，其中政治与经济是文明的物质基础，以宗教为核心的文化才是文明的精髓和社会进步的标准。在斯宾格勒的基础上，汤因比进一步细化文明种类，认为从古至今共存在过 26 种文明，其中 21 种得到了发展。布罗代尔给文明做出了最低限度的定义，他认为文明是一种时空综合体，是地域同一性和时间稳定性构成的文化场④，"是'文化特征和现象的集合'"⑤。因此他基本按照地理将世界划分为非洲、远东、东南亚、伊斯兰、苏联和西方六大文明。在文明内核方面，他同样认为"宗教价值的确切位置是在一切文化的中心"⑥，是

---

① 陈玉霞.西方文明的危机与出路：汤因比文明形态史观研究.哈尔滨：黑龙江大学，2005：48.

② 意指古希腊罗马文明。

③ 周良发，唐建兵.斯宾格勒、汤因比、梁漱溟文化史观之比较.湖南工程学院学报（社会科学版），2011（2）.

④ 王伟.布罗代尔史学研究.上海：复旦大学，2012：99.

⑤ FERNAND B. On history. Chicago：University of Chicago Press，1982：177.

⑥ 布罗代尔.15 至 18 世纪的物质文明、经济和资本主义：第 3 卷.顾良，施康强，译.北京：生活·读书·新知三联书店，2002：55.

"文明的心脏"①。

对比三人对文明（或文化）的界定，不难发现斯宾格勒所定义的"文化"本质上正是"文明"，并且三者均认为文明既有物质内容作为基础，又以文化作为本质。宗教在文明的构成中占据着极其重要的地位，是凝聚价值和共识的内核。

基于对文明的界定，三人关于文明特性的观点基本一致，尤其是认为文明具有多样性，反对欧洲中心史观。斯宾格勒认为古典文化或欧洲文化并不比其他文化优越，各种文化在历史中的地位是一样的，并在《西方的没落》中批判了围绕着欧洲文化这一假定中心旋转的历史的托勒密体系，用"历史领域的哥白尼发现"体系加以替代。同时，他批判历史三分法实质上是反对将欧洲的历史经验泛化为世界普遍的规律。三分法将历史发展模式分为"古代—中世纪—近代"，只是对欧洲自身历史的规律总结，其在世界上的重要性和适用性都有待考量。汤因比指出所有文明在哲学上是等价值的，均处于同一发展阶段，"其中任何一个都还没有资格瞧不起别人"②，同样他也反对历史三分法。布罗代尔在《文明史纲》中也反复强调没有用于判断文明优劣的唯一标准，"从欧洲以外的文明开始研究"③有助于充分认识到欧洲不是宇宙的中心，持有"世界各伟大文明中的历史文化的多元性的终结"这一观点是"幼稚的"④。

对于文明之间的关系，斯宾格勒认为文化之间的相互影响是偶

---

① 赖国栋. 文明、经济与布罗代尔的现实情怀. 厦门大学学报，2015（3）.

② 汤因比. 历史研究：上. 曹未风，等译. 上海：上海人民出版社，1997：53.

③ 布罗代尔. 文明史纲. 肖昶，等译. 桂林：广西师范大学出版社，2003：286.

④ 亨廷顿. 文明的冲突与世界秩序的重建. 周琪，等译. 北京：新华出版社，1998：71.

发的和不重要的，彼此之间巨大的差异使得碰撞和交流极为困难。文明之间的影响一般有两种形式：一是遥远文明的映射影响，二是衰老文明对幼年文明的"假晶"影响。汤因比则指出由于人性拥有共同的结构和特征，由人创造的文明也应当有共同的内在逻辑。[①] 多数文明之间存在不同程度的联系，从时间上来看有继承和创新的从属关系；从空间上来看，存在文明之间相互影响的关系。在影响的过程中，他认为"全盘吸收"和"全盘否定"皆不可取，唯有兼容并蓄、文化整合才是正道。布罗代尔更关注文明的开放性，并且指出"文明之间的会面和对话毕竟是基本现象，它们正逐渐汇集成为人类的共同财富"[②]。在交流中难免有冲突，但应当加深理解，避免冲突。可见，后两者均强调文明间存在普遍联系，这种联系无疑有利于文明焕发新的生机。

当运用文明这一研究单位对历史进行分析后，斯宾格勒做出了极度悲观的预测。他认为文化有机体最终会如同生物体一样服从机械的周期律，不可避免地走向消亡。除了西方文明以外，当时存在的文明已经死亡，而西方文明在最终统一后也会崩溃解体。这一论调显然过于悲观，汤因比的"挑战—应战"理论则更加强调主观能动性。他指出文明的发展或生死取决于挑战的强度和文明创造性回应的能力。当文明创造的能力足以应对挑战时，文明便有延续的可能。即便他同样认为除西方以外的其他文明趋于消亡，但西方文明

---

① 陈玉霞. 西方文明的危机与出路：汤因比文明形态史观研究. 哈尔滨：黑龙江大学，2005：48.

② 布罗代尔. 资本主义论丛. 顾良，张慧君，译. 北京：中央编译出版社，1997：151.

的未来仍旧一片光明。布罗代尔则不同意文明最终会死亡这种观点，认为文明是永恒的。文明为社会打上的最初烙印不可磨灭，只有一部分会死亡但基础长存。

综合对比亨廷顿在文明冲突论中体现出的文明观，可见他们在理论基础、文明界定和文明特性上具有一致性。

首先，亨廷顿继承了历史学者的文明视角，他指出"人类的历史是文明的历史。不可能用其他任何思路来思考人类的发展"①，这为他的文明分析范式打下了坚实的理论基础。与盛行的国家主义范式相比，文明涵盖的范围更加广阔，对国家本身具有一定的解释力度。冷战结束后，被意识形态掩盖的国家、集体之间的差异性重现，"文明"这种超越国家、民族内涵的概念无疑从宏观层面将人类划分成了不同的阵营，成为亨廷顿全球政治分析框架的基石。

其次，即便历史学者均有提及文明涵盖的物质成分，但显然他们和亨廷顿一样更加强调文明的文化成分，客观上表现为语言、宗教、习俗、体制，主观上表现为价值、信仰、精神等内涵。对宗教的重视是显而易见的。即使他们的宗教观可能存在些许差异，但宗教本身毫无疑问是界定文明的重要依据。在亨廷顿划分的八大文明中有四种都与"世界性宗教"交织发展，在随后的分析中伊斯兰文明与西方基督教文明的冲突也是其著作的重要主线。除了宗教以外，地域毫无疑问也是其划分依据。这一点与布罗代尔时空综合体的界定是相契合的，但亨廷顿的划分更为简单而粗糙。

---

① 亨廷顿．文明的冲突与世界秩序的重建．周琪，等译．北京：新华出版社，1998：23.

最后，破除明显的欧洲中心论是所有人的共识，这体现在对文明多样性的推崇上。亨廷顿所关注的是多元文明，并且否认文明具有一致的发展进程。他用"普世文明？现代化与西方化"一章来论述世界正朝着多元化的角度发展，文明也不例外。随着非西方力量的增长，西方文明率先现代化产生的巨大差距在逐渐缩小，建立在绝对实力上的中心主义将不断遭受来自非西方文明实践的挑战，单一文明胜利的机会更加渺茫。

然而，由于亨廷顿与历史学者的研究重点和身处时代不同，他们关于文明之间的关系和文明未来发展趋势的观点仍然有所差异。

历史学者研究的是作为历史载体的文明的起源、发展，他们更关注长期视角下文明的演变。"文明"既包含了三维空间的存在实体，又融合了时间维度的社会演变。这使得他们在研究文明之间的关系时更多聚焦于文明的交流融合这一缓慢、自然的过程。随着文明之间的接触，无论是和平还是暴力，融合这一现象都会随文明一直延续。冲突自然同样存在，但与文明本身存在的时间相比，冲突持续的时间仍然较短，即使这并不代表冲突本身不重要。而亨廷顿研究的是冷战后的政治格局，"文明"从四维概念被压缩成了扁平的地理区划。他采取的是短期、静态的视角，因此文明之间的冲突就比融合更为明显，从而占据了主导地位。

而对于文明未来的预测显然会受学者所处时代的影响。斯宾格勒在第一次世界大战即将爆发时产生了研究想法，《西方的没落》成书于1918年，深受一战悲观主义思潮的影响，因此他对于所有文明的前途均是悲观消沉的。而汤因比所处的西方世界经历了两次世界大战的摧残，但还是迅速地从战争中恢复了过来，非西方文明尚未登上国际舞台，他对于非西方文明的颓败和西方文明的光明预测也符合实际情况。但亨廷顿在冷战后抓住了非西方文明崛起、西方文明地位下降的趋势，对非西方文明给予高度重视，因此未来的非西方文明在他看来将充满生机并成为西方文明的挑战者。

从"文明"这一概念本身来看，亨廷顿从诸多历史学者的思想中汲取了养分，在结合冷战后国际政治范式缺位的事实后，拓展了以"文明"为单位的应用领域和研究方法。文明冲突论中的诸多观点尽管遭到了学界和社会界的质疑与批评，但无疑提高了社会对蕴藏于历史中的文明范式的关注。

三、文明冲突论背后的争论与回应

亨廷顿的文明冲突论一经提出就在舆论界引起了轩然大波。自1993年他在《外交》杂志上发表《文明的冲突？》一文开始，有关文明冲突论的讨论便从未停歇。亨廷顿也接连撰写了一系列答辩文章，对其所提出的理论进行补充。

在首篇文章中亨廷顿仅仅阐述了以文明为视角构建全球政治分析框架的雏形，阐述了文明冲突的根源和文明断层线上的冲突；在《不是文明是什么？——后冷战世界的范式》这一答辩文章中，他则更加强调文明作为分析范式的地位，指出范式不能解决所有问题，并质疑其他冷战后分析范式的解释力度，以此反驳国家主义支持者。他批判了阿贾米（Ajami）所秉持的现代化强化了文明间共识的观点，并反对现代化和经济发展具有均质化效果。最后，他表达了自己对西方文明中美国国内种族问题和文化冲突的担忧。^① 1996 年成书的《文明的冲突与世界秩序的重建》则系统地梳理了该理论的内容，在文明的本质、文明力量变动、冲突模式等方面进行拓展，构建起了相对完善的体系。成书后，亨廷顿对学者们的批评主要采取反击态度，譬如面对爱德华·萨义德和阿马蒂亚·森的"种族主义"指控^②，他在采访中表明自己并非患有"伊斯兰恐惧症"，也并不认为穆斯林是天生的暴力分子，只是观察到与其他地区相比，伊斯兰世界卷入了更多冲突。^③ 即将进入 21 世纪，他根据对国际形势发展的观察，又撰文《再论文明的冲突》论证其分析方式是贴切且有效的^④，并在 2004 年出版的《我们是谁？：美国国家特性面临的挑战》中将文明冲突视角从国外转向国内，对理论进行新维度的应用。

正如《外交》杂志的编辑们所指出的，亨廷顿的文明的冲突是继 20 世纪 40 年代乔治·凯南提出"遏制"思想之后另一个最富争议的国际关系理论，它几乎刺激了所有文明的神经。^⑤ 学者、政客、官员纷纷加入这场激烈的讨论，站在不同的立场各抒己见，既对冲突论本身做出评论，又借此阐述自己的"文明论"。在王缉思所撰的《"文明冲突"论战评述》一文的框架下^⑥，评论者们争论的重点可被

---

① 亨廷顿，张铭，周士琳 . 不是文明是什么？：后冷战世界的范式 . 国外社会科学文摘，1994（10）.

② QUINN R. An analysis of Samuel P. Huntington's the clash of civilizations and the remaking of world order. London：Macat Library，2017：54.

③ 同②55.

④ 亨廷顿，李俊清 . 再论文明的冲突 . 马克思主义与现实，2003（1）.

⑤ 潘忠岐 . "文明冲突"理论的系统阐释：亨廷顿新著《文明的冲突与世界秩序的重建》简介 . 现代外国哲学社会科学文摘，1997（6）.

⑥ 王缉思 . "文明冲突"论战评述 . 太平洋学报，1995（1）.

归纳为以下五点，我们将逐一介绍并对其做出评论。

1. 讨论"文明"概念本身和划分的问题

文明冲突论的核心概念是"文明"，部分学者对概念本身和以此为基础的文明划分方式提出了疑问，主要批评亨廷顿部分地依照地理划分文明。阿贾米首先抨击了亨廷顿在《文明的冲突？》中对西方文明进行地理划线的做法[1]，认为亨廷顿并未考虑到现代化所凝聚的统一文明。徐国琦、戴世平同样认为工业文明、科技文明、现代化构成文明的组成成分，仅仅依靠地理划分简化了文明的内容。[2] 然而，随着亨廷顿在书中专门讨论了现代化遮掩下的西方化所滋养的所谓"普世文明"后，对文明内涵的讨论暂歇。实际上，纵观学者对文明的定义，相异观点占绝大多数，许多历史学者也根据地理对文明进行划分，便于后续展开研究。更多学者将视线转移到亨廷顿对文明的界定自身的矛盾上。亨廷顿强调宗教对界定文明的重要性，但是詹姆斯·科斯（James Coase）指出，亨廷顿列举的八大文明中只有四种与"世界性宗教"交织发展[3]，柯克帕特里克等人也质疑为什么将拉丁美洲独立于西方[4]，刘振洪更是指出日本文明是中华儒家文化核心和现代科技工业文明的融合体，单列并无道理[5]。亨廷顿显然也认识到了这点，于是在后文解释道，拉美国家、日本由于受多

---

① AJAMI F. The summoning. Foreign affairs，1993（72）.

② 徐国琦. 塞缪尔·P. 亨廷顿及其"文明冲突"论. 美国研究，1994（1）；戴世平. "文明冲突论"偏颇与失实的预测. 学术探索，1998（6）.

③ 王缉思. "文明冲突"论战评述. 太平洋学报，1995（1）.

④ KIRKPATRICK J J，WEEKS A L，PIEL G. The modernizing imperative：tradition and change. Foreign affairs，1993（72）.

⑤ 刘振洪. 亨廷顿"文明冲突论"四题. 阴山学刊，1999（6）.

种文明影响而显得无所适从，但并未对分类进行修改。也有少数学者认同亨廷顿的文明划分，例如阮炜就赞同"文明"与"宗教"的重合关系。[①]

从众多评论中足以见得学者对文明的界定和划分难以保持一致，主要的分歧在于"文明"这一概念是否应当包含更多内容，如文明的历史渊源、当下发展、现代化意义等，使划分更加微观精细。但亨廷顿显然是为了将重点放在文明间的互动上而选择将文明内部和时空上的联系抽象化，粗略地分类以建立基本单位。这种抽象无可厚非，只是从结果上看表露出亨廷顿是站在西方尤其是美国的立场上划分文明的，常被指责为别有用心地制造文明间的对立。

2. 讨论文明问题对于国际政治的重要性

除了对文明本身的讨论外，许多学者还质疑文明分析范式的解释力度。在亨廷顿之前，少有学者将国际政治与文明结合起来讨论，民族国家、政治权力、经济利益往往是分析的热点。因此，反对者认为亨廷顿所论述的文明、价值观等方面的冲突只是争夺经济利益、政治权力的表象[②]，由于政治、经济领域的规则趋于完善，而文化领域的统一标准有所欠缺，因此对利益的争夺纷纷涌入文明与文化领域。[③]而国家、民族是利益伸张的主体，文明只是被争夺的领域，因此让文明作为世界冲突的主线根本就是伪命题。这一观点当然不无道理，亨廷顿在书中也并未否认民族国家仍然是国际政治的主要行

[①] 王缉思. 文明与国际政治：中国学者评亨廷顿的文明冲突论. 上海：上海人民出版社，1995：21.

[②] 同①23.

[③] 李明. 亨廷顿文明冲突论思想研究. 哈尔滨：黑龙江大学，2017：16.

动者，但毋庸置疑的是随着日益全球化，在民族国家的背后，由跨国组织、非政府组织、国家机构等行为体构成的"多中心"世界已经崛起。①

也有中和派指出对价值认同的追求和对物质利益的争夺同等重要，世界上不乏为了信仰而引发的战争和讨伐，因此国际政治冲突的缘由是文明差异、民族冲突和国家矛盾三者的混合体。亨廷顿的错误在于过分拔高文明的地位，将其视为决定国际冲突的主要因素。屠启宇则采用地缘分析视角，论述了国家、民族、文明、经济各大系统之间的矛盾，这种探索有助于厘清国际政治的研究框架。②

支持文明分析范式的学者如陈乐民则认为亨廷顿为国际政治开辟了新领域，"把文明与国际政治联系起来，国际政治便成为人类从古到今为了文明而进行斗争的历史当中的长剧和短剧"③。这一宏大的视角更有助于学者把握孤立的事件之中的联系，还原全貌。他虽然并不赞同亨廷顿对文明的分析，认为亨廷顿虽然定义了文明范式，分析时却抛开不同文明的内涵，实际上仍然是着眼于现实矛盾，给政治冲突披上文明的外衣。但廓清种种政治意图后，文明与国际政治仍旧是有待续写的课题，在对文明本身的研究，例如文明版图的划分、文明间关系的阐释等方面，需要结合国际状况进行新的拓展。

---

① 李明. 亨廷顿文明冲突论思想研究. 哈尔滨：黑龙江大学，2017：28.

② 屠启宇. 超越疆界：关于世界格局的地缘分析. 东方，1995（1）.

③ 王缉思. 文明与国际政治：中国学者评亨廷顿的文明冲突论. 上海：上海人民出版社，1995：10.

3. 讨论文明之间的关系

文明冲突论最引人争论的议题在于亨廷顿认为世界的冲突主要爆发在不同文明之间，同质文明之间更易建立起牢固的联盟，这涉及对文明之间关系的判断。

首先，学者的焦点在于文明之间是否以冲突为主。以汤一介为代表的一众中国学者认为，从历史发展角度视之，文化间由于差异引起的冲突是暂时的，而吸收和融合则是主导的。① 陈乐民也认为纯粹从文明的发展史来看，"共存""交流""融合"才是大趋势。② 这无疑与汤因比、布罗代尔等历史学家的观点相似。这种观点的分歧在文明观的比较之中已被阐述，刘靖华、戴世平也指出亨廷顿静态的视角使他忽视了文明的融合。③ 但当"文明"这一长期的、历史的概念被用于分析国际政治中短期的、现实的局面时，时间上的错配必然使文明静止了下来，融合的进程也难以体现。

其次，不同文明是否会融为一体也是讨论的中心。亨廷顿对所谓"普世文明"概念的辨析基本上涵盖了融合派的主要观点。其中部分学者认为要以人类所共有的价值观为基础建立全球文明，解决国际问题。④ 这种观点脱胎于西方语境中"文明"最初的含义，即一种与野蛮相对立的社会状态。追根溯源，现代意义上的文明（Civili-

① 汤一介. 评亨廷顿的《文明的冲突?》. 哲学研究，1994（3）.
② 王缉思. 文明与国际政治：中国学者评亨廷顿的文明冲突论. 上海：上海人民出版社，1995：10.
③ 刘靖华. 冷战后世界冲突问题. 世界经济与政治，1994（2）；戴世平. "文明冲突论"偏颇与失实的预测. 学术探索，1998（6）.
④ 李慎之. 全球化与中国文化. 太平洋学报，1994（2）.

zation）诞生于法国学者杜尔哥（A. R. J. Turgot）笔下，往往指代微观意义上的举止优雅、行为得体。而复数文明（Civilizations）则指某一族群或某一时期所特有的生活方式。① 显然，复数文明才是亨廷顿分析范式的基础，因此单数文明这块掩盖了不同文明之间差异的薄板并不在文明冲突论的讨论范围内。

有学者认为现代化为各种文明注入了共识，对物质利益、自由、平等的追求是一致的，因此文明之间存在相互认同的基础，"普世文明"的出现是可能的。这种话语背后潜藏着现代化等价于西方化的西方中心视角。然而，诸多学者包括亨廷顿本身都不认同文明最终会走向一元。即便世界在物质结构上可能趋于一致，但是根植于历史的文明的本质并不会随现代化过程走向一致。相反，随着经济实力的扩张，多元文明会谋取属于自己的地位并完成价值的对外伸张。并且从发展的角度来看，现代化也越来越不代表西方化，这种所谓现代化的共识，不论是制度上的还是价值上的，似乎都将越来越少。

4. 讨论非西方文明的威胁是否存在

亨廷顿将伊斯兰文明与中华文明视为挑战者文明，并且重点分析了存在于伊斯兰边界的文化断层线的冲突模式。有部分学者将亨廷顿的观点视为对西方霸权的维护，通过矮化西方实力制造所谓"绿祸论"和"黄祸论"，为西方在伊斯兰世界伸张权力提供理由和借口。

---

① 阮炜. 文明与文化. 深圳大学学报（人文社会科学版），2001（2）.

　　中国学者反对亨廷顿提出的"中国威胁论"，认为他对于蕴藏在中华文明核心的儒家文化没有足够的了解。汤一介从儒家文化角度指出理念形态的儒家文化主张以"和"为贵，提倡"普遍和谐"①，"和平与发展"仍然是中国所秉持的当今时代的主题。许多中国学者借此提出"文明共生论""文明冲和论"等理论，表现"和而不同"的理念。

　　而关于伊斯兰文明对西方文明的威胁，不少学者也持怀疑态度。在描述伊斯兰文明时，亨廷顿一直采取的是宗教视角，将两种文明的冲突具体化为两种一神教即基督教与伊斯兰教的矛盾，而文明的冲突在微观层面上主要是在非伊斯兰文明和伊斯兰文明之间展开的。② 部分学者就此指责文明冲突论是一种新式种族主义论调，阿兰娜·朗坦（Alana Lentin）指出这种新的种族主义关注的不再是生理区别，而是文化差异。③ 阿马蒂亚·森将这种反对观点总结为"身份并不决定命运"④。亨廷顿也认为，西方国家与伊斯兰国家可以相互合作，两者之间不是截然对立的。⑤

　　从客观上来看，一方面，冷战后直到今天，伊斯兰世界尚未形成一个稳固的核心，穆斯林内部斗争比外部更强，这一点无疑削弱

---

① 汤一介. 评亨廷顿的《文明的冲突？》. 哲学研究，1994（3）.

② 亨廷顿. 文明的冲突与世界秩序的重建. 周琪，等译. 北京：新华出版社，1998：286 - 287.

③ LENTIN A. Racism：a beginner's guide. London：Oneworld Publications，2008：286 - 291.

④ SEN A. Identity and violence：the illusion of destiny. New York：Norton and Company，2006：290.

⑤ HUNTINGTON S P. The clash of civilizations revisited. New perspectives quarterly，2013（4）.

了它的力量。弗雷德·哈利迪（Fred Halliday）、沃尔克·佩尔特斯（Volker Perthes）均认为真正的文化冲突发生在阿拉伯—伊斯兰文明内部。① 但另一方面，伊斯兰复兴运动强化了各国一致的信仰，对外更加团结，某种意义上促进了国际政治上的伊斯兰集团的形成。其中最受关注的是来自伊斯兰激进主义的挑战，但这一挑战不应被简单化为西方的主要威胁。柯克帕特里克指出，激进主义的目的是建立伊斯兰政权，是政治极端分子②，不能代表普遍意义上穆斯林的意图。他们只有在夺取政权后，才具有影响力。

可见，非西方文明是否对西方文明构成威胁尚无定论，亨廷顿提供的靶子为各种观点提供了抒发的机会，带有政治意图与意识形态的论点往往占据了争论的核心。

5. 对西方文明的讨论

在《文明的冲突？》发表后，部分持欧洲中心主义观点的西方学者不承认西方力量相对于非西方力量的衰弱。但随着时间推移，更多事实开始证明非西方世界在经济、军事、社会层面正在迅速追赶西方，亨廷顿的担忧不无道理。但以詹姆斯·科斯为代表的美国学者认为："真正的富于意义的文明冲突，将不是存在于西方和非西方之间，而是已经发生于西方自身内部，特别是西方的中心国家美国内部。"③ 亨廷顿在回应批评的文章中也指出："对集团特权和多元文

---

① QUINN R. An analysis of Samuel P. Huntington's the clash of civilizations and the remaking of world order. London：Macat Library，2017：64.

② KIRKPATRICK J J，WEEKS A L，PIEL G. The modernizing imperative tradition and change. Foreign affairs，1993（72）.

③ 王缉思. 文明与国际政治：中国学者评亨廷顿的文明冲突论. 上海：上海人民出版社，1995：46.

化的要求鼓励着美国国内的文化冲突，推动着美国的分裂。"① 来自其他文明的移民拒绝接受西方主流价值观反而伸张自己文明的价值、美国内部种族矛盾日益激化、少数群体谋求自身利益，这些在亨廷顿看来都是对统一的西方文明的极大威胁。因此，他的本意在于通过"文明的冲突"唤起当局"拒绝造成分裂的多元文化主义"② 的意识，增强美国主流文化认同，保存、维护、复兴西方文明。这一点在他晚年所著的《我们是谁？：美国国家特性面临的挑战》中也表现得淋漓尽致。因此，亨廷顿的文明冲突论不仅引发了文明间关系的讨论，还引发了关于西方文明自身到底遭遇着何种危机的反思。

第四节　文明冲突论的陷阱与伟大斗争的必要性

亨廷顿的文明冲突论引起了从理论基础到政治实践各个层面的争论，他站在西方的视角上，将文明间的互动关系描述为以冲突为主的图景，这显然与中国目前在国际上所推行的人类命运共同体等外交理念和实践相悖。当下，贸易保护主义、孤立主义、民粹主义等思潮泛滥，世界面临着许多诸如气候变化、资源短缺等全球性挑战，推动文明交流互鉴，主张文明对话，正是解决全球问题的良方。

在中国共产党与世界政党高层对话会上，习近平总书记倡导各

---

① 亨廷顿，张铭，周士琳. 不是文明是什么？：后冷战世界的范式. 国外社会科学文摘，1994（10）.

② 亨廷顿. 文明的冲突与世界秩序的重建. 周琪，等译. 北京：新华出版社，1998：354.

国摆脱冷战与"新冷战"思维禁锢，携手同行现代化之路。"我们要共同倡导尊重世界文明多样性，坚持文明平等、互鉴、对话、包容，以文明交流超越文明隔阂、文明互鉴超越文明冲突、文明包容超越文明优越。我们要共同倡导弘扬全人类共同价值，和平、发展、公平、正义、民主、自由是各国人民的共同追求，要以宽广胸怀理解不同文明对价值内涵的认识，不将自己的价值观和模式强加于人，不搞意识形态对抗。我们要共同倡导重视文明传承和创新，充分挖掘各国历史文化的时代价值，推动各国优秀传统文化在现代化进程中实现创造性转化、创新性发展。我们要共同倡导加强国际人文交流合作，探讨构建全球文明对话合作网络，丰富交流内容，拓展合作渠道，促进各国人民相知相亲，共同推动人类文明发展进步。"①

然而，我们在倡导文明和谐的同时也要看到，文明间的冲突将在相当长的时间内客观存在。文明和谐并不代表为了和谐而放弃原则、无底线退让。自党的十八大报告提出"伟大斗争"论断以来，中国共产党对伟大斗争的重视程度不断提高。全面建设社会主义现代化国家需要一个良好的外部环境。近年来，党的对外工作也越来越强调斗争精神和斗争本领在维护国家主权、安全、发展利益中的极端重要性。2020 年 10 月，党的十九届五中全会在北京举行。全会指出，当今世界正经历百年未有之大变局，国际环境日趋复杂，不稳定性不确定性明显增加，必须以伟大斗争精神应对新征程上的深

---

① 习近平. 携手同行现代化之路：在中国共产党与世界政党高层对话会上的主旨讲话. 人民日报，2023－03－16.

刻复杂变化。2022年10月，习近平总书记在中国共产党第二十次全国代表大会上强调，"务必敢于斗争、善于斗争"，把"坚持发扬斗争精神"作为全面建设社会主义现代化国家的一项重大原则。在国际关系与文明交流互鉴中，各种文明应秉持"相互尊重，平等相待"① 的观念，拒绝"教师爷"般颐指气使的说教，拒绝打着"交流"的旗号伸张"文明霸权"，坚决抵制任何蓄意挑起文明争端的行径。

因此，我们亟待提出以文明分析范式为基础的新理论，在坚持伟大斗争精神的同时，厘清文明和谐交流的外延与内涵，为中国在国际社会上的发展提供理论支撑。但是在这之前，我们必须回归亨廷顿的思维的文化传统，从他的基础开始寻找新理论的突破点。

---

① 习近平. 深化文明交流互鉴 共建亚洲命运共同体：在亚洲文明对话大会开幕式上的主旨演讲. 人民日报，2019－05－16.

第二章　傲慢的西方至上主义

　　尽管亨廷顿在《文明的冲突与世界秩序的重建》一书中尽力避免研究视角上的西方中心主义，却仍然落入了西方至上主义的窠臼。西方中心主义是人文社科研究中一种隐含的从西方的角度来看待整个世界的信念，指在研究中自觉或下意识地感觉到西方相对于世界其他地区的优越感，认为欧洲或西方的文明是世界上最进步、最典型的文明，西方以外的国家只能向西方学习并沿着西方的路去发展。西方中心主义的巨大影响源自近代西方历史哲学的强大影响，进步论、阶段论、目的论、普遍主义等理论倾向在世界史研究中盛行和泛滥。同时，西方现代殖民主义"塑造"和"建构"了包括非西方世界在内的世界历史图景。西方中心论者将他们的个案研究置于宗教的、种族的、环境的以及文化的假定的优越性之上，并在此基础上来解释世界。虽然亨廷顿既反对基于自身文明来叙述世界历史的西方中心论，也反对借由所谓"普世价值"遮掩的西方中心论，但亨廷顿在书中以西方的利益为中心，其立场、目的、态度显然是从西方视角出发的，是维护西方利益的，甚至可以为此制造与其他文明的冲突，这可以被称为一种西方至上论。某种程度上，亨廷顿对文明冲突论的叙述，为西方国家干涉其他文明的国家利益打开了方便之门。

亨廷顿所过于强调的文明之间冲突的必然性，本身也是西方文明在长期发展中形成的一种思维定式，其背后是西方文明对异己文明十分突出的排斥心理。这种心理发源于西方文明中的基督教信仰，一神教的性质使其对其他宗教采取拒斥的态度。这种拒斥态度导致的冲突在基督教诞生早期被"殉道者"的苦难叙事遮掩，但基督教在其日渐传播并成为西方文明的主流信仰后，与非基督教信仰文明间的冲突也不断加剧。在这种意义上，"文明的冲突"绝非如亨廷顿所言是世界近代史开始后才出现的。而随着近代以来以航海为代表的交通技术和生产工具的改进，西方文明在接触到越来越多其他文明的过程中，选择以对抗和征服的方式对待被殖民地区的旧有文明，这既是马克思、恩格斯所言的资产阶级文明的扩张，也是宗教文化心理在世界近代史中的延伸。在这个过程中，西方文明的文化认同感也在不断形成与固化，直至在当代的国际关系实践中，西方国家以长期以来的文化心理所导致的文化认同和思维定式为基础，定义和操纵西方文明与其他文明间的关系，以维护西方文明的自身利益。

第一节　西方文明特征的历史溯源

亨廷顿在其著作中指出，某种特定的宗教传统是界定西方文明的关键特征之一。[①] 他强调该宗教传统中精神权威与世俗权威分离的特点，认为这在西方文明发展中具有独特性，并促进了西方自由的发展。亨廷顿的观点包含两层含义。首先，在近代以前，位于罗马的特定宗教机构是维系西方政治格局的重要精神纽带，在宗教层面实现了某种统一。西方文明的许多重要创造也与该宗教传统相关。其次，亨廷顿进一步认为，该宗教权威与世俗权威的分离[②]，以及近代发生的宗教改革与信仰自由化趋势，是西方近代取得重大成就的原因之一。这与许多西方学者的观点一致。

近代以来，西方社会经历了宗教改革、启蒙运动等一系列变革，宗教在社会生活中的重要性相对降低，社会活动逐渐从宗教机构转向世俗机构，科学理性发展取代了某些传统观念。这种世俗化进程使得亨廷顿对宗教的态度复杂：一方面，他自豪于西方在该宗教传统下创造的物质和精神文明，视其为西方文明的本质特征；另一方面，他又以世俗化的标准来评判其他仍保有浓厚宗教色彩的社会，尤其是伊斯兰文明。尽管亨廷顿反对"普世文明论"，也批评将"西

---

① 亨廷顿. 文明的冲突与世界秩序的重建. 周琪，等译. 北京：新华出版社，1998：60.

② 同①61.

方化"与"现代化"混同的观点，但他用以评判伊斯兰文明的标准本身可能更偏向"西方化"而非纯粹的"现代化"。

西方文明所基于的宗教传统与伊斯兰教有着悠久的交往史，两者同属一神论体系。亨廷顿指出这两种宗教都具有排他性和"普世主义"倾向，认为其信徒有传播信仰的义务。这种理解并未阻止他将非自身传统的文明视为异数。在书中，亨廷顿一方面描述了部分伊斯兰国家在现代化/世俗化过程中的困境，将其视为失败案例；另一方面则着重渲染了伊斯兰复兴对西方构成的仇视与威胁。亨廷顿对伊斯兰文明动向及其与西方冲突可能性的描绘，其动机难以厘清，可能源于现实政治考量，也可能源于西方对该异质文明传统上的不信任。这种矛盾在西方世界并非孤例，其著作获得了一些西方政治人物的呼应。

对异己文明的冲突性认知，反映了西方文明核心宗教传统的历史和文化根源。该源于犹太教的一神论传统具有强烈的排他性。该宗教在创立初期曾受迫害，但成为罗马帝国国教后，反过来迫害其他宗教信徒，并压迫周边其他宗教文明。对其他宗教和其他宗教徒的敌视贯穿了西方中世纪及近代早期的历史，塑造了深刻的思维传统。因此，即使在日益世俗化的今天，面对异己文明，西方文明依然倾向于强调冲突的可能性，这与中华文明"求同存异""和而不同"的理念形成对比。亨廷顿文明冲突论的思维渊源，或许正植根于西方这种长期的宗教文化传统之中。本节旨在追溯被亨廷顿称为西方文明"唯一重要特征"的宗教（即基督教）的起源与发展，分析这种思维传统的形成及其局限。

一、一神论信仰的早期形成

从起源上看，基督教脱胎于犹太教是历史事实。两者共享部分宗教经典，基督教吸收了犹太教的核心神学观念。在地中海及近东早期文明中，犹太教是典型的一神论信仰。因此，理解基督教的一神论需追溯犹太教一神论的形成。

犹太人的祖先闪米特人是游牧民族。其早期部落首领的传说构成了民族起源叙事的一部分。该部落选择了特定的神灵作为本族的保护神。此时，该信仰仅限该部落及其直系后裔，并不排斥其他部落信奉不同的神灵。

据传，在部落首领摩西的带领下，该部族经历了从埃及迁往迦南的历程。为了应对外部挑战（征服迦南），摩西在西奈山为该部族制定了核心律法（"十诫"等），旨在统一信仰和行动，将部落传统信仰强化和改造为民族宗教。由此，希伯来各部被组织为更紧密的政治实体，传统信仰发展为有统一信条和仪式的犹太教。此时，虽然独尊本族之神，但并未明确否定其他神灵的存在，禁拜他神的要求主要针对本族人。

此后，以色列人在迦南立足，但经历了重大挫折：被亚述帝国攻灭北部王国（以色列），居民被流放；南部王国（犹太）先臣服于亚述，后于公元前586年被新巴比伦王国攻陷耶路撒冷，圣殿被毁，大量精英被掳至巴比伦（"巴比伦之囚"）。波斯帝国居鲁士大帝征服巴比伦后，允许犹太人返回故土重建耶路撒冷和圣殿。

在流亡和重建的惨痛历史中，一神信仰成为维系犹太民族认同、避免被同化的关键纽带。犹太人反思历史，将民族灾难归因于未能恪守与神的约定，强化了独一神的观念和对救赎的期盼，关于未来救世主（弥赛亚）的信念开始形成。总之，犹太教的一神信仰是其民族在特定历史处境下，结合起源传说、现实需要和信仰传统，不断组织和改造形成的产物。在动荡的巴勒斯坦地区，它起到了凝聚民族的作用，此时的犹太教信仰具有强烈的民族排他性。

二、信仰体系的演变与传播

自"巴比伦之囚"结束后，犹太人返回巴勒斯坦。公元前 4 世纪，亚历山大大帝击败波斯，马其顿帝国成为巴勒斯坦的新统治者。亚历山大推行希腊化政策，试图融合被征服地区的文化。这不可避免地对巴勒斯坦的犹太人产生了影响。

尽管犹太人保有自治组织，但先后臣服于希腊化王国（塞琉古王朝）和后来的罗马帝国。许多犹太人视希腊化（尤其是将不同神祇等同混合的倾向）为对本族独一神信仰的威胁，并发动了多次反抗。同时，散居各地的部分犹太人则接受了希腊化文化，甚至用希腊语翻译了希伯来经典（如"七十士译本"）。

公元前 63 年，罗马将军庞培征服巴勒斯坦。罗马帝国对被征服者的宗教习俗相对宽容，实行宗教调和主义（融合不同宗教元素）和皇帝崇拜。拒绝在皇帝像前焚香被视为不忠或叛国。犹太人坚持独一神信仰，拒绝皇帝崇拜，只要信仰受到威胁就可能起义。在此过程中，犹太教内部发展出不同派别（如法利赛派、撒都该派、艾塞尼派），但对独一神的信仰是其共同核心。

正是在此政治、社会和宗教背景下，基督教诞生了。许多学者认为，其创始人耶稣是以犹太教改革者的身份出现的。早期基督徒并不认为自己创立了新宗教，他们原本是犹太人。教义上的核心区别在于，他们相信耶稣就是犹太教盼望的救世主（弥赛亚）。

耶稣的门徒（使徒）在其死后继续传播这一信仰。随着传播，非犹太人（外邦人）开始被接纳为信徒。这一发展至关重要：它突破了犹太教仅限于犹太民族的界限，宣称所有信仰者均可成为神的子民，"选民"范围被扩大。

需要指出，基督教一神论的形成不仅源于犹太教，也受到古希腊哲学（特别是柏拉图哲学）关于永恒真理和至高神观念的影响。

总之，脱胎于犹太教的基督教，诞生于犹太民族与希腊化文明及罗马统治碰撞的时代。它接受了犹太教的独一神观念，但宣称救世主已经降临，并打破了民族界限，认为信仰面向所有人。这种"普世性"主张与其诞生地的多神教社会产生了直接冲突。

三、从受迫害到主导地位

早期罗马当局常将基督教视为犹太教的一个分支。对基督徒的早期迫害多来自犹太社群内部，罗马当局有时甚至提供保护，因为他们了解犹太人拒绝崇拜皇帝并非必然反叛政府。

然而，当局逐渐发现基督教吸引了越来越多的非犹太人，意识到其与犹太教的区别。当基督徒（尤其是非犹太裔基督徒）拒绝像帝国其他臣民那样崇拜皇帝（因一神信仰）时，问题便产生了。此外，基督徒因信仰原因拒绝参与许多与其他宗教崇拜交织的社会活动（如戏剧、节日），引起社会恐慌和误解（如被谣传"憎恨人类"）。这导致罗马当局视基督教为对多神教社会秩序和皇帝权威的潜在威胁。

因此，尽管基督徒自认忠诚，但其一神信仰的排他性和拒绝履行某些公民/宗教义务的行为，被当局视为具有颠覆性。帝国镇压基督教主要是出于维护国家统一和社会稳定的政策考量，而非简单的腐败或无知。基督徒因此遭受了约三个世纪的间歇性迫害，产生了大量殉道记录。

公元 311 年，情况转变。罗马皇帝伽列里乌斯颁布宽容赦令。随后，君士坦丁大帝击败对手，与李锡尼在米兰达成协议，共同结束迫害。教会史对君士坦丁皈依原因有不同解读。值得注意的是，君士坦丁并未强迫其他宗教徒改信。直到公元 392 年狄奥多西皇帝时期，所有非基督教崇拜才被正式禁止。

基督教成为国教后，其信徒与其他宗教徒的紧张关系并未消失。一些狂热的主教①和暴徒将皇帝的支持视为打击其他宗教的许可，尽管这并非君士坦丁本意。失去帝国保护的其他宗教的神庙（包括犹太会堂）常遭暴力破坏，肇事者（甚至包括一些后来被封圣的主教）很少受罚。此类冲突在亚历山大、迦太基、巴勒斯坦等地频发。古代地方性宗教被统称为"异教"（Paganism，源自意为"乡民"的轻蔑词），逐渐被边缘化至帝国偏远地区。

总之，基督教曾因其一神信仰的排他性而与罗马多元社会格格

---

① 例如，图尔的马丁（Martin of Tours）。冈萨雷斯. 基督教史：上. 赵城艺，译. 上海：上海三联书店，2016：220.

不入，因拒绝参与某些社会活动而受迫害。当其成为国教后，则开始压迫帝国内的其他信仰者。早期基督徒的和平主义理念在狂热和敌视面前被搁置。

四、宗教冲突的暴力化："十字军东征"

早期基督徒奉行和平主义，拒绝服兵役也曾是其受迫害的原因之一。但随着基督徒在军队中增多，观念开始妥协。早在君士坦丁之前，已有基督教作家认为和平主义仅适用于修士。基督教成为国教后，一些基督徒认为自己有责任维护国家安全，发展出了"正义战争"理论（主要归功于希波的奥古斯丁），为一些基督徒在特定条件下使用暴力提供依据。

该理论认为战争要具备正义性需满足以下条件：正义目的（非掠夺或强权）、合法权威发起、首要动机为"爱"。然而，"正义"标准常被滥用，强者以此发动对弱者的战争，其某些信条也为后来的暴力埋下伏笔。

此外，皈依基督教的日耳曼入侵者带来了自身的战争传统。7 世纪伊斯兰教兴起后，穆斯林在近东、北非和伊比利亚等地与基督徒发生了多次冲突。在这些因素作用下，基督教被军事化。数百年后，在"正义战争"理论和军事化背景下，西方基督教世界向穆斯林发动了战争——"十字军东征"。

"十字军"的残暴程度不亚于他们指控的对手。其目标是击败"威胁"君士坦丁堡的穆斯林、拯救拜占庭帝国、统一东西教会、夺回圣地（耶路撒冷）及被穆斯林占领的土地。教会视其为夺回圣地的"正义战争"。然而，在"远征"过程中，受害者不仅包括穆斯林和犹太教徒，还有大量同样信仰基督的东正教徒甚至无辜平民。"十字军"仅在圣地维持了约一个世纪的统治，随后圣地再次被穆斯林控制。

"十字军东征"的直接后果是加深了基督徒与穆斯林之间、拉丁基督徒（天主教）与拜占庭基督徒（东正教）之间的不信任和敌意。其负面影响持续数百年。狂热还引发了西方社会内部的非理性活动，如相信末日将至的"千禧年主义"流行。由隐士彼得领导的"平民十字军"（"穷人十字军"）在欧洲沿途劫掠并屠杀犹太教徒，伤亡惨重。更悲剧的是所谓的"儿童十字军"，许多儿童死于途中或被俘为奴。"十字军"运动给其他文明和自身都带来了深重灾难。

在伊比利亚半岛，在所谓"十字军"精神鼓舞下，基督教王国展开了对穆斯林的"再征服运动"（Reconquista），冲突持续了五个世纪。1492年，最后一个伊斯兰王国格拉纳达投降，"再征服运动"结束。同年，哥伦布"发现"美洲。这些在伊比利亚获胜的基督教征服者将目光转向海外。西方文明以残暴手段对待美洲土著文明以及亚洲、非洲的其他古老文明，开启了充满血腥与暴力的殖民历史。

第二节　野蛮的扩张

文明冲突并非历史上一个时期的特定事件，而是来源于西方漫长的文明发展、扩张过程。区分正统和非正统的一神教确立后，欧洲沿着地理大发现的起点，推动着西方文明与非西方文明间的冲突在长达七个世纪的进程中缓急更迭。这一过程背后是资本主义的兴起引致的"文明"与"野蛮"的冲突。① 虽然资本主义文明将其扩张看作把野蛮地区纳入文明进程的进步之举，但扩张的实质是对落后地区的掠夺，是真正充满血腥的野蛮之举。②

一、西方扩张历程概述

在中世纪的中后期，西欧的一些封建国家相继结束了四分五裂的状态，完成了政治统一和中央集权化的过程。从 14、15 世纪开始，"在地中海沿岸的某些城市已经稀疏地出现了资本主义生产的最初萌芽"③。随着商品经济和资本主义生产方式的发展，黄金成为驱使欧洲各国的冒险家们进行海外探险的基本动力。无论是王公贵族、富商大贾，还是庶民百姓、破产骑士，都渴望到神奇的东方寻找意外的发财机会。但土耳其的势力仍然从西地中海一直延伸到印度洋。早期在东南亚地区进行殖民活动的印度人仍然控制着这一地区绝大部分的贸易活动。这样的状况阻塞了欧洲通往东方的传统商路，欧洲人开始寻找通往东方的新航路，这也为文明间的冲突埋下了种子。

---

① 恩格斯. 家庭、私有制和国家的起源//马克思，恩格斯. 马克思恩格斯全集：第 28 卷. 2 版. 北京：人民出版社，2018：29 - 207.

② 从历史唯物主义出发，马克思和恩格斯将野蛮时代看作人类社会的一个特定历史阶段，并分析了随着资本主义兴起，"野蛮"与"文明"社会从自然孤立、相互渗透走向剧烈冲突的过程。野蛮对文明的征服常常导致征服者在当地受被征服者同化，文明对野蛮的征服则通过武器和商品完全战胜了"野蛮人"。

③ 马克思，恩格斯. 马克思恩格斯全集：第 44 卷. 2 版. 北京：人民出版社，2001：823.

而当时科学技术的进步以及较发达的航海技术也使远洋航行成为可能。于是处于有利地理位置的葡萄牙和西班牙便最早开始了探寻新航路的冒险活动和殖民扩张。1415年，葡萄牙人占领了摩洛哥的休达地区，在非洲建立起最早的一个殖民据点。此后，葡萄牙人一直致力于开辟绕道非洲南端通往东方的新航路，终于在1498年到达印度卡利卡特（现多译为"科泽科德"）。大约在相同的时代里，哥伦布受命于西班牙国王横渡大西洋，于1492年成功地在西印度群岛登陆，掀开了殖民主义扩张的序幕。正如马克思所指出的："美洲的发现、绕过非洲的航行，给新兴的资产阶级开辟了新天地。东印度和中国的市场、美洲的殖民化、对殖民地的贸易、交换手段和一般商品的增加，使商业、航海业和工业空前高涨，因而使正在崩溃的封建社会内部的革命因素迅速发展。"①

葡萄牙和西班牙探险与殖民的结果，极大地刺激了欧洲各国君主、商人和冒险家的欲望，加快了西方殖民活动，也加剧了文明间的冲突。在15世纪90年代，英国人便开始了早期的殖民活动。16世纪，法国人也加入了殖民探险的行列。1588年，英国击垮了西班牙人的"无敌舰队"，使西班牙的海上力量遭到沉重的打击。16世纪末，荷兰摆脱了西班牙的控制获得了独立，成为"典型的资产阶级国家"。在殖民扩张中，荷兰的商人组织了一系列的特许公司，取得了军事、政治等特权。他们沿着葡萄牙殖民者的足迹前进，并逐渐取代了葡萄牙人在印度洋和西太平洋上的霸权地位，建立了海上

---

① 马克思，恩格斯. 马克思恩格斯选集：第1卷.3版. 北京：人民出版社，2012：401.

殖民帝国。荷兰人的商业殖民方式也为英、法所仿效。英国在1553—1680 年建立了 49 个特许公司。法国在 1599—1789 年也建立了至少 75 个特许公司，并相继建立了海外殖民帝国。俄国在这一时期也急剧膨胀，成为一个地跨欧亚两洲的封建殖民帝国，同时还占据了北美的阿拉斯加。在 18 世纪 60 年代至 19 世纪中期，英国完成了第一次工业革命，它充分利用经济上的优势，不仅打败了法、荷等竞争对手，而且以廉价的商品为重炮，轰开了一些古老帝国的大门，建立起新兴的庞大殖民帝国。在此时期，获得独立地位的美国也开始利用自身优越的地理环境，在美洲采取了咄咄逼人的扩张政策。它在半个多世纪内，使其领土从大西洋扩展到了太平洋，并以"门罗主义"为幌子力图将拉丁美洲置于自身的控制之下。

可以说，16 世纪到 20 世纪的世界史，实际上是西方世界利用征服或殖民手段进行掠夺，采用代理人、奴隶制进行统治的扩张史。西方文明与非西方文明的交易往来被信仰西方文明至上者的坚船利炮破坏，并代之以西方文明的持续输出。这样的持续输出以摧毁、压制其他文明为代价，导致了文明冲突格局的形成。

二、野蛮扩张：制度与霸权

无论是在亚洲、美洲，还是在非洲，西方世界的野蛮扩张总是带给殖民地以沉重的、破坏性的变化，早期的殖民扩张和 20 世纪以来的美式霸权都使不平等的剥削关系向世界各个角落蔓延。但也不可否认，那些被枪炮轰开国门的国家，被迫融入了国际贸易，享受了一定的全球化红利。

1. 英国早期的殖民扩张

英国早期的殖民扩张采取的是低成本扩张策略，英国人精心制作了"鞋绳预算案"，将所有的开支风险降到了最低。该预算案完全放弃了从宗主国调配资源支持殖民地的可能性，代之以更明智的殖民地自给自足方案。不仅如此，英国人还让利私人股份的民营公司，诱使它们参与到殖民地经营和管理之中，进一步降低了管理成本和风险。私募公司、企业在英国殖民扩张的进程中也扮演了重要的角色。伦敦公司、普利茅斯公司和英国东印度公司等资本集团，作为独立法人与英国政府沆瀣一气，共同追逐巨额利润。鉴于独立支撑殖民地的金融风险，英国政府把几乎全部风险同部分利润打包转嫁给了民营企业。由于授权了部分经营权和领地使用权，英国本土便可以顺理成章地收税纳捐，控制往来的贸易和商品流通。就英国本身而言，土地面积狭小，自然资源匮乏，经济的增长、生产的扩张需要大量的原材料和能源供应。原材料和能源都直接与土地面积相关，这也是英国必须向外殖民扩张的症结之一。由于欧洲大陆既定的地缘格局，英国只能在海外谋求领土主张。在发现的"新大陆"之上，居住着一些原住民，英国在扩张的过程中，便对当地原住民进行殖民统治，他们真正感兴趣的是当地的香料、布匹、棉花、烟草、茶叶、蔗糖等一切可以种植和倒卖牟利的自然资源和粮食储备。英国殖民扩张还伴随着臭名昭著的奴隶贸易，并且很早就在加勒比海地区建立了殖民地，配备了海军。利物浦和布里斯托尔作为当时的奴隶贸易中心，从中获利。主要从事奴隶贸易的英国皇家非洲公司，和其他行业的许多公司一起，从这种罪恶的贸易中大发横财，在利润的驱使下不择手段地抓捕奴隶,给非洲大陆上的文明以沉重的打击和破坏,取而代之的是英国"引以为傲"的英式文化。

英国在早期扩张时并非唯一向全球辐射影响力的霸权,位于东方的三个帝国早已建立了互相之间香料和丝绸的贸易通路,奥斯曼土耳其、中国和莫卧儿帝国互相之间的贸易往来有着悠久的历史。英国东印度公司利用挑拨离间的方法,激化莫卧儿帝国邦邻间的矛盾,与莫卧儿帝国建立了联系,逐渐染指印度,控制了印度的大片区域,破坏了印度文明自身的发展,切断了东方文明间的交流。马克思曾多次评价英国对印度的殖民统治:"相继侵入印度的阿拉伯人、土耳其人、鞑靼人和莫卧儿人,不久就被**印度化**了——野蛮的征服者,按照一条永恒的历史规律,本身被他们所征服的臣民的较高文明所征服。不列颠人是第一批文明程度高于印度因而不受印度文明影响的征服者。他们破坏了本地的公社,摧毁了本地的工业,夷平了本地社会中伟大和崇高的一切,从而毁灭了印度的文明。他们在印度进行统治的历史,除破坏以外很难说还有别的什么内容。他们的重建工作在这大堆大堆的废墟里使人很难看得出来。"① "内战、外侮、革命、征服、饥荒——尽管所有这一切接连不断地对印度斯坦造成的影响显得异常复杂、剧烈和具有破坏性,它们却只不过触动它的表面。英国则摧毁了印度社会的整个结构,而且至今还没有任何重新改建的迹象。印度人失掉了他们的旧世界而没有获得一个新世界,这就使他们现在所遭受的灾难具有一种特殊的悲惨色

---

① 马克思. 不列颠在印度统治的未来结果//马克思,恩格斯. 马克思恩格斯选集:第1卷. 3版. 北京:人民出版社,2012:857.

彩，使不列颠统治下的印度斯坦同它的一切古老传统，同它过去的全部历史断绝了联系。"① 1649 年，英格兰共和国建立，英国被立法赋予统领所有殖民地的权力。此权力中，殖民地享有部分经济自治权。随着全面殖民政策的统合，英国利用自己的影响力迫使所有从欧洲运往美洲的货物必须先"出口"至英国，然后再"出口"转运到美洲，在此期间，英国政府收取双重税收。但获利空间的压缩迫使英国进一步向美洲殖民，新的殖民扩张同样给美洲原住民带来了毁灭性的打击，导致了大规模的种族灭绝，包括当地文化、艺术、宗教和语言的消亡。那些持"欧洲殖民主义给殖民地带来正面遗产"观点的人，认为殖民主义为落后地区建立了理性化官僚体制，提升了国家能力；促进了当地人力资本，改善了殖民地的长期增长潜力；投入了物质资本和基础设施，提升了当地经济发展水平。但他们没有看到印第安人遭受西方殖民者屠杀的惨象，没有感受到大西洋上奴隶贸易的可耻，没有体会过非洲种植园内黑人被践踏的残酷，相比西方殖民者带给殖民地的灾难，他们对殖民地的贡献九牛一毛，不值一提。更有甚者，借助殖民地宗教、种族、历史的矛盾，挑起殖民地独立后的区域冲突。"印巴分治"是人数较多的印度教徒和人数较少的穆斯林之间的宗教对立日益激化，英帝国统治下的英属印度解体，诞生印度联邦和巴基斯坦两个自治领的分裂事件，是由于英帝国对当地宗教、文化的忽视而爆发的悲剧。"巴以冲突"则又是英国殖民者未周全考虑犹太民族和阿拉伯民族的利益，发布《贝尔

---

① 马克思.不列颠在印度的统治//马克思，恩格斯.马克思恩格斯选集：第 1 卷.3 版.北京：人民出版社，2012：850.

福宣言》，公然破坏两民族间的和平友谊，所酿成的长达一个世纪的冲突惨剧。

英国践行的西方中心论思想，将一系列压迫性制度、单方面霸权施加给非西方文明的国家，使其转变为西方中心的外围。

2.20 世纪以来的美式霸权

相较于英国早期的殖民扩张，美国 20 世纪的霸权主义是多方面的，具有多重根源。在历史根源方面，种族清洗、种族隔离、奴隶制度、多重歧视和族群冲突等对美国社会的影响根深蒂固。回顾其建国历程，美国不断屠杀印第安人以扩张自己的国土，并干涉其他美洲国家内政、推进文化霸权等。经历了从工业资本主义到金融帝国主义的转变，2008 年国际金融危机爆发以来，美国的霸权利益越来越多地为国际垄断资本集团所独占，而贫富悬殊和产业空心化等问题使美国国内治理陷入困境，国际垄断资本集团和美国的民族国家利益之间的矛盾日益凸显。美国的国家机器与国际垄断资本集团结成的利益同盟是美国霸权的"根基"，但是美国自身的国家治理能力已难以维系这一"根基"，美国越来越朝着对内转移矛盾、对外转嫁危机的方向发展。

在文化根源方面，美国是一个具有巨大区域文化和族群文化差异的国家，但是美国通过各种强制性文化改造和制定各类排他性、歧视性规定，残酷对待原住民、非洲裔奴隶和有色人种移民等。例如《美利坚合众国宪法》中的"五分之三条款"、"黑人法典"、《排华法案》以及 20 世纪初的"美国化运动"等。对外，美国自视其代表了西方文明，将美国价值观作为所谓"普世价值"向全世界推广，通过发动"颜色革命"等，在全球多地制造或放大族群冲突和意识形态冲突，成为"世界乱源"。

在思想根源方面，美国对外政策以所谓民主、自由、人权等名义包装其殖民、掠夺、屠杀等行径，并将对外政策的"理想"作为谋取自身利益最大化的工具，运用利益交换、力量对抗和权力制衡等手段，构建和强化其世界霸权体系。美国长期奉行双重标准，通过制造和利用各种地区冲突来谋利。美国也是资本主义国家中反对社会主义国家最突出的代表，"红色恐慌"和"麦卡锡主义"等形成的"反共"思维极其强烈。美国统治集团在各种话题上制造美国民众意见的分裂，用身份政治议题瓦解阶级政治话语，打击或腐化工会组织，阻止美国民众形成合力。

在经济根源方面，国际垄断资本集团从一开始就在美国经济中占据了极高地位。履行中央银行职责的美国联邦储备系统并不完全属于美国政府，而是一家私有的中央银行。"金钱权力"这只看不见的"手"合法化地控制着美国货币发行权。美国政府重大政策的实施取决于国际垄断资本集团的支持，军工复合体的强大生产能力和金融资本集团的强大融资能力共同推动美国维系霸权。"以战养战"的军事霸权让美国谋取了巨额的经济利益和地缘优势。通过不断挑唆地区争端或者直接发动对外战争，美国加快全球"剪羊毛"以刺激自身经济复苏、维护其金融霸权。

在政治根源方面，美国的政治权力和资本权力之间天然存在张力，其国家机器的制度设计强调三权分立、联邦制、两党制等分权机制，但是主宰美国经济的国际垄断资本集团强调全球纵向合并，并且已经发展为一种世界范围的生产交换和竞争体系。垄断资本的全球权力膨胀冲击，美国内政外交沦为垄断财团牟利的工具，导致美国社会不平等性加剧、流动性下降、公共伦理精神缺失。同时，经济社会问题向政治领域传导，两党恶斗日趋严重，但都无力进行内部结构性改革，只能通过塑造共同的外部"敌人"来转嫁危机，并且越来越以"美国利益优先"推行其外交政策，从根本上伤及美国的国家信用。

美国 20 世纪以来霸权的多重根源，又具体地展现在美国对其他地区乃至全球的控制上。所形成的格局，更是深化了文明间的冲突，激化了文明间的矛盾。二战后，美国通过一系列措施设法建立自己的霸权地位。在全球范围内，美国试图通过影响联合国来主导世界事务，试图通过影响国际货币基金组织、世界银行和关税与贸易总协定来发挥经济作用。在欧洲，美国通过杜鲁门主义、马歇尔计划，建立北大西洋公约组织，加强了对欧洲的控制。在亚太地区，美国通过"第四点计划"和建立一系列军事集团来达到控制亚太地区的目的。

1945 年 10 月，联合国成立，其职责是维护国际和平及安全。美国试图将其作为美国霸权对外扩张的工具。1944 年 7 月，美、英、苏、中、法等 44 个国家的代表在美国新罕布什尔州的布雷顿森林召开了联合国家货币金融会议，也就是布雷顿森林会议。会上通过了《布雷顿森林协定》，决定建立国际货币制度，成立国际货币基金组织和国际复兴开发银行（简称"世界银行"）来加以管理。随后国际货币基金组织和国际复兴开发银行在 1945 年 12 月正式成立。其中国际货币基金组织的职责是确保金融制度运作正常，美国试图将其作为美国霸权的国际货币制度；世界银行的职责是向成员国提供贷款和投资，美国试图将其作为美国霸权的经济手段；《布雷顿森林协定》规定美元与黄金直接挂钩，美元体系取代了战前英镑体系，确立了美元霸权的地位。1947 年 10 月，《关税与贸易总协定》通过，1948 年 1 月 1 日生效。《关税与贸易总协定》促进了国际贸易，美国试图将其作为美国霸权的外交手段。

二战后的欧洲满目疮痍，美国与苏联的战时合作关系不复存在，两极格局形成。苏联控制东欧，成立华约。美国全面遏制苏联，在政治上推行杜鲁门主义，军事上成立北约，经济上实行马歇尔计划，以此控制欧洲，把欧洲作为美国的市场。杜鲁门主义和马歇尔计划是美国冷战初期政策的"两条腿"：前者是指导原则，即政治上在世界范围内反苏扩张，标志着冷战开始；后者又被称为欧洲复兴计划，即在经济上支援被战争破坏的西欧，在美国看来，一个强大的西欧才是对苏联最有力的遏制。从 1948 年到 1952 年，美国通过经济合作署向欧洲提供了 100 多亿美元的援助，英、法、联邦德国得到了其中半数以上。欧洲复兴计划取得了明显的成效，到 1952 年，英、法工业生产分别比二战前增长了 13％和 29％，联邦德国的工业生产增长率更高。1949 年 4 月 4 日，12 国外长在华盛顿正式签订《北大西洋公约》，在军事上给予苏联以打击。苏联解体后，北约继续对抗俄罗斯。

美国的霸权同样延伸到了亚太地区，"第四点计划"是二战后初期美国对不发达国家推行的所谓援助计划。1949 年 1 月 20 日杜鲁门在第二任总统就职演说中，提出美国外交的"四点行动计划"。其中第四点是"技术援助落后地区计划"，即"第四点计划"。该计划强化了美国在资本主义世界的领袖地位，拓展了美国在第三世界的势力范围。

英国早期的殖民扩张铺就了通向文明冲突的道路，继承英国霸主地位的美国，在其建立全球霸权的过程中，同样围绕"西方文明中心"展开，对其他文明、地区进行控制。这无疑在非西方文明追求话语权的斗争中加剧了西方文明与非西方文明间的冲突。"西方赢得世界不是通过其思想、价值或宗教的优越（其他文明中几乎没有多少人皈依它们），而是通过运用有组织的暴力方面的优势。西方人常常忘记这一事实，非西方人却从未忘记。"①

三、潜藏的西方资本扩张

西方世界的扩张，在跨越近 5 个世纪的进程中，从未停止。旧世界的帝国在疆域、政治控制上丧失了话语权，而新世界的"帝国"在经济、文化、社会上进行殖民，形成一个"非正式的帝国"。正如国内外许多学者描述的"自由贸易的帝国主义"，潜藏的西方资本扩张，给非西方国家设计了债务陷阱，先是以借贷之名赋予一个国家或地区昙花一现式的发展，随后令其跌入衰退的深渊。

欧洲列强利用国际金融作为帝国统治的工具，利用一种非暴力手段和政策，获得对外国资产的控制权。19 世纪，当时依赖国内资

---

① 亨廷顿. 文明的冲突与世界秩序的重建. 周琪，等译. 北京：新华出版社，1998：37.

源动员而不是外债来资助政府的国家今天拥有更高水平的国家能力。税收强迫在职者投资于国家强化机构（从税务机构到人口普查等方面），而外部融资则扭曲了推动国家机器现代化的激励机制，将高负债国家推向国家弱化的轨道。

在 19 世纪，新近建立和传统上孤立的国家在欧洲为支付战争费用、平衡预算和为基础设施项目付费进行贷款。这些体制薄弱的经济体的快速负债往往以外部违约即暂停偿债而告终。作为获得新资本的回报，借款者同意越来越苛刻的条件，包括基础设施特许权、将旧债务兑换为公共垄断，以及租赁对税务管理部门的控制。在将政府收入的主要来源移交给外国债券持有人之后，很快就需要更多的贷款来平衡预算。由于预期可能出现违约，外国投资者要求对公共资产进行更新的抵押，进一步削减了地方政府的有效税基。到 1914 年，当借贷热潮结束时，许多国家已经陷入债务陷阱，造成持续的财政失衡。

资本输出的领头羊英国，其财政利益与政府政策的逐渐趋同源于三个相互关联的因素：精英更替、债券持有人协调和帝国竞争。新绅士阶层——银行家和土地精英在外交部、英格兰银行和领事服务中占据了领导地位。与此同时，外国债券持有人成立了外国债券持有人理事会（CFB），这一包容性组织代表了大大小小的投资者，并致力于在主权债务危机中争取外交援助。英国政府起初有些犹豫，但后来逐渐接受了这样的要求，将金融纳入了帝国主义政策，这是法国和德国自 19 世纪 70 年代以来一直公开采用的做法。

英国在 19 世纪末 20 世纪初对阿根廷进行投资，逐渐在阿根廷建立了完整的产业体系，控制了阿根廷经济发展的命脉，而阿根廷却最终随着英国投资的减少而步入经济萧条。纵观英国在阿根廷"经济殖民"的全过程，前车之覆，后车之鉴。英国资本最先在阿根廷投资的是铁路，随着英国资本的进入，阿根廷铁路发展迅速。1880 年，阿根廷全国只有铁路 2 133 公里，1886 年增至 5 964 公里，1890 年增至 9 254 公里，1904 年增至 9 430 公里，1914 年增至 30 000 多公里。① 到 1915 年阿根廷铁路的里程数居世界第八位和美洲第三位。铁路的修建促进了阿根廷各区域间的交流合作，把全国连成了一个统一的市场。有了铁路，外国移民便大规模地涌入潘帕斯草原。据统计，1857—1930 年，共有 600 万以上的移民到达阿根廷。他们的到来给正在开发中的阿根廷提供了大量的劳动力和技术，使阿根廷中部一望无际的大草原由一片荒芜变成了繁荣的农场和牧场。农牧业逐渐成为阿根廷经济发展的支撑点，阿根廷成为世界上最著名的谷仓和肉类生产国。繁荣的出口贸易使阿根廷逐渐确立了初级产品出口的经济发展模式。而农牧业的发展也带动了相关产业的早期工业化。农机业、冷藏冷冻工业都得到了长远的发展。1895年的一项调查表明，阿根廷已拥有 3.5 万台谷物收割机和紫花苜蓿割草机，以及 2.8 万台打谷机和 5 000 台其他机械。② 除了铁路以外，服务于出口经济的其他运输工具如轮船及码头设备等，也都有不同程度的增长。阿根廷主要港口布宜诺斯艾利斯港的设施全部采

---

① 李春辉. 拉丁美洲史稿：上. 北京：商务印书馆，1983：775.

② RANDALL L. An economic history of Argentina in the twentieth century. New York：Columbia University Press，1978：90.

用现代化设备，采用机器作业，以代替人力搬运，并建成了深水码头，以便高吨位的船舶可以自由进出。与此同时，为减轻布宜诺斯艾利斯港的压力，还兴建了罗萨里奥港和布兰卡港两个港口。相关产业的早期工业化又进一步刺激了农牧业的出口。同一时期，阿根廷的城市化进程也开始启动。20 世纪初期，布宜诺斯艾利斯已成为世界上最繁华的大都市之一。1869—1914 年，阿根廷城市的人口翻了一番，53％的人口住在城市中，其中 25％的人口住在布宜诺斯艾利斯。[1]

　　尽管英国的投资带来了阿根廷的发展黄金期，但阿根廷的经济社会却问题重重。从投资区域来看，英国资本主要集中在布宜诺斯艾利斯、潘帕斯草原以及周边相对发达的地区。以铁路为例，主要集中在布宜诺斯艾利斯、罗萨里奥，并且以这两个城市为中心向周边辐射。由于英国主要投资在与出口有关的农牧地区，因此，经过这个时期的发展之后，潘帕斯草原除了一些比较干旱的外围地区和不易到达的地区外，明显比全国其他地区发达。这一地区拥有全国 90％以上的汽车和电话，提供的贸易物资占次大陆的一半。[2] 而其他地区却仍然贫穷落后。英国资本的投资区域过度集中，加剧了阿根廷经济发展的地区差距。从投资领域看，投资主要集中于收益较高的铁路和农牧业，这一时期阿根廷经济的发展，按照西方古典经济学的比较优势的发展思路，"保持初级产品供应基地的边缘地位，并

----

　　① 伯恩斯，查利普 . 简明拉丁美洲史 . 王宁坤，译 . 北京：世界图书出版公司，2009：166.

　　② 贝瑟尔 . 剑桥拉丁美洲史：第 5 卷 . 胡毓鼎，高晋元，涂光楠，等译 . 北京：社会科学文献出版社，1992：405.

以此整合进了大西洋经济体"①。至于相关产业的早期工业化，富尔塔多（Celso Furtado）指出："在阿根廷，建立什么样的基础设施必然与出口活动的类型和地点有关。"② 因此，英国投资主要是服务于本国市场和世界市场的需要，而缺少对有利于阿根廷整个经济社会发展的全面投资。阿根廷经济发展支撑点的单一性，加上产业结构的不合理，突显了阿根廷经济基础的脆弱。此外，英国通过直接投资或间接投资控制了阿根廷的主要经济部门，如铁路、港口、屠宰冷藏、出口贸易等，也就控制了阿根廷的经济命脉。在阿根廷的经济部门中，许多部门都是英国资本占据主导地位。1913 年，阿根廷拥有工业企业 4.9 万家，其中 3.15 万家是外资企业，1.5 万家是合资企业，本国资本企业只有 0.25 万家。

日本则是国家建设的范例。这个国家从没有拖欠过很多外债。与暹罗（一个相对类似的案例）相比，日本建立了一个更强大的官僚国家，因为它承担了作为明治维新的一部分的税权分享机构的政治成本。与阿根廷相比——阿根廷是债券时代国际经济融合的典范，日本减少了海外借款，因为它继承了一个更强大的国内信贷市场。外部和国内资源的联合动员，把日本推向了西欧列强在 1800 年之前踏上的国家建设道路。

日本在长达半个多世纪的近代经济增长过程中，一直存在着二元经济结构：一方面是现代技术和较高的资本、劳动比率，较高

---

① 罗荣渠.现代化新论.北京：北京大学出版社，1993：177.
② 富尔塔多.拉丁美洲经济的发展：从西班牙征服到古巴革命.徐世澄，译.上海：上海译文出版社，1981：90.

的劳动生产率和工资的资本主义部门或曰现代部门；另一方面是陈旧技术，较低的资本密集度、生产率和工资的生存资料部门或曰传统部门。在经济发展初期，现代部门的比重较小，整个经济中的劳动力供给大部分被传统部门吸纳。1885年，日本第一产业就业人口占总就业人口的比重达64.9％。同时，日本非农业部门的实际工资是以农业劳动生产率的持续增长为基础的，伴随着近代经济增长和成功地发挥二元结构的优势，日本城乡劳动者的名义和实际工资水平不断上升。[1]

随着城乡劳动者实际工资收入的不断上涨，劳动收入在国民收入中所占份额不断增加，国民收入分配格局朝着有利于普通劳动者阶层的方向转化，从而使整个社会消费需求不断上升。[2] 绝大多数国家缺乏国内信贷市场和外部融资，自愿或被迫采取其他道路。这些路径不一定对国家建设不利，但它们会延缓国家建设。可以说，它们描述了当前陷入财政困境的国家（例如2010年之后的希腊）所遵循的周期。在现代，外部违约是一个相对有序的过程，由多边组织主导，通常伴随以财政支持为条件的紧缩计划，包括支出削减和旨在提高地方能力的税收改革。例如，希腊和"三驾马车"（欧盟、国际货币基金组织和欧洲央行）之间的"第一份备忘录"以增加增值税（VAT），对企业、房地产、奢侈品、进口汽车以及酒类、香烟和燃料征税为条件。

债券时代多边组织的缺失，加上大国的地缘战略竞争，使得债

---

① 张东刚.消费需求的变动与近代中日经济增长.北京：人民出版社，2001：69-70.

② 同①71.

券持有人将新兴经济体推向其他路径。国家资产抵押逐渐成为获得外部资本的必要条件。当违约发生时，外部控制也随之而来。债转股并不是为了提高税收能力，破产管理也不是为了提高税收能力。这些半国营组织控制了地方税务管理的整个分支机构，它们的设立只有一个目的，就是让私人资本回流。破产清算由外国债券持有人或其代表管理，并按照欧洲（和美国）的标准运作。它们可能带来了新的税收技术，为地方政府创造了积极的外部环境，但是在债券时代，设立破产管理机构是为了营利，而不是为了增加产能。

总而言之，外部财政不满足于债务和税收之间的长期等价性。恰恰相反，债转股和破产管理侵蚀了地方税基，需要新的证券化贷款来平衡预算，造成了地方性财政赤字。

独立国家和半自治国家在 19 世纪才在欧洲以外出现，它们面临着截然不同的建国初始条件。欧洲君主缺乏外部选择，只能依赖国内债权人，而全球外围国家的统治者缺乏国内贷款人，但可以获得外国资本。欧洲以外的皇帝、总统和苏丹们通过合同贷款来资助战争、预算赤字和进行基础设施投资，同时推迟了关键的行政和政治改革。外债很快堆积起来，消耗了大量的外汇储备。当债务服务中断时，对新资金施加了苛刻的条件，包括接管和债务股权互换，进一步侵蚀了税基。许多新兴经济体陷入债务陷阱，对国家建设和政治改革造成了长期不利影响。

关于国家衰弱，存在三个被广泛接受的原因：自然资源依赖、种族分裂和殖民主义。金融所发生的殖民活动也与这三项因素紧密相连。外国援助还为独裁者提供了培植庇护网络的机会。它弱化了问责机制，使统治者无法寻求合法性，导致与"资源诅咒"类似的不良影响。外部融资不是一个竞争性的假设，而是可以被视为"容易赚钱"的另一种形式，带有类似于外国援助的困境。就贷款而言，统治者可能会蓄意中断偿债，以期待债务减免或某种形式的外国金融干预，或两者兼而有之，从而减少当前扩大税收的努力，将违约成本推给子孙后代。

获得国际资本也可能加剧社会分化。为了给中央政府提供资金，首都的统治者可能被迫就制度设计进行谈判，并向地域集中的少数族群提供政策让步，建立强大的联邦国家。获得外部资本可能会阻碍中央政府接触地区精英，放弃国家建设项目，加剧领土分裂。

如今，通过比较当下和 19 世纪的社会环境、制度设计，我们可以看到：私人贷款的比重大幅下降，官方贷款成为主导，其附加条件也从强调债务回收转向侧重受援国能力建设。与此相关的是，除少数国家外，极端苛刻的贷款条件已普遍被摒弃。然而，一些问题依然存在。首先，外部融资仍为统治者提供逃避政治改革的机会，延缓国家能力建设，助长了各种不正当的激励，吸引了"秃鹫投资者"；其次，当违约发生时，尽管国际货币基金组织等现代金融机构的职能与 19 世纪的破产管理机构不同，但它们面临的合法性障碍却如出一辙。

西方文明和非西方文明间的冲突借由西方雄厚的资本实力，在金融、财政方面引燃了新的导火索。欧美发达国家通过提供贷款逐渐控制一些国家的发展，使其为西方资本市场服务，阻碍了这些国家、地区的建设投资。受制约的国家和地区想要摆脱债务危机，被迫引进以欧美国家财政、金融体系为标准的相应系统，加重了对欧美国家、西方资本市场的依赖，形成西方（特别是欧美发达国家）资本潜藏的扩张。

第三节　西方至上主义

除了军事、经济上的扩张，西方至上主义视角也反映在世界事务话语权的建构上。塞缪尔·亨廷顿在文明的范式中将世界划分为一个统一的西方和一个由许多部分组成的非西方，构成典型的内外之分。构建了两者的对立后，西方至上主义的双重标准使其做出明显偏向于西方的价值判断。在这一逻辑下，西方文明具有评判与干涉非西方文明的权力，西方文明作为"强者"文明对世界走向有着绝对的话语权和合理的控制权。而亚洲文明对西方文明发出的挑战则"给世界政治带来极大的不稳定"，西方的发展模式被视为正统道路。

一、表象：文明的外部和内部

从对"谁是正统"的历史问题的讨论，到全球化时代采用殖民或征服的手段野蛮扩张的现象，本节进一步讨论西方至上主义视角下文明冲突论的内涵。

西方至上主义与西方中心论有所不同。王立胜认为："在既往西方中心主义的精神内核基础上，现代国际社会演化出了西方中心主义的如下三种表现形式：文明冲突论、所谓'普世主义'价值论以及殖民主义式的文化输出和霸权主义强权政治。这三种表现形式面临着世界文明的多元挑战，造成了许多现实的矛盾与纷争。"① 虽然亨廷顿的表述中没有明显的西方中心主义色彩，但在文明冲突论中，也有典型的内部与外部的区分。塞缪尔·亨廷顿在文明的范式中将世界划分为西方和非西方，也就是文明的内部和外部："世界在某种意义上是一分为二的，主要的区分存在于迄今占统治地位的西方文明和其他文明之间，然而，其他文明之间几乎没有任何共同之处。简言之，世界划分为一个统一的西方和一个由许多部分组成的非西方。"②

亨廷顿认为，西方文明是唯一对世界其他文明产生过压倒性影响的文明。在进行细致论述的时候，他以西方为主体，从一个由上到下、由内到外的视角，来审视、考虑和评价其他非西方文明。例如在第八章谈论文明间的问题时，他说："亚洲国家总体经济实力的增强，使得他们对西方在人权和民主问题上施加的压力越来越可以采取置之不理的态度。"③ 他将西方文明作为主体，亚洲国家作为客体，对亚洲国家的经济实力的评判基于其对西方文明的影响而得出，表述中也明显体现出其中蕴含的倾向于西方文明的情感态度。亨廷顿承认西方文明所倡导的价值观的虚伪性以及西方国家在对待类似事务时的双重标准，强调维护西方文明在全球文明中的主导性和优

---

① 王立胜. 西方中心主义的历史逻辑、现实表达及其内在问题. 人民论坛·学术前沿, 2022 (2).
② 亨廷顿. 文明的冲突与世界秩序的重建. 周琪，等译. 北京：新华出版社，1998：3.
③ 同②.

越性。在讨论非西方文明的复兴时，亨廷顿认为："几个世纪内，非西方民族曾一直羡慕西方社会的经济繁荣、先进技术、军事实力和政治凝聚力。他们在西方的价值和体制中寻求成功的秘诀，如果发现自认为可能的答案，他们就尝试在自己的社会中加以运用。"这种论调基于西方至上主义的视角，同样体现出了亨廷顿依据西方文明来审视其他文明的态度。

二、文明内部和外部的双重行为准则

在构建了西方文明与非西方文明两者的对立后，西方至上主义的双重标准首先体现在其对西方文明与非西方文明的价值判断上，亨廷顿做出明显偏向于西方的价值判断。亨廷顿肯定西方文明在现代化进程中起步早所带来的财富与权力的积累，从而在一定程度上合理化随之而来的殖民扩张以及西方霸权在当今世界的演进。比如在判断核武器的研发和拥有的正当性上，认为美国的核武器是冷战期间为了弥补其较弱的军事实力而研发的"平衡器"，对于冷战后其他国家研发核武器的尝试，美国则加以干预和阻止，认为其对非西方国家拥有核武器的限制是合理且必要的，否定了非西方文明试图增强军事实力的合理性。总的来说，西方至上主义在判断不同文明的政治、经济、军事等一切活动时，倾向于将西方文明的所作所为视为强者的特权以及对次强者与弱者的善意的干预。基于对西方文明作为现代强势与智慧文明的自信，西方至上主义对于逐渐强大或复兴的非西方文明的扩张，则普遍对其意图表现出怀疑与担忧。

在亨廷顿看来，"普世文明"是西方文明的独特特征，其为西方文明对其他文明的干涉和统治提供了正当性，以自身为主体确立了所谓的客观自然的一套价值体系，将诸如自由、平等、民主等视为人本性的理性追求，并用这套体系片面地评判所有的"他者"文明，将西方的殖民行为、霸权主义粉饰为对非西方文明的帮助。所谓"普世文明"预设自身文明的绝对优越性，将西方的文明模式描绘为具有普遍意义的、广泛适用的、唯一理性的文明路径。西方文明所谓的"普世性"很大程度上来源于文明实力的发展，比如经济水平的提升、军事能力的增强。在美国等西方国家对其他国家和地区进行并不平等的侵略与压榨，对拒不合作的对象采取惩罚性制裁时，所谓"普世文明"作为借口为西方国家提供了一个"善的"动机。其认可的全球一体化并不是广泛地传播技术，实现文明间的互利共赢，更多的是其在非西方文明国家中以各种方式获得市场、自然、人力甚至政治同盟等资源后，将他国的成就顺理成章地归因于自身文明的优越性。所谓"普世文明"掩盖了世界范围的现代化的动因，即非西方国家选择现代化是由于"优越"的文明自然的传播或是提供给非西方文明的友好选择，削弱了西方利用自身更高的现代化成果对非西方世界的冲击力。这种论调闭口不谈美国从与其他文明的交流中获得的经济和政治上的利益和优先权，并指望持续借助这一观念攫取对其他文明的控制权。对于所谓"普世文明"的合理性，亨廷顿指出，现代社会相比传统社会普遍更为相似，主要有两个原因：一是技术、发明和实践的传播与转移速度相比传统社会有了飞跃性的提升，因此促进这一转变实现的文明便有着为其他文明所学习、接受的特权和优越性；二是受制于多种自然特征的农业社会很难甚至无法背离其自然环境学习其他文明的农业模式，但知识技术的传播本质上具有普遍性。同时，亨廷顿认为西方文明先于现代化存在，孕育出现代化的文明特征也是西方文明的独特特征，一些关键特征的组合共同促进了现代文明社会中个人主义意识、个人权利传统和自由传统的出现。

对于非西方文明，现代化的经济增长与文明间的互动会加强其自我意识。在非西方文明的本土文化复兴中，亨廷顿提到了日益自信的亚洲文化对西方文明表现出格外强烈的冲击。这种突出且迅猛的转变主要是由于亚洲经济在 20 世纪后半叶的高速增长，以日本和中国的自我肯定为代表，亨廷顿认为其本土文化的复兴注重与西方的差异性，强调自身的独特性，而这种差异性在文明冲突论中往往表现为敌对的。比如日本开始重新"亚洲化"，但由于即使是在亚洲内部，日本传统文化也表现得格外独特，所以日本的文化认同位于倾向亚洲但相对孤立的位置。亨廷顿先入为主地认为现在的非西方文明在重复过去西方文明的扩张路径，他视后者为先进文明的理所应当的唯一发展路径。文明冲突论认可西方文明为世界现代化提供了前所未有的发展经验，认为非西方文明并未在现代发展中起到同等关键的促进作用，因此一定程度上透露出对非西方文明的轻视。

三、历史与发展的解释权与话语权

西方至上主义不仅赋予了西方文明评判与干涉非西方文明的权力，还为西方文明决定世界发展逻辑的观点提供了依据，认为西方文明作为"强者"文明对世界走向有着绝对的话语权和合理的控制权。而对于亚洲文明崛起给西方文明造成的冲击，亨廷顿则带着偏见称其给世界政治带来极大的不稳定性，断言东亚国家实力的增长带来的是其对自身文化相对西方优越性的"鼓吹"以及对西方文明的蔑视。他对非西方文明发展必然展现的负面影响仍旧是基于对非西方文明特质绝对化且失之偏颇的抽象概括，从而维护西方文明对世界走向掌握的主导权，视西方的发展模式为正统道路。

历史的话语权仍旧可以由所谓"普世主义"的发展历史来解释。要说明西方文明与所谓"普世主义"的联系，首先要理解西方文明与现代化的关系。传统社会中文明特征的延续促进了人类历史从传统社会到现代社会的发展，一些西方文明特质是西方社会取得快速经济发展、完善现代社会架构和政治制度等成就的先天优势，比如精神权威和世俗权威的分离是西方实现现代化前已有的特征，这种教会和国家权威的分离为西方提供了自由主义的土壤；社会多元主义则意味着多元的社会团体能够实现阶级多元性，一定程度上限制了绝对君主制。本会导致传统社会中政权不稳定的因素被视为现当代社会生根发芽的土壤和机遇；西方从罗马继承的法治传统相对于同时代的其他社会契约形式并无绝对优势，却更加适合为复杂的现代社会提供可靠的制度保障。

实力即话语权的思想解释了发展话语权的归属，文明冲突论认为西方文明是当代文明中唯一一个拥有能力影响世界政治、经济、安全的文明，同时也是唯一一个会被世界各文明影响的文明。这种能力和自身利益的扩张赋予了西方对世界发展的支配权以及一定的正当性。美国的衰落不可忽视，它在世界经济中的相对地位逐渐为日本、中国所动摇，至于军事硬实力方面，伊朗、印度等国家日益壮大。亨廷顿的担忧本质上是对美国无法维持绝对优势的担忧，美国本期望苏联解体可以带来其对世界发展趋势不容置疑的话语权，结果却成为美国衰落的标志性节点。非西方文明自身的发展动势阻碍了西方文明对霸权的渴求，而权力的衰弱又将进一步加剧文化的式微。

基于此，亨廷顿依据西方的衰弱阶段和层次对世界发展局势做出了预测：西方的衰落速度先缓后急，并伴有不规则的间歇和反复，后者主要是由西方文明内部权力的更替以及文明自救行为导致的。并且，权力的起落直接地体现在对资源的占有上，因为权力意味着某种文明改变其他文明的能力，而这种能力依靠对资源的支配来实现。当西方权力衰落，其对领土、经济资源、军事设施甚至是高素质人口的占有也会出现比例上的下降，不再构成昔日的垄断性优势，越来越多的非西方国家有意发展军火工业、经济产业等，权力资源逐渐分散。根据"文化追随权力"的准则，非西方文化的本土化将进一步伸张，并在全世界范围内复兴。尽管文明冲突论认识到了世界文明的多样性，但它过度放大了不可共存的文明差异性，认为文化对他者的影响必将是非此即彼，无一例外地朝着所谓"普世文明"的方向扩张，比如亨廷顿认为东亚视其自身价值观为其他文明所应该效仿或借以更新的模式，从而走上了重复过去西方所谓"普世主义"的道路，而权力加强作为文化扩张的必然前提，又预示着文明间不可避免的摩擦和冲突。在文明冲突论中，友好共赢的权力互动模式与文化间动态平衡的可能性被完全忽视了，西方文明的发展惯性被视为其后所有文明发展的范式，具体表现为具有强烈竞争性和侵略性的零和博弈。军事、经济等"硬权力"成为评判文化和意识形态等"软权力"的标准，是文化指挥权的风向标，在"硬权力"方面拥有一定成就和优势的文明是一张"成绩单"，证明其"软权力"的优越性，经济繁荣和技术先进能够引致其他文明向自身学习。

文化的"软权力"是"硬权力"的互补品，文明的发展将为自己选择适合的文化模式，其主要体现为与经济发展的适配，这种文化模式可以是意识形态、宗教、习俗以及多者的组合，选择上并不局限于本土或西方作为单一来源。现代化不再由西方化所独占和霸有的非西方宗教的复兴便是文明发展的一个显著趋势，比如，非西方文明的文化复兴在现代宗教复兴中的体现。亨廷顿将宗教复兴的原因归为两个主要方面：一个是现代社会给人们带来的心理、情感及社会创伤，另一个是苏联解体造成的世界格局的变动。他将意识形态与宗教视为替代品，即"世俗的上帝"和"真正的上帝"之间的抉择，但这种文化上的新趋势并没有否定或拒绝"硬权力"取得的成就或是发展趋势。换句话说，在宗教复兴运动中，获得传播的宗教并没有敌视现代化特征，比如城市化、工业化、资本主义等，相反，宗教表现出了与现代社会相容的进化，为其发展提供了情感与精神支撑。

对于文明间与文明内部的互动，亨廷顿认为，出于一致的反西方化立场，非西方文明将会加强彼此之间的联系，形成同盟，比如他预测经济区域主义可能会流行，东亚将加强亚洲内部的贸易和投资。在这种非西方文明抵制西方文明的论调中，西方文明是一个被动的被淘汰者，文明之间的敌对与竞争变成了非西方文明对曾经帮助其发展的西方文明的"叛变"，非西方文明充当了其文明集团间合作而与西方对立的主导者。这种观点忽视了西方文明自身打破合作和联结的主动性，比如美国在其垄断贸易中所展现出的威胁性和强迫性，非西方文明也可能是出于自保而达成经济合作协议。从这一层面上看，文明之间的冲突实质上不过是非西方文明对西方文明（或美国）霸权的反应机制作用，是由文化特征所形成的文明阵营之间出现的利益冲突。

归根结底，在文明冲突论的逻辑中，世界的发展是一场文明的竞争，经济、军事等"硬权力"上胜出的文明便是优越的文明。非西方文明的日益强大与西方文明的相对衰落是发展趋势，西方文明将被非西方文明牵制，其原本势不可当的霸权主张将受到限制。文明内部则出现了模式的转换，非西方文明在其现代化初期采用了以自由、民主等价值观为代表的西方文明元素，但在取得一定的成就后，非西方文明转移到了对本土文化的复兴上，这种转换一定程度上是由西方文明的衰落与非西方文明自身强大所带来的自信促成的，而西方文明的相对衰落则是西方化促进非西方文明现代化的成就所促成的。这种对发展的解释将文明的强大引入了一个死胡同：出于对提升权力实力的渴望，富有影响力的"优越"文明必将被其他文明模仿学习，随后非西方文明的发展动摇了前霸权文明（即西方文明）的地位，与此同时，新一轮的博弈又将开始，在现代化发展中能够领先的文明将进行自身文明的扩张活动，非西方力量持续壮大，本土文化复兴进一步加剧了文明之间的差异性，使非西方文明内部、非西方文明与西方文明之间发生冲突。

文明"硬权力"决定世界未来走向的逻辑在冷战后的世界格局中受到了挑战。同化失败意味着分裂的观点促使西方文明在自身文明内部压迫他者文明的生存，如美国社会中对拉美裔移民、欧洲对阿拉伯裔和穆斯林群体的压迫，这种观点忽视了文明的弹性及其动态演变的可能性。文明间相互交流理解并非只能通过"硬权力"传播，有效的文明交流也不局限于冲突这一种形式。过分强调对自身文化的认同、夸大文明间的差异很可能会固化现有的文明模式，催生本可避免的冲突与战争。"人类命运共同体"的提出便是对文明冲突论的有力反击，我们主张在文明共存的基础上，不同文明间展开友好互利的合作。政治经济文化的互动仍是基于文明的异质性与多样性，但出于共同利益的考量，国家民族与意识形态之间的矛盾可得到一定程度的调和，或至少能创造一个公平的国际竞争环境和文明间理性对话的空间。

不可否认，在过去的世界格局中，构建文明秩序的主动权很大程度上取决于"硬权力"强国的利益及其文化惯性，但这并非一成不变的规律，在多样化的文明秩序中，话语权同样可以为信奉"和平与发展"的文明国家联合主导。同时，随着现代传媒与信息技术的发展，不同文明间交流的壁垒被大大削弱，国家民族之间的屏障也不再牢不可破，文化传播模式的发展催生了对信息透明度及信息准确性的追求。尽管这也意味着更多难以分辨的复杂信息来源以及变相的文化霸权，但传播技术的多样化为差异文化的显现以及互相尊重的价值观传播赋予了更多的可能性，"软权力"的变动与发展不再单纯地依托于"硬权力"的强加。正如习近平总书记所强调的，各国文明的存在都为世界现代化做出了重要贡献，文明之间的差异性更是极大地丰富了世界文明。党的二十大报告也指出，创造人类文明新形态是中国式现代化的本质要求。① 在马克思主义文明观的视域中，当今人类文明新形态是整体性文明，而非单向的、分裂的甚至是对立的。马克思主义文明观并非要否定各文明要素的多样性，而是强调文明的形成与发展也是阶级形成与发展的历史，这种文明观在狭义的"精神文明""文化"以外还强调物质生产和政治制度，即文明作为一个系统的存在。在具有压迫性的人类社会文明中，文明之间也是相互敌对的，阶级的属性表现在人与人、人与社会之间的关系上。脱离阶级关系、赢得阶级斗争意味着文明需要从分离状态转向和谐的整体性状态。当今中国式现代化文明观的实践便是这种反思与改进的体现，未来世界文明观的主流将是"倡导尊重世界文明多样性，坚持文明平等、互鉴、对话、包容，以文明交流超越文明隔阂、文明互鉴超越文明冲突、文明包容超越文明优越"②。

---

① 习近平. 高举中国特色社会主义伟大旗帜　为全面建设社会主义现代化国家而团结奋斗：在中国共产党第二十次全国代表大会上的报告. 北京：人民出版社，2022：23-24.
② 习近平. 携手同行现代化之路：在中国共产党与世界政党高层对话会上的主旨讲话. 人民日报，2023-03-16.

第三章　学术政治的陷阱——以学术讲政治还是为政治讲学术?

文明冲突论自被提出以来就吸引了众多专业人士和普通读者的眼球。[①] 一方面,它有着较好的可理解性,而且是以一定的学术面目呈现在众人眼前的;然而另一方面,读者其实要认清,更重要的是它有着较强的政治性。归根结底,文明冲突论是美国的政治学者为政治家、战略决策者提出的关于冷战后世界格局和世界秩序的一种

[①]　国内学术界最早对文明冲突论进行系统讨论的是北京大学王缉思教授主编的一本集合了众多国际政治学者作品的文集,该作品从文明与国际关系的角度出发,一定程度上实现了对以往研究范式的突破,参见:王缉思. 文明与国际政治:中国学者评亨廷顿的文明冲突论. 上海:上海人民出版社,1995。此后,文明冲突论成为不同学科背景的学者结合各自研究议题做出反思和解读的重要理论来源,较近的且具有代表性的作品,参见:于光胜. 文明的融合与世界秩序研究:关于塞缪尔·亨廷顿的文明冲突论的新解读. 北京:中国社会科学出版社,2015。而西方学界对这一问题也并非意见一致,德国权威批评家米勒早在20世纪就针锋相对地对亨廷顿的观点进行了批判,这一成果也在新世纪初期被新华出版社引入国内,参见:米勒. 文明的共存:对塞缪尔·亨廷顿"文明冲突论"的批判. 郦红,那滨,译. 北京:新华出版社,2002。

理论假设，即国家间的冲突看上去是由利益争端导致的，而本质上则是由文明之不同导致的。这种论调产生了一种美国政府可以直接使用于国际关系中的战略布局和政策范式，为美国对外部世界继续保持霸权主义和强权政治政策提供了理论依据，具有为美国和西方利益服务及进行舆论宣传的实质。这种实质不一定是学者们在主观上披上学术外衣邀功请赏似的向政界靠拢，但在客观上的确为美国等西方国家的国际战略布局和对外政策提供了学理层面的基础。这种现象看上去像极了"以学术讲政治"，实则是"为政治讲学术"。①因此，不了解其提出者的学术训练背景和成长轨迹，则无法精准地把握其看似完整、全面、系统的"学术外衣"，也无法把握其掩盖的政治意图，更无法看穿"为政治讲学术"所产生的诸多理论成果带来的所谓"普适性"。

第一节　学术外衣下的政治意图——一切
为了美国的安全和利益

文明冲突论最早由美国哈佛大学政府系已故知名学者塞缪尔·亨廷顿在美苏冷战结束、一超多强的国际格局浮出水面之时提出。这一观点最早出现在亨廷顿为《外交》杂志所撰写的一篇长篇论文

---

① 关于学术与政治的关系，德国著名学者马克斯·韦伯在 100 多年前的论述仍有一定的意义，参见：韦伯. 马克斯·韦伯全集：第 17 卷. 北京：人民出版社，2021。

中，发表于 1993 年 7 月。[①] 这篇文章的基本观点认为，世界的矛盾、冲突及不和谐，一切皆因"文明的冲突"，且将世界文明分为西方文明、伊斯兰文明、中华文明等八大文明。亨廷顿认为，不同文明之间的矛盾无法调和，未来的世界冲突将会是文明与文明之间的冲突，而且主要表现为西方基督教文明与伊斯兰文明、中华文明等之间的冲突。作者进一步指出，以中国为代表的儒家文明将是冷战后西方文明的最大威胁。不过，这一文明冲突论的核心要义，是站在西方文明角度评判和审视其他文明，认为其他文明都存在不同的缺陷和激进主义。

这篇文章一经发表，立即引发了波及全球的广泛讨论和深远影响。后来，一方面是应出版商的请求，另一方面是希望更深入更系统地阐述上述问题，亨廷顿将这篇文章扩写成一本专著，这就是迄今为止仍雄踞畅销书排行榜前几位的《文明的冲突与世界秩序的重建》[②]。"文明的冲突"观点绝非简单的个人学术观点，亨廷顿本人也并不避讳讨论该论点的学术性和政治性之间的可变化状态。"这本书不是也并不打算成为一本社会科学著作，而是要对冷战之后全球政治的演变做出解释。它渴望提出一个对于学者有意义的和对于决策者有用的看待全球政治的框架或范式。"[③] 该书于 1996 年由著名的大众畅销书出版商西蒙与舒斯特（Simon & Schuster）出版公司首印，问世 15 年后，于 2011 年再版。在这个 15 周年纪念版问世时，美国

---

① HUNTINGTON S P. The clash of civilizations?. Foreign affairs，1993（3）.

② HUNTINGTON S P. The clash of civilizations and the remaking of the world order. New York：Simon & Schuster，1996.

③ 同②13.

前国家安全顾问、国际知名战略学家、亨廷顿生前好友布热津斯基专门为其增写了一篇导论。在这篇导论中，布热津斯基一方面承认亨廷顿的文章和著作在问世以后的确引起了范围广泛且影响深远的讨论（这些讨论往往是批判性的，甚至连布热津斯基自己一开始也对亨廷顿的观点不予认同）；而另一方面他也指出，姑且把这些观点的不同意和批判性摆在一边，单就《文明的冲突与世界秩序的重建》在全球范围内的阅读量及其对历史和现实富有洞见的分析而言，它也足以比肩此前任何一本社会科学经典著作。① 毋庸讳言，布热津斯基和亨廷顿二人早年在哈佛大学读研究生时就是同窗，毕业后二人又先后任教于哈佛大学和哥伦比亚大学。后来，布热津斯基开始进入政界，其政治生涯的顶峰是出任卡特总统的国家安全事务助理，是 20 世纪 70 年代末美国外交政策的实际操控者。在此期间，亨廷顿也曾受邀到白宫参与美国国家战略和对外政策的构想与设计，而这些国际战略层面的构想与设计最终也影响了冷战最后一个阶段美国对苏联以及东方社会主义阵营的政策，为里根总统任期内美国采取富于攻击性的全球扩张战略并最终拖垮苏联奠定了一定的思想基础。

然而，即便有这些便利的条件，亨廷顿也并没有选择进入政界，而是从始至终保持了一位学者的身份，并最终成为学术大家。在近代以来的东西方世界，但凡被定位成大家的学者都有一个共同的特征，即在特定的专业领域之外进行广泛涉猎和耕耘。亨廷顿的研究

---

① HUNTINGTON S P. The clash of civilizations and the remaking of the world order. 2nd. New York：Simon & Schuster, 2011：Foreword.

并不局限于某一个狭窄的主题或议题，而是扩展开来，在政治学的几个重要子领域中都有较深涉足，并做出了高质量的研究工作，产生了大量学术成果。亨廷顿一生的著述体现在如下五个方面，并且在每一个方面都保持了较高的水准。

第一个方面是在军政关系、军事政策及国家安全领域，亨廷顿的代表作为《军人与国家：军政关系的理论与政治》（1957 年）①、《共同防务：国家政治中的战略计划》（1961 年）②，以及《与核武器共存》（合著，1983 年）③。《军人与国家：军政关系的理论与政治》是亨廷顿出版的第一本学术专著，迄今印刷了多次，已成为现代国家体系内职业军官和职业文官在历练之前相互关系这一领域的经典作品。2007 年，在该书出版 50 周年之际，西点军校专门召开了研讨会以为纪念。亨廷顿在历史语境中对军事职业的形成进行梳理，指出军事职业不仅有独特的专业技能，还通过其独有的责任和内在的科层制组织自治而同其他职业区分开，因此需要将军政关系作为国家政制结构的关键问题加以处理。通过历史的与比较的考察，军政关系的基本理想类型被界定为"主观文官控制"与"客观文官控制"，前者将能够控制军事权力的文官集团权力最大化扩展，后者则最大化军事职业主义。在此基础上，亨廷顿指出，处理军政关系的

---

① HUNTINGTON S P. The soldier and the state：the theory and politics of civil-military relations. Cambridge：Harvard University Press，1957.

② HUNTINGTON S P. The common defense：strategic programs in national politics. New York：Columbia University Press，1961.

③ CARNESALE A，DOTY P，HOFFMANN S，et al. Living with nuclear weapons. Cambridge：Harvard University Press，1983.

根本在于一国之意识形态，即从自由主义转向保守主义是保障军事安全的必要条件。这一观点放在现在或许不会招致太多负面评价，而在该书出版的 20 世纪 50 年代末期的美国，彼时战后自由主义作为思潮和运动正以盖过一切的劲头横扫学界。亨廷顿也因此被哈佛大学自由派学者批判，说他不符合自由主义的思想传统从而未能在该校获得终身教职，转而和布热津斯基一道加入了哥伦比亚大学。不管个人境遇如何，《军人与国家：军政关系的理论与政治》一书在1957 年甫一出版即引起广泛的讨论与争议，一举奠定了亨廷顿的学术地位，迄今已再版 15 次之多，仍是军政关系研究中最具影响力的著作之一，也始终名列政治学领域必读的经典作品榜单。而另外两本著作实际上也是沿着第一本的思路拓展开的，聚焦的仍是美国的国家安全问题，即什么样的军政关系才能带来稳定的政治秩序，进而保持国家总体安全。

第二个方面是比较政治学领域，亨廷顿著有《政治的权力：美国与苏联》（与布热津斯基合著，1964 年）①、《民主的危机》（合著，1975 年）② 以及《美国政治：失衡的承诺》（也有版本译为《美国政治：激荡于理想与现实之间》，1981 年）③。其中《民主的危机》原是就西方民主国家的治理能力提交给三边委员会（The Trilateral

---

① BRZEZINSKI Z，HUNTINGTON S P. Political power：USA/USSR. New York：Viking Press，1964.

② CROZIER M J，HUNTINGTON S P，WATANUKI J. The crisis of democracy：report on the governability of democracies to the Trilateral Commission. New York：New York University Press，1975.

③ HUNTINGTON S P. American politics：the promise of disharmony. Cambridge：Harvard University Press，1981.

Commission）的报告，是亨廷顿与法国学者克罗齐耶（Michel Cro-zier）、日本学者绵贯让治（Joji Watanuki）三人合作完成的。三边委员会成立于 1973 年，是由北美、西欧和日本三个地区十多个国家的学者以及政经人士联合组成的国际民间政策研究组织，由这三个地区的代表每年轮流举行全体会议，至今该组织依然活跃于知识和思想界。亨廷顿等人的这份报告针对当时北美、西欧和日本等地区的精英和大众对于民主制度的悲观论调，对民主政体面临的外部与内部的挑战做出系统分析，认为导致民主制度危机的主要原因在于民众对政府日益增长的要求与政府执政能力不足之间的矛盾。针对"医治民主痼疾的唯一办法就是要有更多的民主"这一观点，亨廷顿以当时的美国为例指出，使用这样的方法无异于火上浇油；恰恰相反，民主制度在很大程度上需要节制。一方面，作为方法和原则的民主并不是一个在社会管理的各个方面都普遍适用的办法。例如，如果一所大学任命校长需要征得全体教师和学生的同意，且不说在现实中这是否可以实现，即便可以实现，这或许也只是一所比较民主的大学，但不一定是一所教学科研等方面都比较好的大学。另一方面，作为一种政治体系，民主制度的有效运转通常需要某些个体和群体某种程度上的冷漠和疏离。这是确保民主制度有效地发挥功用的条件之一。简言之，太少民主和太多民主皆不可取，政治制度和政府治理的要义在于走向民主的平衡。在自由派学者和激进"白左"的眼中，这显然是一种偏向精英的"保守"民主理论，然而现实中并没有很多学者和政客能欣赏和领悟该报告中的道理。但是，我们并不能简单地就此指出亨廷顿已经开始反思并批判西方民主制度，相反，其初衷乃是论证西方民主制度的内在"使用"逻辑。就好比是向那些不懂如何使用一个新工具的人说明这个工具的基本运作机制和适用范围，但其最终目的仍然是延长工具的使用寿命。作者们看上去很"学术"，实则是在为现实政治思考；在美国反对他们的人和在其他地方支持他们的人，其实都陷入了这种话术的陷阱。

这里我们对比较政治学这个具有强烈美国属性的研究领域可以多说几句，这也是美国"学术外衣下政治意图"的重要实现途径。比较政治学是政治学的一个分支，在欧美各大学的政治学系（有的称"政府系"，如哈佛大学、康奈尔大学；有的称"政治和国际关系系"，如牛津大学、剑桥大学）都设置了比较政治学的专业和人才培养项目。一般情况下，政治学系下设本国政治、比较政治、国际关系、政治哲学四个分支和研究领域。一如政治科学相比于哲学、历史学、文学、经济学等学科是比较年轻的学科，作为分支的比较政治学，它本身的历史也并不久远，而且是伴随着现实政治的需要而产生的。比较政治学的创建正是源于美国在第二次世界大战以后经济实力、军事实力、科技实力都称霸全球之后的大背景，作为一个在地缘上相对隔绝的政治实体，美国朝野和民众对外部世界的了解比较缺乏。为了适应它在迅速拉开帷幕的冷战中的主导性战略地位，美国政界急需加深对外部世界，尤其是对不同国家的政治体制、政治文化、治理机制、政策制定和执行机制的基本了解，于是在各大学的政治学系内就开设了比较政治学专业，而成立于 1919 年的美国学术团体协会（American Council of Learned Society）和美国国家科学基金会（National Science Foundation）也设立了相应的研究项目支持比较政治学研究的开展。比较政治学的研究对象是除了美国以外的其他国家，而在冷战时期，全世界除了以美国为首的西方阵营和以苏联为首的东方阵营之外，还有广大的亚非拉发展中国家。在美国人看来，这就是以美国为首的第一世界、以苏联为首的第二世界，以及剩下的第三世界（不同于毛泽东同志在 1974 年时提出的划分三个世界的战略思想）。针对这种国家的分类，比较政治学根据研究对象之不同进一步细化了分支领域：专门研究除美国以外的西方发达工业国家的比较政治（狭义）、专门研究以苏联为首的共产党领导的社会主义阵营的比较共产主义研究①（Comparative Communism Studies），以及专门研究亚非拉欠发达地区的第三世界研究（Third World Studies）。这进一步细分出来的三个小领域，也都逐渐发展出了各自的学术团体、学术期刊、学术共同体、完整的课程设计、教材模式和人才培养模式。需要说明的是，这三个小领域虽然起源于美国政界急需了解"敌—我—友"三方基本信息的现实政治意图需要，但是随着时间的推移和各自积累的实证材料的增多，从事这些研究的学者们也逐渐开始进行基本的概念、议题、理论、方法等方面的界定和提炼，完成了所谓"自我实现的预言"。学术外衣逐渐被编织得更加完善和具有迷惑性，而政治意图却丝毫没有减少。

　　第三个方面是政治发展与第三世界国家的政治研究。诚如上文所言，第三世界研究也是广义的比较政治研究领域中更加细化的分支，其设立的初衷是为满足美国政府战略布局和对外政策的现实需

---

① 关于比较共产主义这个领域的相关研究，参见：夏璐. 当代美国政治学中的比较共产主义研究. 当代世界社会主义问题，2017（4）。

要。亨廷顿在这个分支领域也有着相当重要的贡献和成就。鉴于对发达国家进行比较研究和对欠发达国家进行比较研究遵循的是相近的内在理论路数和方法论依托，因此可以说，亨廷顿在这个分支领域算得上是"降维打击"，其主要作品包括《变化社会中的政治秩序》（1968 年）①、《难以抉择：发展中国家的政治参与》（合著，1976 年）②、《理解政治发展》（共同主编，1987 年）③ 等。其中的《变化社会中的政治秩序》，在很多同辈和后辈学者看来是亨廷顿学术成就最高的一本书，也是其被引用率最高的一本学术作品，对整个政治学学科也产生了最为持久的影响。该书最初由耶鲁大学出版社于 1968 年出版，该版先后增加 7 次印刷。1996 年，在文明的冲突带来的热度和流量之下，亨廷顿对该书进行了扩充和修订，一经出版，仍是洛阳纸贵，其影响力远超出学术圈。该书中充满了深邃的洞见，而这些洞见又来自富有理据的学术分析，不仅有对美国和西欧等发达国家的梳理，而且有对不少欠发达地区国家政治生活现状和挑战的分析，提出了一系列至今仍然具有生命力的概念，如"现代化模式"、"政治的制度化水平"、"政治的参与度水平"、"政治衰败"（Political Decay）、"普力夺政体"、"失败国家"（Failed State）。

---

① HUNTINGTON S P. Political order in changing societies. New Haven：Yale University Press，1968.

② HUNTINGTON S P, NELSON J M. No easy choice：political participation in developing countries. Cambridge：Harvard University Press，1976.

③ WEINER M, HUNTINGTON S P. Understanding political development. Boston：Little, Brown and Company，1987.

　　亨廷顿在该书开篇第一章第一段第一句就开宗明义地指出，各国之间最重要的政治分野，不在于它们政府的形式之差异，而在于它们政府治理的能力之高下。民主政体和所谓专制政体之间的不同，远远小于有组织、有效率、有秩序以至于有合法性的国家与那些无组织、无效率、无秩序以至于无合法性的国家之间的差异。在他看来，20世纪60—70年代，以美国为首的西方阵营和以苏联为首的共产党领导的社会主义阵营，都属于有组织、有效率、有秩序以至于有合法性的国家类别，而广大第三世界国家则不是。对很多新诞生的第三世界国家而言，首要的问题不是自由（这里面又需要进一步区分作为民族的自由和作为个体的自由），而是建立一个合法的公共秩序，从而能够有利于经济和社会发展。这其实不是一个纯理论问题，而是一个现实问题。1960年被称为非洲独立年，那一年有17个非洲原殖民地从宗主国独立出来成为主权国家，实现了从部族社会向现代社会的跃迁。然而，这样一种现代化模式（Modernization），却带来了诸多现代性（Modernity）问题，而这些现代性问题则完全超出了新生的第三世界国家能够承受之限度和解决办法之储备。① 这些新生国家的领导阶层，有的是本土原有部族的首领，有的是当地反帝反殖民运动的领袖，有的甚至是良心发现后的帝国精英从殖民主义阵营转而成为代表地方利益的精英。虽然来源不同、结构不同，甚至信仰不同，但他们共享着对现代化的憧憬和想象，那就是曾经的宗主国。他们对现代化的所有想象，都有着极其现实和现世的标

---

① 关于现代性的经典研究，参见：吉登斯. 现代性与自我认同：晚期现代中的自我与社会. 夏璐，译. 北京：中国人民大学出版社，2016。

准，因此在独立后进行国家建设的时候完全照搬照抄宗主国，从政治、经济、法律制度等顶层设计到政治、社会生活，甚至文化、宗教的一般运作机制，不一而足。虽然他们的国家独立了，但是在"现代—传统"二元对立叙事逻辑和现实举措中，他们仍然受宗主国控制。而且宗主国会告诉这些新生国家领导人，现代性问题恰是现代化水平不够导致的，因此要解决现代性问题，就必须加速实现现代化。例如，经济发展水平低，本国投资能力差，就要降低门槛，欢迎海外直接投资；政治发展水平低，政权合法性不足，就要扩大选举范围和给予公民自由。但宗主国没有告诉他们的是，对西方发达工业国家而言，现代化和现代性是不同步的，有着"先来后到"的顺序，也就是先实现了现代化，再利用现代化带来的好处解决现代性问题。宗主国有着先发的优势，而后发的新生国家面临的国际环境则完全不同。因此，亨廷顿指出，欠发达地区的新生国家可以有秩序而无自由，但不能有自由而无秩序。必须先存在权威，而后才谈得上限制权威。他进一步指出，关于如何去设计一个有权力和权威的政治制度，西方社会也没有现成的答案。究其根本，制度不能单纯靠设计，也需要实践经验的积累。关于新生国家合法性和政治发展的问题，亨廷顿认为，关键问题不在于举行范围广泛的选举，而在于实现社会的组织化和有序化。

2001年以来的阿富汗和2003年以来的伊拉克，也在一定程度上证明了亨廷顿的观点。在政治体制改革等问题上，他指出改革者的道路是艰难的。他们所面临的问题比革命者遇到的更为困难，究其原因恐怕有以下几点。首先，改革者必须两线作战，同时面对来自保守派的和来自革命派的两方面的反对。其次，改革者不但需要比革命者更善于操纵各种社会力量，而且在对社会变革的控制上也必须更加老练。最后，如何处理各种形式的改革的轻重缓急问题，对改革者来说比对革命者来说要尖锐得多。不能不承认，亨廷顿的这些见解是十分深刻的，而这种富有穿透力的见解见诸《变化社会中的政治秩序》全书。但是我们也需要清醒地认识到，亨廷顿的这些观点，绝不是出于对亚非拉欠发达地区国家的关心，而是希望这些国家稳定，否则会影响到美国在全球的战略布局和利益。不难看出，这一出发点仍然是"为政治讲学术"。

第四个方面是关于民主化与政体变迁的研究。亨廷顿在这个领域的代表作是著名的《第三波：20世纪后期民主化浪潮》（1991年）[①]。这本书试图解释发生在20世纪最后20多年的这一波民主化的背景、原因、方式及直接后果。亨廷顿认为，民主政体的运作和成为民主政体的过程是不能混淆的。前者就是上文提及的类似《民主的危机》的那种研究，涉及更多的是民主制度运作中的各种问题；而后者指的则是一些国家由非民主政体向民主政体的转型和过渡，这被称为民主化与政体变迁研究。可以说，民主化和现代化都是以美国为首的西方阵营的话术，是西方阵营为其他地区和国家营造出来的一个所谓"目标性命题"。[②] 在亨廷顿的书中，第三波是相对于第一波（19世纪早期至20世纪早期）和第二波（20世纪40年代至

[①]　HUNTINGTON S P. The third wave: democratization in the late 20th century. Norman: University of Oklahoma Press, 1991.

[②]　关于这一主题的专门研究，参见：雷迅马. 作为意识形态的现代化：社会科学与美国对第三世界政策. 牛可，译. 北京：中央编译出版社，2003。

20世纪60年代）而言的。其实不难发现，亨廷顿在定义"第三波"的时候，其实也定义了第一波和第二波。而事实上，当前两波所谓民主化过程开始的时候，当时的政客和学者们也没有使用民主化这个概念。甚至在19世纪早期，在美国朝野上下占多数的稳健派都不倾向于称自己为"民主"的，因为"民主"（Democracy）在当时的时空背景下曾经长期被认为是坏的制度，他们更倾向于称自己为联邦制的共和国。共和政体是相对于当时遍布全球的君主政体而言的，联邦制是相对于当时遍布全球的从上至下的单一制结构而言的。美国自建国以来走的完全是一条和当时的主流体制格格不入的道路，其本质可以被称为"美国特色的资本主义道路"。基于独特的经历来为普遍的现象做定义，这本身就不符合现实逻辑和理论逻辑。当具体分析工业革命以来这三波政体变迁的时候，我们发现，第一波体现的更多的是从君主制到共和制（包括虚君共和），第二波体现的更多的是从领导人无任期限制到有任期限制（任期时长和是否允许连任则未统一），而第三波才算是将前两者结合起来并在此基础上延伸为从较低程度的公民参与到较高程度的公民参与的转变。所以说，亨廷顿巧妙地用文字游戏的方法，在一个全球政治版图和国际力量格局都发生了令人咋舌的变化的时刻，即苏联和东欧社会主义国家纷纷实现政体变迁的时刻，用"民主化"这个指向性特别明确且有着很多具体条件限定的概念，泛而指代了19世纪初工业革命以来人类社会所经历的复杂的政治制度演进。如果单纯作为学者的学术探索，这当然无可非议；然而，作为深受现实政治影响的强行论证，这毫无疑问体现的就是学术外衣之下的政治意图。

在上文提及的《变化社会中的政治秩序》一书中，亨廷顿认为政治秩序的缺失和政治权威的不足是一国所能经历的最严重的政治衰败。因此，对一个国家而言，至关重要的是社会有序化的程度和政府治理的效能，而非政府本身的组成形式。简言之，不是有了大总统就一定是总统制，不是有了民选议会就能保证议会得以正常运转，也不是有了三权鼎立的形式就能完全实现美国那样的治理。但是《第三波》则从不同的视角讨论了与此有关的一个议题，作者似乎想表明政权的形式（即是否采取民主）确乎是重要的，这就很明显地加上了作者及其所服务的政治力量所宣扬的政治价值观。亨廷顿也在书中提到，如过去一样，他试图使自己的分析尽可能地独立于自身价值观，但这种努力在多大程度上得以最终实现仍无法判断，至少从行文分析来看，上述价值观一直在起作用。《第三波》这种著作的写法已经是毫无掩饰地在为政治讲学术，这和布热津斯基同一时期出版的《大失败》有着几乎完全一样的"马后炮"逻辑。

第五个方面是国际关系与国际战略领域的研究。亨廷顿的代表作为《战略要事：美国安全的新政策》（1982 年）① 和著名的《文明的冲突与世界秩序的重建》（1996 年）。20 世纪 90 年代后，亨廷顿的身上似乎出现了从出世的学院派社会科学家到入世的时政评论家的转变。2001 年，在美国本土发生"9·11"恐怖袭击之后，亨

---

① HUNTINGTON S P. The strategic imperative：new policies for American security. Cambridge：Ballinger Pub. Co. ，1982.

廷顿以七旬多的高龄迅速做出反应，撰写并出版了最后一本书《我们是谁？：美国国家特性面临的挑战》①，这本书延续了《文明的冲突与世界秩序的重建》中的基本论调，但是视线焦点由世界转向美国。该书以较为宏阔的历史视野和现实关怀，主要提出并探讨了美国的国家与国民认同的问题，并且由一般到特殊地分析了美国国民认同的主要内容，同时也结合现实讨论了美国国家特性面临的挑战。亨廷顿在这本书中指出，美国的国家与国民认同受到拉美裔（主要来自墨西哥）移民浪潮的威胁，这些移民拒绝被美国主流的盎格鲁-新教价值观同化，并且因为坚持对这些价值观进行侵蚀而受益。亨廷顿指出，随着 20 世纪 70 年代以来世界范围内民主化浪潮的推进，特别是在苏联解体之后，美国暂时失去了意识形态上的"对立面"，这主要是它所倡导的所谓自由、民主、平等、正义等信念似乎已成为全人类的共同价值，不再为美国人所独享，因此，这些当年由美国所提出并以国家力量为后盾大力推广的信念已不能作为界定美国认同的决定性因素了。要维持美国的独特性和国民认同，就需要寻找新的"对立面"，确立新的"敌人"。

《文明的冲突与世界秩序的重建》和《我们是谁？：美国国家特性面临的挑战》是亨廷顿最晚近的两本个人专著，也是引起了最复杂反应的著作。它们的共同点是，社会科学家亨廷顿的褪色和政论家亨廷顿的凸显，这一变化绝非无关紧要。此外，与亨廷顿早期其

---

① HUNTINGTON S P. Who are we？：the challenges to America's national identity. New York：Simon & Schuster, 2004.

他著作均由各大名校出版社推出不同，这两本偏向于畅销书类的著作均是由一家著名商业化大众出版商西蒙与舒斯特出版公司出版，从这一事实也能看出不少端倪。名校大学出版社的作品更加注重对重大学术前沿议题进行学理探讨，主要读者对象是学术界的精英，写作目的上也更希望能为社会科学知识的生产和传播做出贡献；而商业化大众出版商则以发行量和传播范围为主要考量指标，更容易被热度高和流量大的话题影响选题，主要读者是非精英阶层，其写作除了商业考量之外，或许更多地受到现实政治意图的影响。如果我们去看亨廷顿的学术训练背景和出道以后长期关注的研究议题，就不难发现他最早就是研究发展中国家政治，尤其是第三世界国家政治发展等现实问题的。在那个时候，他所强调的并不是文明的冲突，更多的是制度的冲突，以及制度冲突背后所折射的利益冲突。亨廷顿在随后的不同场合中也曾多次强调，美国的优势不仅是思想意识层面的话术优势，而且是以特定制度为依托的有组织的暴力的优势。文明冲突论因其在提出时新颖独特而备受争议与关注。比如，1993 年《外交》杂志秋季号又发表了几篇驳斥亨廷顿观点的文章，亨廷顿也在该刊当年 11/12 月号发表回应文章《不是文明是什么？——后冷战世界的范式》①，对那些驳斥观点又逐一反驳回去。在中国，亨廷顿的论文也引起了学界的广泛关注和讨论，北京大学国际关系学院王缉思教授在亨廷顿的论文发表后就编选了国内研究国际政治的学者对其观点的讨论，主编《文明与国际政治——

---

① HUNTINGTON S P. If not civilizations, what?: paradigms of the post-Cold War world. Foreign affairs, 1993, 72 (5).

中国学者评亨廷顿的文明冲突论》，并于1995年由上海人民出版社出版。

当我们翻阅和回顾这三十年来国内外有关文明冲突论的各种分析、讨论、赞颂、批判时，不难发现，我们其实仍然在外围打转。亨廷顿恰好在世界已经开始经历"世纪未有之大变局"的时刻提出了一个很重要的问题，然后自己给出了答案（即国家间仍然会产生冲突，究其本质则更多的是文明间的冲突），绝大多数的学者不管采取何种态度，也都只是在围绕着他的答案进行分析，而忽略了他的提问，或是根本没去思考，或是不假思索地假定他的提问就是恰当的，等等。一如马克思在《关于费尔巴哈的提纲》中所指出的："哲学家们只是用不同的方式**解释**世界，问题在于**改变**世界。"① 当我们经过了三十年的对文明冲突论的阅读、分析、观察、思考之后，是不是也可以提出一个像马克思一样的论断，即"过去关于文明冲突论的讨论都是在看亨廷顿的答案是对是错，而关键在于亨廷顿的提问是否恰当"。站在这个角度上，"文明"的冲突是时候该终结了，也必须要被终结。正如习近平总书记在中国共产党与世界政党高层对话会上的主旨讲话中所指出的："当今世界不同国家、不同地区各具特色的现代化道路，植根于丰富多样、源远流长的文明传承。人类社会创造的各种文明，都闪烁着璀璨光芒，为各国现代化积蓄了厚重底蕴、赋予了鲜明特质，并跨越时空、超越国界，共同为人类社会现代化进程作出了重要贡献。中国式现代化作为人类文明新形

---

① 马克思，恩格斯. 马克思恩格斯选集：第1卷. 3版. 北京：人民出版社，2012：136.

态，与全球其他文明相互借鉴，必将极大丰富世界文明百花园。"①
中国鲜明地反对文明冲突，提倡尊重世界文明多样性、弘扬全人类
共同价值、重视文明传承和创新、加强国际人文交流合作等主张，
可谓大势所趋，为深化文明交流互鉴提供了中国方案。

当我们看清学术外衣下的政治意图后，会发现这背后的根源其
实是一种不安全感，是一种认为国家间将不可避免地发生冲突的根
深蒂固之观点。那么，国家之间是否必然处于敌对和冲突状态？这
些冲突到底起源于何处？是实实在在的利益，还是变幻莫测的想象，
抑或是这二者的结合？冲突是常态化的，还是阶段性的？这些问题
都需要进一步厘清。

第二节　寻找常态化的"对立面" —— 美式霸权存在的底层逻辑

基辛格在他的名著《大外交》②中曾经指出，美国自建国以来这
种孤悬海外、鲜有邻邦的地缘结构决定了美国不可能像欧洲各国那
样在对外交往中强调"势均力敌""纵横捭阖""竞争合作"，而是要
追求"霸权"和"主导"。而且美国自建国以后的一个多世纪里，也
一直处在一种作为主流对立面的"他者"状态中。同时，深受基督

---

① 习近平. 携手同行现代化之路：在中国共产党与世界政党高层对话会上的主旨讲话.
人民日报，2023 - 03 - 16.

② KISSINGER H. Diplomacy. New York：Simon & Schuster，1995.

新教福音派（Evangelicalism）对世界、社会、人性、价值等方面的判断的影响，美国精英长期有着非此即彼的简单二元对立思考模式。从美国独立之初其国内政坛上联邦党人和反联邦党人关于联邦权与州权之争，到由这种言语论争的极化演变而来的死伤惨重的南北战争，再到介入 20 世纪的两次世界大战，无一不在强化和固化美国社会上下的这种二元对立思考模式，以至于当前美国政坛上演的各种两极化纷争（从两党到种族、从堕胎到移民），都深深地烙刻着这种二元对立思考模式的印记。这就使美国的掌权精英集团（即所谓 Deep State）会不停地找"对立面"，以"对立面"来显示自己的意义，以"对立面"来论证自己的合法性。① 这实际上就是美式霸权的底层逻辑，而寻找常态化的"对立面"也就成了美式霸权存在的意义，因为霸权会带来红利。可以说，美国就是为两极化的政治状态而生，美国也十分适应和习惯这种两极化的政治状态。因此，当这种状态发生改变时，它的习惯性就要求它一定要尽力找到"对立面"，从而维持这种在美国看来是稳定的状态。

欧洲则完全是另外一种逻辑，自中世纪以来，欧洲就逐渐形成了多极的格局（不论在信仰世界，还是在世俗世界），而且欧洲内部一直存在着强大张力在极力反对甚至抗衡某种单极或两极格局的形成。然而 20 世纪的两次世界大战严重削弱了欧洲的实力，欧洲的内耗损伤了多极格局的可能性，反而为单极或两极格局让出了空间。此外，一些欧洲领导人因保守观点和自保政策而采取的短视行为也

---

① ASHFORD E，BEEBE G，BLACK C，et al. Is there a deep state?. The national interest，2018（154）.

进一步为单极或两极格局让开了大路。在第二次世界大战刚刚结束之际，丘吉尔就提出"铁幕"之说，"旧欧洲"中的西欧各国始终生活在对苏联领导的东欧社会主义阵营的某种恐惧之中，又由于在第二次世界大战中损失惨重，所以不得不依靠"新大陆"美国的实力，帮助自身抵抗由现实中的对抗而产生的想象中的恐惧。而当东欧剧变、苏联解体后，掣肘欧洲行为的一个巨大变量发生了改变。美苏两极主导世界的格局在此刻有可能发生质变，但是美国毫无疑问想让欧洲继续保持对它的向心力和依赖性，那么美国势必需要找到更好的理由，至少要迅速找到一个"对立面"。传统的从意识形态方面寻找"对立面"的方法看上去已经不管用了，于是只能另辟蹊径。此时，文明冲突论如及时雨一般注入理论上枯竭、想象力匮乏的美国国际战略和对外政策，好似为沙漠中艰难前行的旅客注入了甘泉，只不过这一杯并非真实的甘泉，而是完全来自海市蜃楼的想象。文明冲突论超越了简单二元的资本主义—社会主义意识形态对垒，将美国和欧盟代表的西方文明捆绑为一个整体，而将其他非西方文明进行拆解，这明显是在营造出"文明可能冲突也必将冲突"这一论调来服务于后冷战时代美国继续寻求并维持两极化政治状态中对内主导、对外霸权的现状以及树立"假想敌"的政治考量。具体而言，亨廷顿的文明冲突论认为在未来以文明为核心的国际冲突中，最有可能出现西方文明和伊斯兰文明之间的冲突以及西方衰落和中国崛起之间的冲突。这样，孤悬海外的北美捆绑着欧亚大陆西段的欧洲，挑出了古老文明中的一个中东和一个远东，作为自己新的"敌人"。

　　无独有偶，在与文明冲突论提出的几乎同一时期，还有一位美国政治学家也出版了一本重要著作，对冷战后期一直到现在美国的国际战略和对外政策产生了重要影响，这就是由亨廷顿的学生、美籍日裔学者弗朗西斯·福山撰写的《历史的终结与最后的人》①。该书其实也是由最初的一篇论文扩充而来。1989 年，福山在《国家利益》(*The National Interest*) 杂志上发表了题为《历史的终结》的论文。② 面对着东欧剧变前夜的种种迹象，福山似乎嗅到了国际格局即将发生重大变故，他在文中进行了大胆预测，指出西方的"自由民主体制"(Liberal Democracy) 就是这些国家的必然选择，它的实现意味着人类政治史的终结。随后，东欧剧变和苏联解体以西方世界极具说服力的判例式助攻，让福山声名大噪，一跃成为与其老师并驾齐驱的西方思想集大成者。福山的基本观点就是，在 20 世纪 80 年代末 90 年代初东欧剧变、苏联解体后这些国家没有其他的路可走，只能选择以欧美政治体制为代表的自由民主体制。福山更认为，在所谓"自由民主体制"被大多数国家采纳为标准化的政治制度之后，将不再会有任何其他制度能够与之相抗衡。

　　上文曾提及，在基督教福音派影响下，美国精英有着强烈的二元对立思考模式，这种思考模式不仅美国有，现在也深深地影响到了欧洲。这一模式就是一种非此即彼的二元对立的分析框架及其影响之下的基本话术。这种分析框架和基本话术有着很多变种，具体体现为非友即敌、非善即恶、非自由即专制、非民主即独裁、非现

---

① FUKUYAMA F. The end of history and the last man. New York：Free Press，1992.

② FUKUYAMA F. The end of history. The national interest，1989 (16).

代即落后、非同盟即冲突等政策原型。福山早期的这种论调就是典型的"为政治讲学术"，不过只是符合美国短期利益的政策框架，不太符合长远的战略安排。因为如果按照历史终结论来推演的话，美国就没有"对立面"了，都成为自由民主体制了，美式霸权如何体现呢？进入 21 世纪以后，这位曾经的"西方制度至上主义者"也逐渐调整了自己的观点。其实，福山在《历史的终结与最后的人》一书中，只是将视角单纯聚焦在冷战时期的国际格局上。他毫不吝惜自己对这半个世纪里美式民主在全球范围内攻城略地的赞美和肯定。但伴随后冷战时代国际格局的变化以及中国的崛起，福山开始意识到上述定论或许过于草率，至少应该充分考虑中国这一意外和特殊案例。随后，他深入研究人类社会的政治发展脉络，连续出版了《国家构建：21 世纪的国家治理与世界秩序》[①]、《政治秩序的起源》[②]、《政治秩序与政治衰败》[③] 等著作。一方面，这些著作明显地延续和继承了亨廷顿所开创的对政治秩序和政治衰败的系统研究；另一方面，这些著作也明显拉伸了历史的横向视角，回顾了包括中国在内的非西方世界政治秩序的演变历程，鲜明地指出古代中国率先建立起了中央集权帝国，并且在漫长的历史进程中塑造了强大的国家能力（State Capability），这就是中国作为"原生早熟高能国家"

[①]　FUKUYAMA F. State-building：governance and world order in the 21st century. Ithaca：Cornell University Press，2004.

[②]　FUKUYAMA F. The origins of political order：from prehuman times to the French Revolution. New York：Farrar，Straus and Giroux，2011.

[③]　FUKUYAMA F. Political order and political decay：from the industrial revolution to the globalization of democracy. New York：Farrar，Straus and Giroux，2014.

的发展脉络。① 福山认为，在这个过程中，作为传统中国社会基础的深厚家庭和宗族关系，以及由儒家学说为主轴所形成的一整套完备的道德和礼教体系，一方面为中国社会提供了长期的核心价值体系，从而确保中国社会保持长期的高凝聚力，另一方面也为上述原生早熟高能国家提供了系统的合法性论证。

福山的这个结论迎合了西方精英认识中国的普遍立场，即承认中国历史上取得的上述成就，并在一定程度上对其表示肯定，尤其与欧洲长达1 000多年的蒙昧中世纪相比，这是相当伟大的。但是他又指出，过早成熟的中央集权的高能国家却摧毁了能孕育和发展西式民主的土壤，而这无疑是中国政治的一大不足。他的论证隐含了一种基于西方工业革命以来历史发展脉络的三阶段推论：只要人类追求现代化，就会发展科学技术；发展科学技术，就会采用市场经济；发展了市场经济，就会产生自由民主制度。这也是由亨廷顿等人所推动的现代化理论的基本假设。作为一名资深的政治学家，福山不会停留在人云亦云层面，他在遵从上述推论的同时，也试图将中国原生早熟高能国家的发展脉络纳入论证体系中，因此他构建了一套不同于其他学者的相对完整的国家制度学说。福山提出，国家治理能力、法治体系和负责任的政府是政治现代化三大必备要素。他承认前现代时期的中国已经具备强大的国家能力，但是偏于中央

---

① 关于国家能力较新的研究，参见：LINDVALL J, TEORELL J. State capacity as power: a conceptual framework. Stance working paper series, 2016（1）；LINDSAY B. State capacity: what is it, how we lost it, and how to get it back?. Niskanen center, 2021。王绍光和胡鞍钢最早将这一概念引入国内学界，参见：王绍光，胡鞍钢. 中国国家能力报告. 沈阳：辽宁人民出版社，1993。

集权的政治秩序并不能解决存续发展的有效动力机制匮乏之难题，而由于缺乏法治体系与负责任的政府这些现代民主要素，其也必然无法避免政治衰败。

既然要找"对立面"，尤其是基于文明冲突框架的"对立面"，那么中国毫无疑问会榜上有名。福山的上述观点主要集中在中国的前现代时期，对于当代中国（尤其是改革开放以来进行中国特色社会主义探索的中国）西方又是一种什么态度呢？改革开放以来，中国和西方世界的交流逐渐增多，既了解了西方世界，也了解了西方世界眼中的我们。学者们曾经做过一个梳理，明确了实际上中国以外的世界对中国的认识和看法经历了一个不断变化的过程，也就是从"中国怀疑论"到"中国崩溃论"再到"中国威胁论"。而在这一变化过程中，美国的知识界、学术界有不少学者再一次当起了为政治意图讲学术的马前卒。

从 1949 年新中国成立到 1978 年党的十一届三中全会中国开启改革开放和现代化建设进程，外部世界尤其是西方对中国的了解是非常有限的（如果不是完全没有的话），这种了解其实是伴随着中国逐渐融入当前国际关系体系和格局的过程而逐渐深化的。1949 年以来，新中国对外交往和建立外交关系曾有过几波小高潮，其中最重要、影响最广泛、建交国家最多的乃是 1971 年 10 月中国恢复联合国合法席位和五大常任理事国席位之后的小高潮。一方面，在毛泽东提出的"三个世界"理论的影响下，一大批不愿在美苏两个超级大国之间进行非此即彼选择的亚非拉发展中国家纷纷寻求与中国建立外交关系，事实上扩大了第三世界在国际舞台上的话语权和影响力；另一方面，1972 年美国时任总统尼克松跨越太平洋进行了破冰之旅，中美关系开始缓和，一大批西方阵营的发达国家跟随着这个脚步，也迅速与中国建立了外交关系。随着 1978 年党的十一届三中全会中国走上改革开放和现代化建设之路，以及 1979 年中美两国正式建立外交关系，中国打开了通往外部世界的一扇大门，为后续中国实施对外开放战略和推进现代化建设奠定了必要的基础、开拓了必经的渠道。但是，中国毕竟是由共产党领导的社会主义国家，在冷战时期美苏两极格局的大框架之下，西方世界对包括中国在内的社会主义阵营仍然普遍抱有怀疑态度，在它们的对外关系架构中，中国所处的层级比较低。以美国为首的西方世界只是为了与苏联抗衡，不得不采取策略选择一个西方世界以外的国家。这就好比美国在中东地区最大的盟友是沙特阿拉伯，但是美国从来没有将沙特阿拉伯和传统欧洲盟友相提并论。这就是中国刚刚进入国际体系之后面临的局面。此时西方世界对待中国的态度被称为"中国怀疑论"——不仅怀疑中国共产党领导和推动市场化导向的经济建设的能力，而且怀疑中国维持当前这种体制长期存续的治理能力。① 当然，它们一方面持有这种"怀疑论"，另一方面也期待着中国发生某种符合假设的变化。这个时候的"对立面"仍然是苏联，中国如果发生了符合假设的变化，西方世界的力量便会得到加强，如果不发生变化，西方也没有什么损失。所以从力量对比上，以美国为首的西方世界其实希望看到中国发生符合它们利益的变化。

---

① 对这一时期中国改革持观望和怀疑态度的主要是供职于美国官方的观察家和政策研究者，较为典型的参见：CLARKE C M. China's reform program. Current history，1984，83（494）。

　　然而，在东欧剧变、苏联解体的时候，中国共产党在中国的领导地位不仅没有被动摇和削弱，反而得到了进一步的巩固。红旗不仅没有倒下，反而要将中国特色社会主义事业推向 21 世纪。当事情没有按照其预期发展的时候，以美国为首的西方阵营就开始放言，中国的党政领导体制会在近期的某一时刻发生诸如东欧和苏联那样的变化。这就是中国进入 20 世纪 90 年代之后面临的局面。此时西方世界对待中国的态度被称为"中国崩溃论"。① 这个时候中国成了"对立面"（至少是"对立面"之一），剧变后的东欧国家纷纷采取一边倒策略，祈求西方世界的庇护，波罗的海三国和中欧的波兰、匈牙利、捷克三国加入北约便是重要的例证。20 世纪 90 年代，冷战虽然已经结束，但是冷战思维仍然存在。美国针对"对立面"采取的手段与其在冷战时期的手法一脉相承，毫无二致，对伊拉克采取如海湾战争和"沙漠之狐"行动等"局部热战"，对解体后新成立的南斯拉夫联盟共和国采取军事打击，甚至不惜用导弹袭击中国驻南斯拉夫联盟共和国大使馆来震慑中国，并试图激化中国国内因改革而产生的一些社会矛盾，也对中国加入世界贸易组织等参与国际多边体制的行动设置重重障碍。然而，"中国崩溃论"不仅没有实现，反而在中国稳步提升的经济实力面前显得愈加苍白无力。

　　进入 21 世纪后，伴随中国经济高速发展、社会持续稳定和综合

---

　　① 冷战结束后，美国学者戈德斯通是最早论及"中国崩溃"的学者之一，参见：GOLD-STONE J A. The coming Chinese collapse. Foreign policy，1995（99）。著名华人学者、麻省理工学院教授黄亚生在同一期刊物上发表了观点相对的文章，参见：HUANG Y S. Why China will not collapse. Foreign policy，1995（99）。

国力稳步提升的势头，中国领导人适时提出和平崛起，而美国则明确将中国界定为战略竞争对手，美国朝野上下和政学两界都不得不开始正视中国崛起这一不可阻挡和无法逆转的事实。正在美国政界精英准备将中国列为头号"对立面"的时候，2001年的"9·11"恐怖袭击一举改变了美国的国家战略设想和布局，防范和反对恐怖主义成为其首要目标，中东地区成为其首要的战略目标地区。中国也迎来了改革开放以来相对而言最好的外部环境，中国领导人称其为"战略机遇期"。中国的国内生产总值（GDP）在2000年时为8.9万亿元，全球排名第六位，而经过短短十年的发展，到2010年就已经达到约40万亿元，全球排名跃居到第二位。[①] 虽然增长率在下降，但是经济总量和占世界经济份额的提升，已经让中国不容小觑。在2001年的阿富汗战争和2003年的伊拉克战争中，以美国为首的西方阵营对中东地区恐怖主义源头进行了暂时的压制（事实上并没有任何改观）。2009年小布什总统任期结束，美国迎来了21世纪第一位民主党总统，也是历史上第一位非白人总统奥巴马。奥巴马任期之内提出了所谓"重返亚太"战略，重申美国是"太平洋国家"，以及基于其与中国周边国家的双边关系构建对华遏制的关系网。对以美国为首的西方阵营而言，此时中国已经成为排位最靠前的"对立面"国家，于是他们就开始在全球舆论场中大肆炒作"中国威胁论"[②] ——这就

---

① 数据显示中国已成为全球第二大经济体和第一大贡献国．（2011－12－07）[2023－10－19]．https：//www.gov.cn/wszb/zhibo491/content_2013602.htm.

② 实际上，在尚未进入21世纪的时候，就已经有很多人开始持这种论调，有学者专门总结了这方面的观点立场，参见：ROY D. The "China threat" issue：major arguments. Asian survey，1996，36（8）。

是中国进入 21 世纪之后面临的局面。中国的崛起必然会给其他国家和世界带来威胁吗？答案显然是否定的。自从人类社会有了"世界历史"以来，崛起的国家可谓是此起彼伏、连绵不绝，从来也没有听说过哪个国家在崛起的时候给其他国家和世界带来了威胁。如果说无论哪一个国家崛起都被认为会给其他国家和世界带来威胁，那么人类社会就不需要发展了吗？还是说只允许某些特定国家崛起和发展，而剥夺其他国家崛起和发展的权限？鼓吹"中国威胁论"就是美国常态化地找寻"对立面"的最真实写照，也是"为政治讲学术"对当前国际格局、国际舆论影响最深远的一个套路。

所谓"中国威胁论"主要包括三个方面：一是"中国经济威胁论"。以美国为首的西方阵营认为中国以现在的经济发展速度发展下去将会对世界经济构成威胁。二是"中国军事威胁论"。以美国为首的西方阵营认为中国的军事实力会随着经济发展而增强，军费将逐年递增，将来也必将走上军事扩张之路。三是"中国地缘威胁论"。以美国为首的西方阵营认为中国领土广袤，周边接壤国家众多，且处于不同文明的交接处，历史上也和诸多国家存在领土争端，一些国家担心中国强大后将重新占据那些争议性领土。一言以蔽之，中国的崛起会成为当前自由主义国际秩序的威胁。[①] 但是这些说法完全站不住脚，也不符合事实真相。我们可以从中国的三个角色来分析。

---

① 学者们也并非都认同这些论点，也有学者对此进行了系统的反思和批判，参见：ROSS R S. Assessing the China threat. The national interest, 2005（81）；ALRODHAN K R. A critique of the China threat theory: a systematic analysis. Asian perspective, 2007, 31（3）.

首先，中国是自由国际秩序的受益者。改革开放四十多年来，特别是中国加入世界贸易组织二十多年来，中国经济飞速发展，已长期稳居世界第二大经济体，并且使近一亿人脱离了绝对贫困，可以说创造了"世界奇迹"。同时中国也为世界各国带来了巨大利益。从2013年到2021年，中国对世界经济增长的平均贡献率超过30％，是拉动世界经济复苏和增长的重要引擎，中国已成为全球第一大贸易国，是全球100多个国家和地区的最大贸易伙伴，促进了世界经济繁荣。[①] 其次，中国是当前国际秩序的贡献者。中国目前是联合国常规预算和维和预算第二大出资国，而且自改革开放以来，中国对全球减贫的贡献率超70％，为全世界的减贫事业做出了重大贡献。[②]中国倡导成立的亚洲基础设施投资银行（简称"亚投行"）也正在成为多边合作的新典范，包括英国、法国、德国、加拿大、澳大利亚等不少发达国家都是亚投行成员，而印度成为最大的亚投行贷款接受国。中国领导人提出的"一带一路"倡议，不仅成为国际区域多边合作的新亮点和新动能，也带动了沿线国家和地区的经济发展。最后，中国的发展也为世界各国的发展提供了巨大机遇。中国有14亿人口的巨量市场，以及由此催生的庞大的中产阶层购买力，每年出境旅游人数超过1亿人次，这些都将为其他国家的发展带来巨大机遇。根据一些研究者的统计，2019—2022年，苹果公司在中国的

[①] 新理念引领新发展　新时代开创新局面：党的十八大以来经济社会发展成就系列报告之一．（2022－09－14）［2023－10－19］．https：//www.gov.cn/xinwen/2022－09／14/content_5709704.htm.

[②] 李琰，刘慧，赵益普，等．"中国为全球减贫事业作出重要贡献"．人民日报，2020－06－02；张远新．中国贫困治理的世界贡献及世界意义．红旗文稿，2020（22）．

营收占其全球营收总额的比重一直处于 16％和 19％之间。① 可以说不少外企的半壁江山都是靠中国市场来支撑的，而且在中国对美出口顺差中，有一半以上是由美国企业和国际企业创收的，不能把所谓"赤字责任"都算到中国头上。

第三节 以"敌"为镜，稳固霸权
——美国权力结构的维系策略

20 世纪的最后十年，东欧剧变、苏联解体留下了权力和影响力"真空"，以美国为首的西方阵营在经济军事硬实力和政治文化软实力两方面均达到顶峰。一方面，20 世纪 90 年代，以西方国家为主体的发达国家的国内生产总值总量占世界经济总量的比例达到 81％；另一方面，冷战中曾经的超级大国苏联在 1991 年解体，实力骤降的同时，共产主义、社会主义的意识形态和与之相关的左翼思潮、左翼运动在世界范围内遭遇挫折，一度引起诸如"马克思主义是否过时""马克思是否错了"等理论问题的探讨。但是事实上，不论是美国国内的比较政治学领域的研究者，还是冷战时期的国际战略研究者，都未能预测到在 20 世纪 80 年代末 90 年代初，美国就已经能够"超越苏联登顶成功"。这种突如其来的现实成就，再加上前文提及的学界精英在理论上的阐释，使美国产生了强烈的继续对外扩张

---

① 数据可视化分析苹果公司发展：2022 年苹果公司中国地区的营收占比为 18.8％. (2023－05－22)[2023－10－19]. https：//www.511ds.com/shark-portal/news420.html.

的雄心与维持霸权红利的需求。在担心"旧欧洲"自立门户的同时，美国的国际战略研究者和政客们深知要想在未来一段时间保持其在世界范围内的优势地位，就要维护"旧欧洲"盟友对美国的向心力，要想继续保持住美国对欧洲的向心力，除了常态化地找寻"对立面"以外，还要想办法维护"同盟者"的共同利益。在美苏两极对垒之下深陷分裂和战争阴云的欧洲在冷战结束后本可以迎来新一轮的大融合大发展，然而美国将欧洲同自己一起捆绑在战车上。这种战争虽然发生在 21 世纪，却和 1 000 年之前中世纪蒙昧时期罗马教廷对东方文明世界发起的战争一样充满着非理性、狂妄和自大。

2020 年 8 月，面对已经肆虐数月之久的新冠病毒感染疫情、年底大选前民调支持率下降等多重麻烦，时任美国总统特朗普屡屡将矛头指向中国，时任国务卿蓬佩奥还跑到尼克松图书馆和故居门前发表具有煽动意味的演讲，试图挑起一场邪恶的对华战争。① 有学者指出，美国许多人相信美国肩负着上帝赋予的拯救世界的使命。在这种心态的影响下，美国政府的对外政策常常走向极端，甚至导致战争。实际上这样一种战争思维和策略，已经将以美国为首的西方阵营置于全球除西方以外其他地区的对立面，美国一直苦苦找寻似乎是少数的"对立面"，到头来自己却成了少数。

那么，美国为什么一直要寻找"敌人"？这个问题其实可以从美

---

① SACHS J. America's unholy crusade against China. (2020 - 08 - 05) [2023 - 10 - 26]. https: // www. project-syndicate. org/commentary/america-evangelical-crusade-against-china-by-jeffreyd-sachs - 2020 - 08.

国在 20 世纪尤其是二战后在全球战略格局中对国家利益的定位来
找答案。学者们也从政治心理学等多个学科角度对此进行了
论述。①

一、巧立名目，凸显文明的冲突

美国主流精英自认为是源自古希腊罗马的正统西方文明的传承
者，承载着西方文明火种，保持着文明的优势。本来在历史上美国
是作为对立面出现的，然而在现实中，在一些美国人的潜意识里，
其价值观念、政治制度、文化模式、生活方式等已经成为唯一具有
所谓"普世性"的文明模式，而且认为自己是西方文明在当今世界
的代言人。这种思想早已固化为一种思维定式和心理优越感，进而
发展成极端的霸权思维，凡是不符合其价值观念、政治制度、文化
模式、生活方式的另一种发展路径，都会被其视为"对立面"。中国
的历史源远流长，文化传统自成体系，在很早的时候就已经形成对
周边地区"虹吸式"的文化影响力，且早已形成了自己独有的一套
核心价值体系（即中国的软实力）。而以美国为首的西方阵营则希望
以所谓"普世价值"同化一切，希冀不同文明不同国家都接受它们
的一套价值、制度、模式等，在这个过程中谁说不，谁就被它们视
为"敌人"。可以说，美国把所谓"师出必有名"的战争伎俩玩得炉
火纯青。为了攫取霸权、巩固霸权、维系霸权，美国历来不惮使用

① VOLKAN V D. The need to have enemies and allies: a developmental approach. Political psychology, 1985 (2); TIERNEY D. Does America need an enemy?. The national interest, 2016 (146).

最卑劣的手段。从拉丁美洲到亚洲，从苏联东欧到西亚北非，在"上帝旨意"的牵引下，美国一次次祭出"民主冲击波"，从"门罗主义"到"民主改造"，从"布拉格之春"到"阿拉伯之春"，从"颜色革命"到"民主对抗威权"，美国痴迷于在"民主"外衣包装下对别国进行外科手术式的改造，造成政局动荡、战乱频仍、生灵涂炭、经济凋敝、民不聊生。

二、不择手段，以维系"霸权红利"[①]

现存的世界体系有利于维护以美国为首的西方阵营在国际交往中的影响力和现实利益，西方殖民主义自全球扩张以来，几百年来已经习惯了俯视东方、目空一切的感觉，而且除了这种心态上的优势，还伴有大量的特权、霸权、优先权等。可以说，这种霸权红利在一开始是西方通过武力胁迫抢来的，而随着时间的推移，东方世界甚至开始自觉不自觉地去维持、维护甚至主动迎合和营造这种特权，使得西方人待在这个舒适圈里不愿出来。而当一个群体习惯了优越，平等都会让他们疯狂。所以，2015 年 9 月，当习近平主席在联合国大会上提出并阐述构建以合作共赢为内容的新型国际关系这一理念的时候，美国方面将此解读为"挑战现存国际秩序"就不足为奇了。纵观近代以来的人类历史发展，每一次大国崛起都必然伴随着世界体系的变革。一战后，以英国和法国为代表的欧洲传统列强开始走下坡路，美国则开始崭露头角，于是在一系列国际会议之

---

① 中文理论界关于"霸权红利"的讨论，参见：杨多贵，周志田. 霸权红利：美国不劳而获的源泉. 红旗文稿，2015（3）。

后构建了凡尔赛—华盛顿体系。二战后，随着苏联的崛起，产生了以美苏两极格局为特征的雅尔塔体系。苏联解体后，美苏两极格局转变为一超多强的局面，之后一直持续到 21 世纪初，身为唯一超级大国的美国无疑可以在全球仍享有霸权红利。中国凭借自身的不懈努力，经过四十多年改革开放，经济实力和综合国力得到了大幅增强，在世界舞台上发挥着重要的建设性作用。美国为了维护现存的对西方发达国家有利的霸权体系及其带来的红利，将中国列为"对立面""挑战者"并大肆污名化也就不足为奇了。为了维系霸权红利，美国继续干着"以上帝的名义去打劫"的勾当。一方面，大搞"全球造乱"，动辄军事干涉、经济制裁、文化渗透，惯于操弄选举、打击异己、煽动骚乱，满世界挑拨是非，借以喂养那些欲壑难填的军工复合体，置他国山河破碎、生灵涂炭于不顾。另一方面，大搞"全球收割"，凭借一张成本仅约 17 美分的百元美钞，让其他国家实实在在地向美国提供价值相当于 100 美元的商品和服务。① 法国前总统戴高乐半个多世纪前就曾指出："美国享受着美元所创造的超级特权和不流眼泪的赤字，用一钱不值的废纸去掠夺其他民族的资源和工厂。"

三、转嫁矛盾，以外患掩内忧

冷战结束后，美国失去了苏联这个对抗了近半个世纪的对手，很多美国精英和政客茫然无措，突然间失去了方向和意义。同一时

---

① 美国的霸权霸道霸凌及其危害.（2023－02－20）［2023－10－19］. http：//www.news.cn/world/2023－02/20/c_1129381937.htm.

间，美国国内又出现了国民认同问题。而一个"共同敌人"的存在，通常能增强其国民的认同感和凝聚力。寻找和制造"对立面"就是一种把共同体内部矛盾转换成该共同体与另一共同体之间的冲突的替代性策略。这样一来，内部矛盾就转换成仇外心理，从而使共同体的政治认同和凝聚力得以加强。这就是有些学者提出的所谓"共同敌人效应"或"替罪羊理论"。在美国历史上，"敌人"和"对立面"的确是不断被"制造"出来的，这形成了"美国政治中的偏执风格"。说白了就是西方需要塑造出一个强大的外敌去吸引民众的注意力和激起民族情绪，达到转移国内包括阶级对立、种族冲突、政府无能等在内的矛盾的目的。这一"对立面"有的时候是伊斯兰世界，有的时候就是中国。此外，塑造"共同敌人"还便于修补西方内部裂痕。美国鼓吹"中国威胁论"，渲染意识形态对立，是有着自身的战略利益考虑的：这不仅可以为美国继续充当西方盟主提供战略理论依据，而且有利于降低美国单独与中国对抗和冲突的风险及成本。

四、蛊惑煽动，彰显意识形态的对立

2018 年适逢卡尔·马克思 200 周年诞辰，也正值资本逻辑的影响力从公共领域的政治参与、政府治理渗透侵蚀到私人领域的社会生活、文化艺术活动等领域的方方面面，可以说，全球苦资本逻辑久矣。于是，全球各地以不同方式发起了对这位近代以来最伟大、最深邃、最具洞察力的思想家的纪念，而且马克思本人的著作以及马克思主义相关读物，在当年以及后来的几年都雄踞欧美各大畅销书排行榜的前列。① 这说明，在代表右翼的新自由主义从 20 世纪 80 年代起主导全球近半个世纪后，左翼思潮再次回潮，人们开始反思资本逻辑，开始重新发现马克思，重新思考马克思提出的问题。正如上文在介绍学者们对亨廷顿文明冲突论的讨论时所指出的那样，我们不能再简单地去重复或背诵马克思针对他当时所处的环境提出的问题和给出的答案，我们应该去重温马克思的问题意识，那就是，我们到底应该走怎样的道路。中国式现代化便是对这一问题的回答。中国式现代化的本质特征之一就是在中国共产党领导下走中国特色社会主义道路，信仰的是代表左翼思潮的马克思主义，以人民为中心进行中国特色社会主义建设，强调的是物质和精神两方面的现代化，以及走和平发展道路来实现现代化。而西方国家自工业革命以来的一切行为几乎都是围绕资本逻辑展开的，统治阶级是占少数的资产阶级，被统治的是占绝大多数的普罗大众。各自所代表的阶级利益不同，自然也就会有冲突了。

从其短短 200 多年的历史来看，美国作为一个移民国家，是建立在掠夺性经济之上的霸权国家，美国的霸权为这些来自五湖四海的移民带来了所谓的霸权红利。美国的公共设施和福利，都是由全球其他地区的国家和民众来买单的。美国以仅占世界 6% 的人口享受着全世界三成以上的资源和服务②，如果没有霸权体系的维系，这些红利当然无法兑现；而要保持这种红利，则必须维持霸权，而维持

---

① 彭大伟. 在德国亲历“马克思热”. (2018 - 05 - 03)[2023 - 11 - 02]. https：//www. chinanews. com. cn/gj/2018/05 - 03/8505278. shtml.

② 美国人占世界人口 6% 消耗了 35% 的世界资源. (2005 - 08 - 05)[2023 - 11 - 02]. http：//finance. sina. com. cn/xiaofei/consume/20050805/10581865820. shtml.

霸权就需要"对立面"。

这就是美国官学两界精英在"以学术讲政治"的遮掩之下,针对包括中国在内的发展中国家和正在进行现代化建设探索的国家所开挖的学术政治陷阱。对此,我们必须时刻保持清醒的头脑和认知,保持战略定力,保持政治站位,确保中华民族伟大复兴和中国式现代化不受任何内外因素之干扰。

第四章　被歪曲的文明史：从历史与学术视角看文明冲突论的叙事错误

近代西方国家崛起具有很大的偶然性，它与西方文明的优劣并无直接关系。事实上，西方文明本身也是在多种不同外来文明基础上融合形成的。然而，在西方主流话语中，西方文明被视为所谓"普世价值"，并刻意强化"文明"与"野蛮"的二元对立。从这种二元对立的文明观出发，得出的实践推论就是："文明的"西方国家可以以"文明"的名义，对"不文明的"民族或国家采取任何措施。在殖民主义时代，"殖民的正当性""文明的使命""白人的负担"等种种殖民主义/帝国主义言论正是在这种语境下产生的，并反过来为殖民主义/帝国主义提供理论辩护。在西方列强殖民扩张、构建等级性国际秩序过程中，基督教则扮演了重要的帮闲和帮凶角色。在后殖民时代，西方国家倡导的文明观（无论是所谓"普世价值论"还是文明冲突论）本质上是一种等级性文明观，它所构筑的世界体系必然是等级性国际体系。从结果看，这种基于文明冲突论的霸权主义政治，给整个世界（特别是伊斯兰世界）带来了巨大的负面影响。当前，世界正处于百年未有之大变局，要想避免人类社会走向自我毁灭，就需要深刻反思西方式世界治理模式（包括西方的等级性文明观）的弊端和根源。而这种文明反思的出发点和落脚点，就是要从西方热衷的所谓"普世价值论"和文明冲突论，重新转向文明互鉴论和文明交往论。

文明是解读世界政治的重要视角。英国历史学家汤因比认为人类历史上共出现过 26 个文明形态，美国政治学家亨廷顿认为当前有 8 种具有世界性影响力的文明。不同文明板块间到底该如何相处？这一问题看似宏大缥缈，实则具有很强的现实性。对于该问题一旦出现认知错误，很容易使文明冲突论变成"自我实现的预言"。

第一节　文明的历史与真相

一、由来已久的"西方文明优越论"

据布罗代尔考证，"文明"（Civilization）一词最早由法国经济学家杜尔哥于 1752 年使用，指的是与野蛮相对立的状态。1772 年，Civilization 一词传入英国，它既表示道德价值又表示物质价值。[①] 英

---

① 布罗代尔. 文明史纲. 肖昶，等译，桂林：广西师范大学出版社，2003：23－25.

国哲学家科林伍德进一步提出"文明三要素"，即经济文明、社会文明和法律文明。[①]

近现代以来，世界霸主的接力棒始终在西方世界内部传递，世界历史某种程度上就是一部西方扩张史。"理解世界政治体系的关键词是'白人主导'（或曰'西方主宰'）与资本主义。"[②] 西方国家在军事和经济领域的长期优势，使西方文化随之"鸡犬升天"，日趋从"地方性知识"变成所谓"普世价值"。

西方国家塑造的"文明"概念从一开始就具有明显的西方中心论色彩。在西方中心论者眼里，欧洲文化所有成分都是好的、进步的，而且只能源自欧洲，并认为所有这些都有普遍适用性。西方哲学的核心概念就是区分"自我"与"他者"。西方中心论总是明示或暗示：西方是"进步的"，其他地方是"落后的"，其他国家只有按照西方走过的路径进行自我改造，才可能找到光明前景。[③] 在这种视野中，欧洲被视为世界历史的主动创造者（或世界历史"本源"）。"欧洲发出行动，世界其他地区做出反应；欧洲有'能动性'，世界其他各地是被动的；欧洲创造历史，世界其他地区在被迫与欧洲接触前没有自己的历史；欧洲是中心，世界其他地区是外围；只有欧洲人能够首创社会变革或现代化，而世界其他地区不能。"[④] 19 世纪和 20 世纪的所有的社会理论家以及许多历史学家都是在错误的地点

① COLLINGWOOD R G. What civilization means//The new Leviathan. New York：Thomas Crowell Company，1971：280 - 299.

② 杨光斌. 中国政治认识论. 北京：中国社会科学出版社，2018：83.

③ MCEWAN C. Post-colonialism and development. London：Routledge，2009：122.

④ 马立博. 现代世界的起源. 夏继果，译. 3 版. 北京：商务印书馆，2017：15.

开始考察早期近代的历史。他们完全是在欧洲的路灯下四处观望。当他们从欧洲出发考察欧洲的"扩张",即欧洲对世界其他地区的"整合"时,越远的地方越昏暗。也就是说,他们离开欧洲的灯塔越远,就越看不清楚。① 正是在这种背景下,作为一种"地方性知识"的西方文明和治理模式,却被包装成了所谓"普世价值",并要求其他国家照搬照抄。

事实上,近代西方国家的崛起具有很大的偶然性。在 15 世纪以欧洲为中心的现代世界体系出现前,曾经存在过另一个世界体系。在这个早期世界体系中,欧洲只是个次要参与者,亚洲(中国与印度)才是最主要角色。德国学者安德烈·贡德·弗兰克指出,在 1750 年很久之前,亚洲在世界经济体系中就已经如日中天,甚至到了 1750 年依然使欧洲黯然失色。只是在发现了美洲的金银财富之后,欧洲人才首次有机会在亚洲支配的全球赌场中下赌注。②

西班牙和葡萄牙率先"发现"美洲大陆,使欧洲国家获得大量美洲金银,由此为其快速发展提供"意外之财"。据沃德·巴雷特(Ward Barrett)估算,16 世纪美洲白银产量总计约 1.7 万吨,平均年产量为 170 吨。17 世纪平均年产量上升到 420 吨,总产量为 4.2 万吨,其中 40%(即 1.68 万吨)以上的白银运到亚洲,此外还有 6 000 吨输入到波罗的海地区,5 000 吨输入到黎凡特。③ 因为他们能用美洲供应的货币来偿付,所以欧洲人几乎是无偿获得了这些由

---

① 弗兰克.白银资本.刘北成,译.2 版.北京:中央编译出版社,2005:83.

② 同①353.

③ 同①202-203.

非欧洲人生产的消费品。英国等西欧国家正是凭借奴隶贸易、美洲金银获得的"第一桶金"，率先完成工业革命，从商业资本主义过渡到工业资本主义，由此确保了长达一个多世纪的世界霸主地位。用弗兰克的比喻来说，美洲金银首先使欧洲能够在亚洲经济列车上购买一张三等舱的车票，然后能够包起来一节车厢，最后才是取代亚洲成为经济列车的火车头。①

换句话说，近代欧洲的崛起带有很大的偶然性，它与欧洲文化本身的优劣并无直接关系。欧洲的文化本质上是欧洲特定历史、地理条件的产物，它本身并无特殊高超之处。"工业革命无疑是一次猛烈的冲击，但欧洲文明早在它开始之前就存在了。"② 因此，欧洲近代率先兴起，并不意味着欧洲文化基因具有特殊优越性，更不意味着欧洲文明本身就是所谓"普世价值"。但现实却是"一白遮百丑"。许多西方学者简单地将因西欧率先完成工业革命、经济和军事实力相对强大这一事实本身，想当然地归功于欧洲政治制度和文化的特殊优越性，进而形成了绵延至今的欧洲中心论/西方中心论。

二、西方文明是多种文明交流互动的产物

人类历史反复证明，不仅人类文明的产生是多源的，而且人类文明的发展也只有在不同文明的传播互动和对话交流中才能够真正实现。文明的相互交流与传播，构成了人类文明发展的基本规律。人类学家亚历山大·莱塞（Alexander Lesser）认为："人类的接触与

① 弗兰克. 白银资本. 刘北成，译. 2版. 北京：中央编译出版社，2005：373.
② 布罗代尔. 文明史纲. 肖昶，等译. 桂林：广西师范大学出版社，2003：129.

影响是普遍的。""人类社会（史前社会、原始社会和现代社会）都
不是封闭的系统，而是开放的系统。"在他看来，各文明"不可避免
地与其他或远离的群体发生复杂的关系，共处在蛛网和网络般的联
系之中"①。

西方文明就是在多种不同外来文明基础上融合形成的。西方文
明主要有两大源头：一是来自古希腊罗马的人文主义文明，二是来
自希伯来—基督教的宗教传统。

古希腊罗马文明是西方世俗文明的最早源头。西方有记载的文
学、艺术等都是从古希腊开始的。古希腊人将人类置于宇宙的中心，
将人类的价值尺度作为衡量万物的基本尺度，由此体现出延续至今
的人文主义精神，并由此为西方文明的形成奠定了最初的基础。在
古希腊文明废墟上成长起来的罗马帝国，在其建国和统治期间吸收
和借鉴了先前发展的各古代文明的成就，形成了注重法治的文明
传统。

西方文明的另一个源头是希伯来文明。犹太教中包含的上帝创
世、人类原罪等思想，为西方人构筑了对彼岸世界的完整认识。从
纵向看，希伯来文明在公元初年孕育了基督教。后者作为世界性宗
教的广泛传播，又把犹太教一神教传至整个欧洲，进而为 14—16 世
纪欧洲文艺复兴起到了中介作用。进入近代后，经过宗教改革的基
督教新教又成为资本主义文明的基本底蕴。基督教新教的基本理念
与资本主义经济发展倡导的个人主义、自由主义精神极为契合。布

---

① 沃尔夫.欧洲与没有历史的人民.赵丙祥，刘传珠，杨玉静，译.上海：上海世纪出
版集团，2006：27.

罗代尔曾指出："新教永远单独一人面对上帝。"① "与天主教对手不同，新教与这一伟大的自由主义世纪相合拍。"②

从更大范围看，西方文明还受到其他外来文明的滋养和滋润。在历史上，正是古巴比伦、古埃及、古印度文明之间的交互传播，为古希腊罗马文明的发展扩张提供了重要的文化基础。与此同时，希伯来文明明显受到美索不达米亚文明和古埃及文明的影响。《汉穆拉比法典》作为美索不达米亚文明的重要文明成果，其中的许多条文后来在古犹太人的法典中再次出现。犹太法典载于《圣经·旧约》中的《出埃及记》和《申命记》中，这足以说明美索不达米亚文明对地中海东岸地区的影响。③

到中世纪时期，西方文明继续从域外文明汲取营养。我们知道，近代西方崛起与欧洲科技革命息息相关，而欧洲科技领域的变革起源于天文学革命。在某种程度上，正是哥白尼的"太阳中心说"，打破了基督教会长期宣扬的"地球中心说"，由此推动欧洲的观念解放。但必须提到的是，在印度文明、阿拉伯文明中，对"太阳中心说"早有提及。白塔尼创制的《萨比天文历表》对欧洲天文学家影响很大，在几个世纪里一直是欧洲天文学家的基本读物。在数学领域，"十五世纪以前凡是西欧人所著的数学书籍，主要是抄袭阿拉伯人的，至多是在阿拉伯人成就的基础上略加发挥而已"。阿拉伯文明中的十进制数码、笔算、《几何原本》的译本等，对西方世界数学的

---

① 布罗代尔.文明史纲.肖昶，等译.桂林：广西师范大学出版社，2003：333.
② 同①332.
③ 李伯庚.欧洲文化史：全球史视角下的文明通典：上.赵复三，译.南京：江苏人民出版社，2012：36.

发展产生了重要影响。中国古代数学的某些内容（十进位制记数法、比例问题、不定方程、二项展开式系数表、高次开方、盈不足术等）也经由阿拉伯人最终传入欧洲。

历史上著名的丝绸之路就是全球文明交流的重要渠道。在物质文明交流方面，在丝绸之路繁荣时期，从东方流向西方的物品种类繁多。纺织品有丝绸、绢帛、锦绫，陶瓷有瓷盘、瓷瓶、水坛，金属制品有金器、银器、铁器，生活用品有木箱、皮箱、漆器、雨伞、纸笔等。从全球文化交流看，基督教、伊斯兰教、摩尼教、婆罗门教、犹太教等外来宗教随着西域人涌入中原。阿拉伯人、波斯人的天文、医学成就也被引入中国。与此同时，中国的印刷术、传统绘画艺术等也沿着丝绸之路传向西方。有学者研究后认为意大利画家彼得罗·洛伦泽蒂（Pietro Lorenzetti）为锡耶纳大教堂创作的著名油画《圣母升天》及色彩的运用，能够看到中国唐朝画家吴道子的影子。罗马教皇本尼狄克十四世死后，其遗体上覆盖的就是一块中国丝绸。

文明就其特质而言，在短时期内不太可能发生变化。正如布罗代尔所说："一个文明既不是某种特定的经济，也不是某种特定的社会，而是持续存在于一系列经济或社会之中、不易发生渐变的某种东西。"① 然而，从中长时期看，文明的特质会随着时间的推移，尤其是会随着外来文明的汇入而发生相当程度的变化。

西北大学的彭树智教授曾指出，西方之所以最先跨入近代文明

---

① 布罗代尔. 文明史纲. 肖昶，等译. 桂林：广西师范大学出版社，2003：54.

之门，是由不同文明之间的交往所致。在公元 7 世纪到公元 15 世纪期间，阿拉伯帝国、蒙古帝国、奥斯曼帝国等对西方国家文明交往中的挑战，使西方国家改变了自身的文明进程。阿拉伯帝国的挑战不仅影响了西方国家思想文化的进程，也影响了西方国家封建制度的最终形成。奥斯曼帝国对地中海地区的控制，促使欧洲国家最终做出了开辟新大陆的历史选择。蒙古帝国将火炮技术传入欧洲，正如阿拉伯人把印刷术等传入欧洲一样，在文明交往史上意义特别重大。①

进入近代后，大洋航道的开通和世界市场的开拓，使"过去那种地方的和民族的自给自足和闭关自守状态，被各民族的各方面的互相往来和各方面的互相依赖所代替"②。在此背景下，世界文明交流的范围空前扩大。

其中最著名的就是发现"新大陆"带来的"哥伦布大交换"。这种全球性的文明交流不仅涉及人类，而且涉及动物、植物、农作物乃至疾病。旧世界的欧洲人不仅把自己而且把许多新的动植物、农作物等输入了新世界（新大陆），其中最重要的动物是马、牛、绵羊、鸡等，较重要的农作物有小麦、大麦、水稻、萝卜、白菜等，另外还有香蕉、咖啡、甘蔗等。新世界对旧世界也有许多贡献，动物方面如火鸡，农作物方面如马铃薯和玉米，在欧洲和中国极大地增加了农业收获量和人们的生存可能性。全世界种植的块茎作物中有 94％源自新世界，中国人吃的食物中有 37％源于美洲。新世界的蔗

---

① 彭树智．两斋文明自觉论随笔：第 1 卷．北京：中国社会科学出版社，2012：79.
② 马克思，恩格斯．马克思恩格斯选集：第 1 卷．3 版．北京：人民出版社，2012：404.

糖给欧洲提供了欧洲自身不能提供的食品热量，后来新世界输出的小麦、棉花和肉类等也供养了数以百万计的欧洲人，使他们能够把原本稀缺的土地用于其他方面，如输入棉花后，就无须大片圈地来养羊了。①

在"哥伦布大交换"之前，美洲不仅没有马和牛，加勒比群岛上甚至都没有大过狐狸的四足动物。西班牙人带来了马、牛、猪和老鼠等。西班牙人和葡萄牙人还带来了香蕉、柠檬、橘子、石榴、无花果、红枣等。欧洲人从新世界找到了土豆、黄豆和玉米等作物。新世界的这些主要作物产量高、热量大，对粮食短缺的欧洲具有重大影响，这些作物很快成为欧洲人主要的营养来源。葡萄牙人还把甘蔗从西非海岸附近的圣多美引入了新世界的巴西。在圣多明戈的金矿枯竭后，食糖生产变成了殖民地可靠的收入来源。1750年英国饮食中1％的热量来自食糖，到20世纪初这个比例达到了14％。②

按照彭树智先生的分析，近代以来，西方文明发生了几次关键性的变革。第一次变革是14—16世纪的文艺复兴。文艺复兴有三个要素：一是古希腊罗马的科学主义和人文主义之根，二是资本主义市场经济资本，三是中学西渐之流。这三个要素也与一切复兴中的古文明都有关联。第二次变革是17—18世纪的启蒙运动。启蒙运动是人类全面反思人与自然、人与社会及人的自我身心交往的伟大思想运动。自由、平等、民主、法治思想，为进一步摧毁封建制度、

---

① 弗兰克.白银资本.刘北成，译.2版.北京：中央编译出版社，2005：99-100，103.
② 阿普尔比.无情的革命：资本主义的历史.宋非，译.北京：社会科学文献出版社，2014：60-64.

确立资本主义制度做了思想理论准备，为人类文明在社会经济政治方面的大变革创造了前提。第三次变革是 18—19 世纪的欧洲工业革命。机器大工业代替了工场手工业，生产技术和生产关系发生了大变革，世界市场的形成使人类文明交往更为普遍。第四次变革是 18—19 世纪的政治革命。1789 年法国大革命、1848 年欧洲革命，以及 19 世纪 60 年代的美国内战，并远溯至此前的荷兰、英国革命，都使世界文明步入一个新时期。[1]

总体来看，西方文明的形成、发展与壮大过程，始终是与异质文明的互动交往联系在一起的。没有世界其他文明的滋养和滋润，西方文明就不可能发展壮大。就此而言，不同文明交往不能有"中心论"，尤其是在当代全球化的新阶段，一旦有了"中心论"，对话就失去了彼此尊重的平等性质[2]，由此走上故步自封的道路。

第二节　西方文明的二元思维及对外扩张属性

世界上几乎所有一神教（犹太教除外）都带有国际主义和所谓"普世主义"倾向。这是因为，只有具有"有教无类"的巨大包容性，这些跨国宗教才可能跨越种族、肤色、语言等界限，使信徒遍及全世界。但与此同时，这些跨国宗教（特别是一神教）的国际观又带有很强的排他性和等级性色彩。它们在同一宗教内部主张教众

平等，但对信仰其他宗教的信徒或无神论者则采取排斥、鄙视乃至武力镇压态度。"无论何种宗教传播态度，都不免与其他宗教发生竞争关系。这是深植于宗教群体内核的排他精神。宗教内在的排他属性和无国界属性使得区域冲突的可能性反而增加了。"① 随着世界各国和不同文明之间的互动增多，争夺精神世界主导权的竞争越发激烈。奥斯曼帝国希望传播伊斯兰教，哈布斯堡王朝希望传播天主教，俄国希望传播东正教：无论领土大小与国家本性，它们都认为自己掌握了世界的真理，都希望将其传扬于四方，让世界成为一个共同体。②

由此，几乎所有信仰一神教的国家都是从"我们"与"他们"二元对立的角度看待外部世界的。希腊人将整个世界分为希腊人和"蛮族"，犹太人将世界分为犹太人和非犹太人，中世纪的欧洲则将世界分为基督教世界与"异教"世界。

一、西方文明的二元思维

跨国宗教的无国界属性与排斥性特征，在西方文明中体现得尤为明显。西方主导并塑造的政治话语是典型的二元对立叙事。"现代主权的世界是一个二元论世界，它分裂为一系列二元对立：自我和他者、白人和黑人、内部和外部、统治者和被统治者。"③ 正是基于这种二元对立思维，西方将自身塑造为正义的化身，而对非西方世

---

① 章远. 宗教政治的回归与国际危机治理. 文化纵横，2015（2）.

② 库马尔. 千年帝国史. 石烨，译. 北京：中信出版社，2019：286.

③ 哈特，奈格里. 帝国：全球化的政治秩序. 杨建国，范一亭，译. 南京：江苏人民出版社，2005：168.

界进行污名化，进而将西方对非西方的征服和统治行为合理化。在这种非此即彼的二元叙事中，宗教、种族、价值观、生活方式等都可以作为衡量文明标准的重要指标。"现实被划分为各种不同的类型：语言、种族、肤色、心性，而每一类型并非一种中性的命名，而更多的是一种评价性的阐释。隐含在这些类型下面的是'我们'与'他们'之间的二元对立。"①

从思想根源看，西方文明的这种二元对立思维同样源于西方文明的两大思想源头：古希腊罗马的理性精神，以及犹太教—基督教的宗教信仰。无论哪个思想源头，都包含了极强的排他性成分。早在公元前 5 世纪，希腊人就将外族人称为 barbaros（"野蛮人"或"蒙昧者"）。这种划分不仅体现出古希腊人的文化优越感和排外心态，还折射出希腊人和非希腊人之间的认知对立和冲突。

基督教同样沿袭了这种二元对立思维。基督教作为一种一神教，认为只有信仰基督教的民族才称得上"文明"，不信仰基督教的则被称为"野蛮人"。中世纪的天主教徒把罗马和耶路撒冷当作世界的中心，而把其他教类和其他族类都当作"蛮族"。地理大发现后，欧洲天主教徒和新教徒又将殖民地的非白人称为"野蛮人"和"未开化的人"，并逐步在世界范围内建立起一套文明秩序。②

在西方主流话语中，文明与进步相连，并与"野蛮"截然对立。江文汉认为，文明标准是一组用来区分哪些成员属于某一特定社会

---

① 萨义德. 东方学. 王宇根，译. 北京：生活·读书·新知三联书店，1999：289.
② 刘禾. 世界秩序与文明等级：全球史研究的新路径. 北京：生活·读书·新知三联书店，2016：47.

的心照不宣的假设。符合某一特定社会文明标准要求的人被纳入
"文明"成员圈子，不符合这些标准的国家则被排除在外，并被视为
"未开化的人"或"野蛮人"。① "文明与野蛮"叙事始终是以西方的
制度和价值作为衡量尺度的。当年英国学者约翰·穆勒就认为，是
否具有欧洲的社会治理制度是文明与否的重要标志，"野蛮人"走向
文明的唯一办法就是效仿欧洲的制度。② 法国学者斯塔罗宾斯基认
为，文明的对立面是"野蛮"。那些不像法国那样可以用文明精神识
别的国家，不可避免地被视为"野蛮"国家。③ 德国学者弗里德里
希·冯·席勒曾将美洲大陆的原住民视为"野蛮人"，认为他们代表
了"古代和中世纪长达数个世纪之久的野蛮遗迹"④。当代美国学者
安东尼·帕戈登总结认为，文明"被认为是全人类的最佳状态，这
涉及一个含蓄的观点，即唯有文明人方知文明为何物"⑤。从这种二
元对立的文明观出发，得出的实践推论就是："文明"的西方国家可
以以"文明"的名义，对"不文明"的民族或国家采取任何措施。

　　这使西方文明暗含了一种扩张性的世界秩序观。早在亚历山大
大帝时期，欧洲人就将帝国扩张与传播宗教的使命合二为一。⑥ 基督

---

　　① GONG G W. The standard of "civilization" in international society. New York：Clarendon
Press，1984：3.

　　② 鲍登．文明的帝国：帝国观念的演化．杜富祥，季澄，王程，译．北京：社会科学文
献出版社，2020：39－40.

　　③ STAROBINSKI J. The word civilization//Blessings in disguise. Cambridge：Harvard Uni-
versity Press，1993：20.

　　④ VON SCHILLER F. The nature and value of universal history. History and theory，1972
(3).

　　⑤ PAGDEN A. The defence of civilization，in eighteenth-century social theory. History of the
human sciences，1988 (1).

　　⑥ 库马尔．千年帝国史．石烨，译．北京：中信出版社，2019：43.

教创立并成为罗马国教后，一些人大肆利用基督教进行对外扩张。大约在公元 550 年，阿基坦（法兰西的西南部）的圣普拉斯曾为此辩解说："基督的慈爱并不是以罗马的疆界为界的，它已引领了许多不是由于罗马的武力所迫，而自愿归向基督的人。"① 罗马帝国灭亡后，基督教会承担起教化"蛮族"的使命。罗马教皇越来越自觉地运用人们对罗马帝国的记忆来建立自己的权威。从公元 4 世纪到 10 世纪，基督教会不断向外扩张，它远远超出了罗马帝国的疆域，形成了一个新的文化空间。②

15 世纪以后，随着地理大发现和欧洲在美洲及全球的殖民扩张，欧洲人也把他们的宗教思想扩散到殖民地。基督教本来就自认为有拯救世界的责任，没有被基督教统治的地区都被归于"未开化"和"野蛮"世界，都应该敞开大门接受基督教。"野蛮世界"的大发现，使教士们看到了广阔的传教前景。③ 他们使基督教等同于白人，使欧洲观念扩大为西方。④ 欧洲殖民者（如葡萄牙人和西班牙人）认为，他们在美洲和远东肩负着传教使命；内陆帝国（如罗曼诺夫王朝和哈布斯堡王朝）也是如此，前者是东正教的传承人，后者则继承了拜占庭的传统，有所谓"第三罗马帝国"的说法。⑤

在殖民主义时代，传统文明标准通常带有一种干预"不文明"

① 李伯庚. 欧洲文化史：全球史视野下的文明通典：上. 赵复三，译. 南京：江苏人民出版社，2012：120.
② 同①.
③ 刘禾. 世界秩序与文明等级：全球史研究的新路径. 北京：生活·读书·新知三联书店，2016：25.
④ 曼. 社会权力的来源：第 2 卷：上. 陈海宏，等译. 上海：上海世纪出版集团，2015：40.
⑤ 库马尔. 千年帝国史. 石炜，译. 北京：中信出版社，2019：71.

社会的倾向，希望使之朝着"文明"的方向迈进。① "殖民的正当性""文明的使命""白人的负担"等种种殖民主义/帝国主义言论正是在这种语境下产生的，并反过来为殖民主义/帝国主义提供理论辩护。当年英国思想家斯宾塞就认为，一般规律是"文明人"征服，"野蛮人"被征服。"一个民族对另一个民族的征服基本上是社会人对反社会人的征服。或者更严格地说，是适应能力强的战胜适应能力弱的。"②

二、二元对立文明观的根源与本质

中国学者黄平曾指出，无论是文明冲突论还是历史终结论，其背后的思想根源都是"同而后和"的西方价值观。非西方国家只有接受西方的所谓"普世价值"，政治制度、价值观念、生活方式与西方完全一致，双方才可能实现"永久和平"，否则冲突甚至战争就不可避免。③ 尤其是在苏联解体和全球化背景下，西方国家重新宣扬西方文明，将"文明"作为国际法依据，借以统治世界。④ 罗斯托（Walt Whitman Rostow）等美国学者的现代化理论，以及福山的历史终结论等，都是这种西方文明中心论的典型代表。

透过现象看本质，西方国家倡导的文明观（无论是"普世价值

---

① 鲍登. 文明的帝国：帝国观念的演化. 杜富祥，季澄，王程，译. 北京：社会科学文献出版社，2020：239.

② 同①72.

③ 黄平：中美会谈后再谈这个问题，"为什么需要了解中国？". （2021-07-28）［2023-12-28］. https：//www. guancha. cn/huangping/2021_07_28_600468_s. shtml.

④ FIDLER D P. The return of the standard of civilization. Chicago journal of international law，2001，2 (1).

论"还是文明冲突论）本质上都是一种等级性文明观，它所构筑的世界体系必然是等级性国际体系。所谓"自由主义国际体系"就是一种等级分明的"自由帝国体系"：其对西方国家讲"自由"，但对西方国家之外的其他国家则是帝国主义，最终要构建的是一个以极少数西方大国为核心的等级性国际体系。

自由主义是西方国家的主流政治思潮，也是西方塑造国际体系的思想基础，它本身包含着一种等级性的文明观。

从思想构成看，自由主义与专制主义看似截然对立，实则是"一枚硬币的两面"。在西方政治思想史上，很多著名的自由主义学者都具有浓厚的专制主义色彩。英国哲学家托马斯·霍布斯被视为自由主义的创始人，同时也被视为专制主义的理论家。他认为每个人都是孤立的个体，相互敌对竞争。而要避免这些充满"自然属性"的个体作奸犯科、自相残杀，霍布斯设想出"利维坦"这一强制性统治机构，将"国家"定义为置于个人之上的必要的强制性权力机构，由其强迫每个人遵守社会秩序。"'用国家机器驯化猛兽般的人'成了现代思想（不仅是自由主义，而且更是保守主义以及极右翼）的根本出发点。"① 这样，从自由主义逻辑起点出发，最终得出的结论就是建立强大国家机器的必要性和重要性。哈耶克和弗里德曼都是自由主义的坚定支持者，但他们对民主的态度是功利主义的。当民主与自由发生矛盾时，他们是民主的反对者；当民主与自由表现一致时，他们又以民主推动者的面目出现。然而正如《资本主义黑

---

① 库尔茨. 资本主义黑皮书：自由市场经济的终曲：上. 钱敏汝，张崇智，李文红，等译. 北京：社会科学文献出版社，2003：29.

皮书》中所指出的："自由主义源于专制主义，并和后者一样包含了极权主义的特征，因此它最终只是现代极权主义的一个变种而已。"①

这种"自由主义表象、专制主义本质"的逻辑悖论，扩大到世界政治领域，就是"主权平等表象，帝国主义本质"的"自由帝国体系"。而种族主义则是西方塑造等级性国际体系的思想基础。近代以来，西方国家凭借率先完成工业革命带来的先发优势，在全球范围内构建起一个以西方工业国为中心、以发展中国家为外围的等级性经济体系。与此同时，以英国为代表的欧洲国家向世界各地移民和殖民，并在澳大利亚、加拿大、新西兰、南非等地建立起白人精英统治的国家。白人殖民者在经济和军事地位上的优势，加上对殖民地当地居民反抗的担忧和恐惧，日益催生并固化了"白人至上"的种族主义。

在白人殖民者看来，白人无论肤色与种族，还是物质与文化，都要比当地原住民更有优越性。白人种族主义者主张按照种族高低建立社会等级秩序，即肤色越浅的民族越应处于高位，肤色越深的民族越应位于社会底部。西方国家还按照所谓"进步"的标准，区分出"文明人""野蛮人""未开化的人"。在欧洲殖民者眼里，只有"文明世界"范围内的国家才应相互尊重主权，那些"野蛮人"只能享受部分政治认可，"未开化的人"则应该被驱逐、殖民乃至被灭绝。在社会达尔文主义者看来，逐渐灭绝"次等种族"会有益于人类。这种赤裸裸的强调等级统治的种族主义，成为欧洲国家进行殖

---

① 库尔茨. 资本主义黑皮书：自由市场经济的终曲：上. 钱敏汝，张崇智，李文红，等译. 北京：社会科学文献出版社，2003：24.

民统治和殖民压迫的法理基础。

到 19 世纪，欧洲人进一步从政治和法律的角度，对这种等级性国际秩序进行合理化。欧洲国家认为自己负有管理国际秩序的责任，而且这种责任也受到他国认可。英国学者巴里·布赞和乔治·劳森在《全球转型》一书中提到，19 世纪编撰的战争法，就区分了"有特权的交战国"与"无特权的交战国"，并认为"有特权的交战国"可以在"未开化的地区"不受法律限制地使用暴力，那些"无特权的交战国"则无权这样做。事实表明，许多白人殖民者正是打着"白人的责任"或"白人的负担"的旗号，在全球范围内到处进行血腥而残忍的殖民扩张。

然而，两次世界大战的爆发使"白人优越论"不攻自破，尤其是二战后纳粹德国的覆灭，使种族主义理论臭名昭著。在殖民体系日趋瓦解的新背景下，西方世界新晋霸主——美国不得不更新其维系等级性国际秩序的思想体系。大体来说，西方国家的"文明标准"经历了从"基督教"到"西方"再到"文明"的递进式转变。文化种族主义日渐成为西方大国统治世界新的思想基础。

不同于强调生物性标记的种族主义，文化种族主义强调的是"文明标准"的重要性。这种转变也是西方国家排外程度从高到低的区分。当西方国家认定国际社会只能由西方国家主宰时，世界其他文明圈（如伊斯兰文明圈、儒家文明圈）的国家自然被排除在国际社会范围之外。然而，当西方转向"文明"话语和范式后，那些"低等种族"便可能通过与"更高等"文化的融合而变得更加"文明"。

　　"现代化"理论就是一种伪装成社会科学的意识形态。冷战时期，为与苏联竞争争取第三世界，罗斯托、李普塞特（S. M. Lippset）等众多"冷战知识分子"有意创造并强化了"现代化"理论，目的就是引导发展中国家走上以西方为模本的发展道路，最终将其嵌入西方主导的国际经济体系。这种经济观的立足点，就是让第三世界国家深度融入西方主导的国际分工体系。而在这种国际经济分工体系中，西方发达国家的发展模式，理所当然地被视为奋斗方向和目标。第三世界国家追求的所谓"现代化"，其实就是"向西方看齐"，将西方国家的发展道路和发展模式视为"放之四海而皆准"的坐标体系和终极目标。这样，发展中国家看似是走向"现代化"，实际上是在不知不觉中向西方世界靠拢，由此使美国等西方发达国家，可以不动声色地在这些刚刚摆脱殖民体系的国家，推行新殖民主义。

　　以"经济成长阶段理论"闻名的罗斯托公开表示，现代化将取代殖民主义，它会创造"自由世界的北半部和南半部之间一种新的后殖民主义的关系"。说到底，文化种族主义的最终目标仍是维护西方主导的等级性国际体系。

　　对那些发展中国家来说，那些愿意效仿西方国家模式和制度的国家和民族，理论上具备了成为"文明世界"一员的资格。然而，被西方接纳和认可的代价就是全盘接受西方的政治模式和经济制度，以及西方大国的霸权统治。以经济政策为例，近几十年来，是否接受和推行以"华盛顿共识"为代表的新自由主义政策，已经成为西方国家衡量发展中国家是否"文明""进步"的新标尺。只要接受这套有利于西方垄断资本的政策主张，便会受到西方政要的极大欢迎。反之，那些不听从西方号令的国家则可能被西方大国打入另册，并冠以"专制国家""失败国家"乃至"流氓国家"等种种恶名。

第三节　影响评估：文明冲突成为
"自我实现的预言"

近现代以来，西方国家始终掌握着世界政治主导权，其在文明问题上提供的"西方式方案"就是：价值观上的西方中心论和西方优越论，以及在此基础上衍生出的所谓"普世价值"和"文明冲突"。从结果看，这种基于文明冲突论的霸权主义政治，给整个世界带来了巨大负面影响。

一、等级性文明观给亚非拉世界带来深重灾难

理论是实践的先导。等级性文明观暗含了一种等级性国际秩序。这是因为，"文化种族主义"赋予西方国家一种带有进攻色彩的"文明使命"，即"高等文明"可以帮助"低级文明"实现"进步"。时至今日，"文明"这一术语也用得越来越少，取而代之的是看似更为温和的说法，如"人权""人道主义"等。这些表述看似充满现代性色彩，实则是西方大国干涉他国内政的重要抓手和借口。套用奥威尔的话说，就是"所有国家一律平等，但有些国家比其他国家更平等"。

西方国家热衷于将西方文明过分拔高，将其从地方性知识升格

为所谓"普世价值",将征服世界其他国家、强迫其他国家接受西式价值观和治理模式视为理所应当,乃至自诩为"白人的负担"和"文明的使命"。正是在形形色色的种族主义的驱动下,西方大国几乎成了杀人机器,给世界其他国家带来灾难性后果。

在殖民时期,英、法等殖民者在长达 400 多年的奴隶贸易中,将 1 200 多万人从非洲运到了美洲为奴,有 1 000 万人在运输途中死亡。比利时人对 19 世纪末 20 世纪初 1 000 万刚果人的死亡负有责任。20 世纪初,德国对非洲纳米比亚的纳马族和赫雷罗族进行了系统性的种族灭绝,使二者人口分别减少了 80％和 50％。联合国经社理事会人权委员会报告称其为"20 世纪的第一场种族灭绝"。二战期间德国纳粹屠杀了近 600 万犹太人,其中包括 100 多万名儿童。在一些白人移民殖民地中,当地种族部落的损失率高达 95％。①

美国的建国史更是一部种族屠杀的历史。当年来美洲殖民的欧洲人将美洲视为"新大陆",完全无视已经在这块土地上居住生活的印第安人,他们使用暴力对付当地的土著居民。据统计,美国白人与土著之间的战争持续了 115 年,即使在美国南北战争期间,对印第安人的暴力征服和屠杀也没有停止。美国的种族灭绝政策使印第安人从原来的 1 500 万～1 600 万人减少至 19 世纪末的 100 万人。另据保守估计,在欧洲殖民者到来之前,美国至少有 1 200 万名印第安人,但四个世纪后,土著居民只剩下 23.7 万人。2021 年媒体曝出加拿大原住民学校旧址发现了 4 000 多具原住民儿童遗骸,这就是种族

---

① 田文林. 百年大变局呼唤"新文明观". 当代世界,2023(4).

屠杀政策的最新铁证。

二战结束后，殖民体系土崩瓦解，亚非拉地区掀起轰轰烈烈的民族解放运动，由此使整个世界真正进入主权国家体系。由于"主权不容侵犯"原则妨碍了西方大国称霸，因此它们想方设法消解主权国家原则的合法性和正当性。在此背景下，打着"文明"旗号的各种新干涉主义层出不穷：第一类是从全球化角度出发，强调用"全球政治"取代"主权政治"；第二类是将抽象原则（如人权、民主等）凌驾于国家主权之上；第三类是滥用"正义战争"的概念，赋予其反对主权国家体系的新意义。这些质疑主权国家地位的理论本身就是适应西方大国现实需求而产生的，因而其甫一出现，便成为西方大国干涉第三世界国家内政的理论帮凶。

时至今日，西方国家信奉的仍是弱肉强食的丛林法则。对西方来说，只有打不败的对手才配成为真朋友，才配得上平等相待。实力不够强大的弱小国家，只能沦为西方大国进行武力干涉的牺牲品。美国学者托马斯·巴尼特（Thomas Barnett）在《五角大楼的新地图：21世纪的战争与和平》一书中就将世界分为"核心国家"和"断层国家"两类，并认为"不同的世界，不同的规则"。在"核心国家"内部，美国不需要任何军备控制，因为"相互确保摧毁"和"威慑战略"在"核心国家"有效。相反，针对"断层国家"（也就是第三世界国家），西方大国则可以为所欲为。①

这些年来，西方国家打着"人权高于主权""保护的责任""人

---

① 巴尼特. 五角大楼的新地图：21世纪的战争与和平. 王长斌，汤学武，谢静珍，译. 北京：东方出版社，2007：23.

道主义干涉"等旗号,在全球各地频频进行武力干涉,由此造成的灾难更是数不胜数。2018 年的一项研究表明,自二战结束以来,美国到处进行军事干预,至少要对 37 个国家的 2 000 万~2 500 万人的死亡直接负责。① 美国发动战争的目的,就是为资本扩张服务,竭力维护"以美国为中心"的等级性国际秩序。清华大学李希光教授认为,西方现代性叙事只会在人类之间制造更多的仇恨和不信任,我们需要超越西方现代性叙事。②

二、文明冲突论下的美国与伊斯兰世界的关系

二战结束后,随着民族解放运动风起云涌,殖民体系日渐土崩瓦解,取代英国成为世界新霸主的美国,这时已不可能重走殖民主义老路,而更多的是通过经济控制和价值观渗透等间接方式来建立和维系美式霸权体系。这一时期,美国更加注重将西方价值观和制度包装成所谓"普世价值"在全球兜售。而美国学者大力倡导的"现代化"理论,实际就是暗示发展中国家要把西方发达国家的制度和道路视为效仿的模板。

亨廷顿的文明冲突论同样是为美国对外扩张战略服务的产物。苏联解体后,美国成为世界唯一的超级大国,而美国决策者却陷入了前所未有的迷茫:美国未来的主要威胁和对手是谁?美国应该采取怎样的对外战略?在此背景下,美国战略学界纷纷出谋划策,并

---

① LUCAS J A. US has killed more than 20 million people in 37 "victim nations" since World War Ⅱ. Global research,2018-10-24.

② 七国学者热议中国作为"文明型国家"的话语崛起. (2022-12-08)[2023-12-18]. https://baijiahao. baidu. com/s? id=1751603311887861561&wfr=spider&for=pc.

提出了"历史终结论""大国悲剧论""失败国家论""游戏规则论""文明冲突论"等种种不同的战略蓝图。其中，亨廷顿提出的文明冲突论最为令人震撼。该理论以"文明"为分析单位，认为不同文明板块间的认同差异是导致国际冲突的根本原因，并将伊斯兰文明视为西方文明的主要挑战者之一。[①]

这种理论最初只流传于象牙塔，但"9·11"事件的发生，正好"验证"了文明冲突论的论断，由此该理论声名大噪。面对这种由非国家行为体制造的安全威胁，传统的现实主义解释乏力，急需一种通俗易懂的新颖理论进行诠释。文明冲突论因"成功"预言了这场冲突，并提供了现成的、看似解释力最强的系统观点，因此附和者日渐增多。不仅像伯纳德·路易斯（Bernard Lewis）、法里德·扎卡里亚（Fareed Zakaria）这样的知名学者撰文附和，而且在美国政学两界均影响颇大的新保守派也基本接受了这种观点，并将这种带有争议性的学理探讨变成了意识形态化的政治教条。

在唯物主义看来，存在决定思维，物质决定意识。而唯心主义则持相反的看法。对于为何会发生"9·11"事件这类兼具理论性和现实性的重要话题，亨廷顿以"文明""宗教"等观念性的东西为基点，着手进行分析和阐释。这无疑是一种倒因为果的唯心主义思想。事实上，国际分工和世界贸易才是国际问题产生和发展的源头和基础。[②]经济活动不仅使人类历史真正变成世界历史，而且由于各国在世界产业链分工中所处的位置不同，看似公平的自由贸易和国际竞

①　HUNTINGTON S P. The clash of civilizations?. Foreign affairs，1993（72）.

②　李慎明. 马克思主义国际问题基本原理：上卷. 北京：社会科学文献出版社，2008：27.

争，还使诸多发展中国家陷入依附状态（如中东许多国家虽凭借出口石油大发其财，但并未摆脱原料供应国地位），而少数发达国家则凭借高附加值产品，廉价享受发展中国家创造的劳动成果，造成一面是南方国家贫困的积累，另一面是北方国家财富的积累，由此使南北矛盾日趋成为当今世界的基本矛盾。

政治是经济的集中反映，经济利益决定政策走向。美国是现行国际生产、分配体系的最大既得利益者，由此决定了其外交主目标就是维持不合理的国际政治经济旧秩序。据此不难发现，在20世纪前半叶美国尚未占据世界经济体系主导地位时，其外交政策相对具有进步性，如在中东就一直以民族解放运动的支持者自居（目的是将英、法等老牌殖民势力赶出中东），因而其在当时的中东保持着较好的口碑。但随着二战后美国经济主导地位的日趋确立，其外交目标也转向维护既得利益，其在中东的很多做法，如扶植和偏袒以色列、支持温和伊斯兰国家、颠覆受伊朗民众欢迎的摩萨台政权等，除防范苏联的考虑外，很重要的目标就是防止中东出现地区性强国，带动地区走出积弱积贫状态。这种政策使美国日渐站到了中东多数民众的对立面，变成了阻碍历史进步的反动力量。而"9·11"事件是对美国这种霸权行径的极端回应。正如布热津斯基所说："美国插手中东事务，显然是恐怖分子把矛头对准美国的主要原因，这是无法逃避的历史现实。"①

因此，冷战后伊斯兰世界反美情绪高涨的根源，更多的是这些

---

① 布热津斯基．大抉择：美国站在十字路口．王振西，译．北京：新华出版社，2005：34.

国家被压迫阶层与西方政治经济矛盾的外在表现，而不是什么"文明间的冲突"。亨廷顿虽然意识到了现实世界中政治经济矛盾加剧必将产生巨大恶果，但他却倒果为因，用"文明"作为分析单位来解释西方与伊斯兰世界的矛盾，其观点看似深刻新颖，实则是对现实世界的歪曲。而亨廷顿勾画出一幅西方文明对阵伊斯兰文明与儒家文明联盟的战略图景，其中包含了自我孤立、人为树敌的战略意蕴，因而不仅荒谬，而且危险。

然而，就是这样一种唯心色彩很浓的理论，却被小布什政府暗中接纳并蹈而行之。2001 年初，小布什政府的上台，恰好为新保派践行文明冲突论提供了操作平台。小布什政府内阁的很多重要成员，如副总统切尼、国防部长拉姆斯菲尔德、国防部副部长沃尔福威茨等均属新保派。小布什本人笃信宗教，公开称最认同的"政治思想家"就是耶稣①，外交政策深受新保派代表人物理查德·珀尔等人思想的影响，这使其间接接受了亨廷顿的观点。而"9·11"事件则为小布什政府践行这一新战略思维提供了绝好借口。

小布什政府后来的中东政策所遵循的路线，也基本与文明冲突论是暗合的②——小布什虽然声称"美国的敌人不是我们的许多穆斯林朋友"，而是"激进恐怖主义网络"，但他及其同僚使用如"伊斯兰法西斯主义"等说法，其列举的"邪恶轴心"和"暴政前哨"国家绝大部分是伊斯兰国家。阿布格莱布监狱和关塔那摩监狱、不必

---

① 艾克敏. 布什总统的信仰历程. 姚敏，王青山，译. 北京：社会科学文献出版社，2006：4.

② SANDOLE D J D. The Islamic-Western "clash of civilizations"：the inadvertent contribution of the Bush presidency. Peace and conflict studies，2005（2）.

要的伊拉克战争等，都表明美国实际是将矛头对准整个伊斯兰世界。小布什政府的中东政策实际是一种"行动中的文明冲突论"。

三、从"文明冲突论"神话到"自我实现的预言"

从建构主义角度看，两个国家在从来没有交往的情况下是无所谓共有观念的。共有观念的形成是行为体主动建构的结果。行为体造就结构的机制是所谓的互应逻辑（Logic of Reciprocity）。在行为体的实践活动中，初始行为通过互应机制使双方产生并加强一些观念，并开始共同拥有这些观念，于是便有了结构（即共有观念）。反过来，行为体又从这些共有观念出发，界定自身的利益，赋予行为以意义。如果行为体相互把对方视为敌人，那么这个信念就帮助他们确定了在任何给定情境中的身份和利益。他们的行为方式又向他者证实了他们确实是威胁，这样就再造了原有的敌对观念。从这一意义上说，文化是一种自我实现的文化预言。就伊斯兰世界与西方的关系看，历史上的敌对文化观念使得双方间同样存在着文化预言自我实现的可能性。

在伊斯兰世界与西方长达近千年的对抗和冲突中，双方均不断将对手妖魔化。在西方国家，特别是掌握权力的教会和君主，不断向其民众强调：若不联合抵抗来自东方的力量，其信仰、生活方式乃至生存都将受到威胁。他们将针对伊斯兰世界的军事行动冠以"神圣"之名（如"十字军东征"），将对手描绘成十恶不赦的邪恶力量。这种形象塑造，在相当程度上服务于当时西方政治和宗教权威巩固自身地位、动员社会资源进行扩张或防御的目的。即使到今天，伊斯兰世界及其民众在西方主流叙事中仍时常被负面化描述。同样地，在伊斯兰世界，西方长期的政治、军事压迫和经济掠夺，也被视为基督教文明世界整体性的敌意和侵略，过去的扩张被理解为"圣战"的一部分，"十字军东征"则被视为西方侵略的早期例证。①双方在长期对抗中相互塑造了以对方为死敌的形象，原本复杂的利益冲突（如领土、资源、权力）由此被高度简化和包裹上"文明冲突"的外衣。

　　西方国家对伊斯兰的恐惧和妖魔化由来已久，并深刻服务于其政治目标。"由于十字军东征的历史经验，在西方世界特别是统治阶层中，同时存在着征服东方土地和强制改变其信仰的观念，又因战争失利而积累的怨恨，数个世纪里在欧洲产生了大量的反穆斯林宣传。这使得西方社会在很大程度上是在一种期待与伊斯兰世界处于武装对抗关系的氛围中成长的。"②自 1979 年伊朗"伊斯兰革命"以来，西方政治精英便开始积极构建"伊斯兰威胁论"的政治神话，为其干预政策提供合法性。而哈佛大学政治学教授亨廷顿在其旨在勾画未来国际政治图景的《文明的冲突？》一文中，也下意识地把伊斯兰文明锁定为未来西方世界的主要竞争对手。这种文化上的相互敌视，其根源深植于西方对伊斯兰世界长期的政治压迫、军事干涉和西方国家根深蒂固的优越感之中。

　　西方国家在历史上和现当代，持续通过话语权将伊斯兰文明进

---

　　① 李伯庚．欧洲文化史：全球史视角下的文明通典：上．赵复三，译．南京：江苏人民出版社，2012：145.

　　② 詹森．战斗的伊斯兰．高晓，译．北京：商务印书馆，1983：72.

行妖魔化和敌对化描述，为其地缘政治目标服务。典型体现就是根深蒂固的"伊斯兰恐惧症"。从公元 7 世纪一直到 16 世纪，欧洲统治阶层一直将穆斯林及其政权视为威胁自身安全与扩张的异己力量。在 11—13 世纪的"十字军东征"期间，服务于战争动员的需要，西方国家将穆斯林描绘成"邪恶、堕落、放荡、野蛮、无知、愚蠢、肮脏、卑贱、残忍、丑陋、狂热、暴力"的形象。① 在 19 世纪西方殖民语境中，为了将殖民扩张和资源掠夺合法化，西方国家又将穆斯林和伊斯兰教描述为"热衷暴力、行为放荡、野蛮粗俗、盲从宿命、生性懒惰、欺诈成性"② 的形象。殖民主义者刻意将西方与"理想、进步、自由主义、理性"等概念联系在一起，而将被殖民的伊斯兰社会与"前现代、落后、原始、残暴、停滞、专制、僵化"等负面标签绑定，构建一种文明等级论，为殖民统治辩护。③

在现当代，阿拉伯国家和伊斯兰国家的人民和信众仍然是西方主流媒体和文化产品中被系统性负面描绘和妖魔化的对象。在西方影视作品中，阿拉伯人经常被描述为这样一种形象：因为纵欲而颓废，善于玩弄阴谋诡计，有着施虐狂的本性，邪恶而低贱。在西方电影中，阿拉伯人往往被描述成奴隶贩子、赶骆驼的人、偷兑外币者、游手好闲的恶棍。④ 这种刻板印象服务于塑造一个落后、危险、

① DUDERIJA A，RANE H. Islam and Muslims in the West. Cham：Palgrave Macmillan，2019：14.

② CARR J. Islamophobia，Neoliberalism，and the Muslim "Other". Insight Turkey，2021，23（2）.

③ SAMIEI M. Neo-Orientalism?：the relationship between the West and Islam in our globalised world. Third world quarterly，2010，31（7）.

④ 萨义德. 东方学. 王宇根，译. 3 版. 北京：生活·读书·新知三联书店，2019：367.

需要西方"管教"或"拯救"的他者形象。"在美国，几十年来一直进行着对阿拉伯人和穆斯林的文化战争：对阿拉伯人和穆斯林惊人的种族主义刻画，把他们都刻画成恐怖主义者或酋长。整个阿拉伯地区是个巨大的贫民窟，只适于在那里捞取好处或进行战争。"①这种文化表征深刻反映了西方对其干预中东地区的一种合理化叙事。

在西方主流舆论中，存在一种危险的化约论倾向，即将伊斯兰激进主义简单等同于伊斯兰极端主义，再将伊斯兰极端主义等同于恐怖主义。这种"战斗的伊斯兰"的刻板形象，被西方选择性聚焦的历史与现实事件所强化：扣押西方人质，在西方大城市制造爆炸事件；对以色列发动袭击；刺杀埃及总统萨达特；伊朗输出革命；拉什迪事件；塔利班摧毁巴米扬大佛；1993 年纽约世界贸易中心爆炸事件；等等。西方媒体和政治话语往往脱离具体历史政治背景（如巴以冲突、西方干预、地区独裁统治），将这些事件孤立呈现，用以印证其"伊斯兰威胁论"，加深一个不宽容的、危险的伊斯兰教的整体形象，而忽视其背后复杂的政治经济社会根源。

在西方长期的话语塑造和意识形态渗透下，阿拉伯裔和穆斯林群体在西方社会中的整体形象日趋负面。2003 年皮尤研究中心一项民调显示，44％的美国人认为阿拉伯裔和穆斯林群体鼓励暴力，这一比例比上年增加 21 个百分点。② 十多年之后，这种负面看法依然顽固。2015 年，盖洛普进行的调查显示，多达 43％的美国民众对阿

---

① 萨义德. 文化与帝国主义. 李琨，译. 北京：生活·读书·新知三联书店，2003：429.
② ISMAEL T Y, RIPPIN A. Islam in the eyes of the West. London：Routledge，2010：148.

拉伯裔和穆斯林群体持有强烈偏见。① 这种普遍的误解和偏见，很大程度上是美国为首的西方国家长期单向度、负面化信息传播的结果。

观念是行动的先导。冷战结束后，特别是 2001 年"9·11"事件发生后，以美国为首的西方国家将中东这一伊斯兰文明的核心区域作为战略打压重点，并率先在该区域发动了两场"反恐战争"，并力图对伊斯兰国家进行"民主改造"，乃至试图按照西方模式对伊斯兰国家进行改造。这些行动被广泛视为新形式的干涉和霸权。同样地，2017 年特朗普上台后，美国政府公开推行歧视性政策，特朗普一上台就发布了针对多个穆斯林占人口多数国家的公民的入境禁令。这些政策行动，与西方社会内部长期存在的、服务于特定政治议程的"伊斯兰恐惧症"紧密关联。

西方世界对伊斯兰世界长期的政治压迫、军事干涉、经济剥削和文化贬抑，促使伊斯兰世界对西方国家及其所代表的强势文明秩序产生了日益强烈的不满和反抗情绪。历史上，伊斯兰世界在扩张时期对不同宗教曾展现出一定的宽容政策。然而，"十字军东征"所代表的西方早期侵略，以及后来数个世纪西方殖民主义、帝国主义对伊斯兰世界的系统性征服、掠夺和分治，彻底改变了互动的性质。尤其是自近现代以来，伊斯兰国家在与西方的交往中普遍处于被欺凌的弱者地位。这使它们对国家主权和尊严极为敏感，西方持续的压迫性政策更容易诱发强烈的反西方情绪。

---

① YOUNIS M. Perceptions of Muslims in the United States: a review. (2018 - 02 - 26)[2024 - 03 - 02]. http://news. gallup, com/opinion/gallup/187664/perceptions-muslim-united-states-review. axpx.

在许多"伊斯兰主义者"看来，伊斯兰世界近现代以来的一系列失败，都可以归咎于西方的殖民遗产、持续干预和不公正的国际秩序。伊斯兰世界中的许多人，把伊斯兰的历史和伊斯兰世界与西方的交往史看作在扩张主义的帝国主义列强手下遭受压迫和牺牲的历史。在他们看来，西方强权正是导致伊斯兰社会失败和无能为力的根源。① 埃及伊斯兰运动理论家赛义德·库特布坚信："每一个帝国主义国家都曾经敌视压制伊斯兰世界及其人民长达几个世纪之久。""所有西方统治者和殖民者血液中都流淌着征服与掠夺精神，正是这种精神驱动了欧洲帝国主义的利益。西方强权永远不会忘记，伊斯兰世界是抵抗其霸权传播的堡垒，因此它一定要摧毁这个堡垒，至少要使其动摇。"②

这一对西方压迫的认知又因现当代发生的一系列事件而得到印证和强化。在许多穆斯林眼中，历史是一部持续遭受西方侵略的历史："十字军东征"；一战结束后，西方列强瓜分奥斯曼帝国的领土；1948 年建立以色列国；西方支持在伊朗建立专制的西方化的巴列维王朝，直到 1979 年被推翻；从 1991 年的海湾战争到 2001 年的阿富汗战争，然后是伊拉克战争。所有这些，都被视为西方强权对伊斯兰世界主权和独立持续干涉的表现。③ 2016 年 4 月 26 日，阿富汗塔利班发言人艾赫迈迪讲话认为，美国对阿富汗的入侵是一条漫长世

---

① 埃斯波西托．伊斯兰威胁：神话还是现实？．东方晓，曲红，王建平，译．北京：社会科学文献出版社，1999：254.

② 帕戈登．两个世界的战争：2500 年来东方与西方的竞逐．方宇，译．北京：民主与建设出版社，2018：202.

③ 同②204.

界历史线索中的第三阶段。在他看来，相互冲突的世界历史开始于
11 世纪中期，即"十字军东征"时期。这条线索的主轴是西方对
"伊斯兰世界自主性的不断攻击"。其目的是压制、奴役伊斯兰世界，
并遏制伊斯兰世界的发展。① 据此不难理解，为何伊斯兰激进主义从
一开始就具有鲜明的反西方色彩。换言之，自二战结束以来，伊斯
兰世界始终未能摆脱新殖民主义、霸权主义的阴影和不公正的国际
政治经济秩序。在这种特定的历史背景下，伊斯兰教本身具有的社
群认同和抵抗外侮的传统与反对西方霸权主义入侵的现实相结合，
使之很容易演变为一种反西方政治的激进思潮。

从某种意义上说，伊斯兰世界和西方世界都不同程度地存在着
一种妖魔化对方的不良倾向。诚如一位英国前外交官所指出的："西
方怎样思考伊斯兰制约着他们对待穆斯林的方式，而这种方式反过
来又制约着穆斯林怎样思考和对待西方。"② 这种意识形态化的、总
体式的认知模式，倾向于把对方看成是铁板一块的整体，而很少对
种种问题具体地加以区分和辨别，很少对事件背后的根源（尤其是
权力结构、历史不公和现实利益冲突）进行理性的反思。其结果往
往是通过一种偏颇的文化过滤机制，有选择地处理加工外部信息，
以便把那些有助于验证既有假设或符合历史记忆的信息保留下来。
这种"选择性的因而也是偏颇的分析，增加了我们的愚昧而非知识，
狭窄了我们的视野而非拓宽了我们的理解，加剧了问题而非为新的

---

① 殷之光. 恐怖主义与"世界新秩序"神话的破灭. 文化纵横，2016（3）.

② 埃斯波西托. 伊斯兰威胁：神话还是现实？. 东方晓，曲红，王建平，译. 北京：社
会科学文献出版社，1999：250.

答案开辟道路"①。由此问题变得复杂化，矛盾更加难以化解。2001年发生在美国的"9·11"事件，某种意义上正是这种长期相互敌视、压迫与反抗循环的悲剧性产物，是西方霸权与伊斯兰世界反抗这一冲突逻辑的自我实现。

需要指出的是，仅仅用文明冲或建构主义这种各打五十大板的办法，来解读和概括伊斯兰世界与西方世界的关系显然过于表面化。近代以来的历史主线，是西方国家凭借其政治、经济、军事优势对伊斯兰世界进行侵略、殖民和干涉，而非相反。就此而言，西方世界与伊斯兰世界冲突的深层性质乃是霸权与反霸权、压迫与反抗的斗争。就此而言，文明冲突论不过是包裹着学术外衣的为西方干涉政策辩护的政治宣传品，它与"普世价值论"不过是一枚硬币的两面，都是为西方大国维持全球主导地位和干涉他国内政提供理论论证和学术铺垫的。二者共同指向的就是一种西方文明高高在上，其他文明野蛮落后、理应接受西方文明"改造"或主导的等级性文明观。

总体来看，文明冲突论有意将文明静态化，有意忽略文明的变化和兴衰。同时，文明冲突论只看到了由于文明差异导致的文明冲突，而忽略了不同文明间的融合互动。事实上，历史上不同文明间确实阶段性地发生过冲突，但更长时间内是共存、交流、共融的状态。而文明冲突论将文明概念绝对化、地域化，用文明的地缘含义来概括整个文明的全部含义，将文明的含义简单化、模糊化，其根本缺陷在于掩盖了冲突背后真实的权力关系和历史不公。

---

① 埃斯波西托．伊斯兰威胁：神话还是现实？．东方晓，曲红，王建平，译．北京：社会科学文献出版社，1999：257．

第四节　百年大变局呼唤新文明观

当前，世界正处于百年未有之大变局，人类社会正处在危险的十字路口。要想避免人类社会走向自我毁灭，就需要深刻反思西方世界治理模式（包括西方的等级性文明观）的弊端和根源。这种文明反思的出发点和落脚点，就是要从西方热衷的所谓"普世价值论"和文明冲突论，重新转向文明互鉴论和文明交往论。

有道是"一方水土养一方人"，世界各国不同的历史地理和文化条件，决定了世界各国具有不完全相同的历史文化和文明特征。世界各国能够存续至今，始终离不开本土文明的浸润和滋养。文明无优劣，文化不可比。从哲学上说，一般性蕴含于特殊性之中，没有脱离特殊性单独存在的一般性。因此，将任何一种文明人为拔高，使之成为脱离特殊性的一般性存在，并试图用这种文明取代或覆盖其他文明，这既不符合哲学规律，也不符合历史规律。过去几百年的事实表明，将西方文明强行在全球推销，宣扬所谓"普世价值"，在多数情况下都导致了灾难性后果。

正是在这种背景下，中国大力主张不同文明相互平等，要彼此尊重，相互取长补短。社会学家费孝通先生曾提出"各美其美，美美与共"的观点；西北大学历史学家彭树智倡导"文明交往论"，并运用该理论分析和解读世界历史。2018 年 6 月 10 日，习近平主席在上海合作组织成员国元首理事会第十八次会议上明确提出："我们要树立平等、互鉴、对话、包容的文明观，以文明交流超越文明隔阂，以文明互鉴超越文明冲突，以文明共存超越文明优越。"① 2022 年 12 月，首届中国—阿拉伯国家峰会发表的《首届中阿峰会利雅得宣言》宣称："加强文明对话，尊重不同文化，杜绝在不同宗教、文化背景人群中宣扬仇恨、极端思想和文明冲突。强调反对各种形式的伊斯兰恐惧症。强调中阿两大文明为人类文明进步作出了独特贡献，愿继续倡导文明对话交流，维护世界文明多样性，摒弃对特定文明的歧视与偏见，反对'文明冲突论'。"2023 年 3 月 15 日，习近平总书记在中国共产党与世界政党高层对话会上的主旨讲话中明确提出"全球文明倡议"的新概念，并提出"倡导尊重世界文明多样性"，"以文明交流超越文明隔阂、文明互鉴超越文明冲突、文明包容超越文明优越"②。这些观点构成了中国官方在文明问题上的基本态度。

中华文明就是交往互鉴论的典型代表。中华文明是世界上唯一一个延续至今的传统文明。而中华民族之所以能够绵延至今，并呈现出伟大崛起态势，很大程度上就是因为中华文明既有自强不息的精神特质，同时也有以变应变，不断从外来文明中汲取有益成分，进行传承创新的品质，由此中华民族虽然历经重大危机和挑战，但是总能浴火重生。即使在进入西方主导的近现代世界体系后，中国仍然保持着独特的文明属性。从文明交往的角度看，中国之所以始终屹立于世界民族之林乃至成为世界第二大经济体，不仅在于它继

---

① 习近平. 习近平谈治国理政：第 3 卷. 北京：外文出版社，2020：441.
② 习近平. 携手同行现代化之路：在中国共产党与世界政党高层对话会上的主旨讲话. 人民日报，2023－03－16.

承了中华优秀传统文化，还在于它大力吸收了马克思主义，并通过中国共产党的革命与建设实践形成了行之有效的中国特色社会主义理论，走上了中国特色社会主义发展道路。

党的二十大报告提出的"中国式现代化"概念更是中国智慧和中国方案的集中体现。"中国式现代化"将特殊意义上的"中国式"，与一般意义上的"现代化"有机结合，表明中国的现代化道路既保持了文明主体性，同时也充分吸收了世界其他文明（包括西方文明）的有益成分。新中国能够在短短七十多年内实现西方发达国家几百年的发展，证明中国式现代化道路可行有效。

进一步看，中国式现代化的成功以及中国作为文明型国家的崛起，其历史意识和时代意义怎么评估都不算过分。正如习近平总书记在中国共产党与世界政党高层对话会上的主旨讲话中所说："中国式现代化作为人类文明新形态，与全球其他文明相互借鉴，必将极大丰富世界文明百花园。"① 对其他发展中国家来说，中国式现代化的最大启示就是：实现国家富强繁荣的道路不是唯一的（更不是沿袭西方道路），每个国家都应该从自身国情出发，探索适合本国需要的现代化道路。

---

① 习近平. 携手同行现代化之路：在中国共产党与世界政党高层对话会上的主旨讲话. 人民日报，2023-03-16.

第五章　被文明冲突论忽视的文化涵化与文明融合

　　"文明的冲突"是西方文明视角下对人类文明发展所形成的话语或是论述，其背后暗含着西方在冷战后的政治企图、宗教思想根源、经济发展需求等。本章将跳脱出西方文明"一神论""二元论""宿命论"的视角与叙事逻辑，从更长的历史维度出发，关注文明的历史演进，在本质上探寻文明的发展规律与文明融合的内在思想基础。

　　首先，从文明的思想演变探讨文明融合的内在基础，认识到全人类共同价值存在的历史渊源与合理性。同时，纵向追溯至古代文明，深入分析自古代社会以来文明的演进路径，总结更长周期下人类文明发展的本质、客观规律。18 世纪起，文明的概念在欧洲迅速传播开来，同时伴随着启蒙运动。在启蒙运动的影响之下，关于文明的理解出现了三种思潮：一是认为存在人类共同文明及共同价值；二是在文明复数形式出现后，认为文明具有多样性而不是只有单一的文明，且不同文明之间可以相互交流；三是出现了马克思的文明观，它建立在历史唯物主义的基础上，具备深刻的社会实践性。以上三种思潮均为文明的融合从思想理念与发展理论上奠定了基础。

其次，借鉴文化涵化与文明融合的过程，认识到不同文明之间交流融合的客观规律。从时间序列来看，文化孕育了文明；从概念内涵来看，文化也在文明的基础之上有了进一步的发展。文化的内涵大于文明，是一个历史更加久远、内涵更加丰富的概念。可以借鉴文化涵化过程分析文明交流融合的规律。文明的融合是各种文明因素之间相互渗透、相互结合的过程，把外来文化中有益的部分吸收借鉴，最终与自身文明融为一体，从而为自身文明注入新鲜血液，激发自身文明的活力。从历史上来看，不同文明在交流接触后所产生的自发的互相学习、互相借鉴、互相融合是常态。

最后，以百年未有之大变局下人类文明融合为例，看到人类文明积极、正面与和谐共生、相互融合的一面，进而为人类文明的未来与发展提供一个新的视角。从欧洲古典时期到近代，西方文明发展壮大并对其他地区展开"文化殖民"的整个历史进程揭示了西方文明对其他文明同化和入侵的过程。而如今拉美的"左转"、欧洲的分裂、俄罗斯的抵抗、印度以及中国的崛起正汇聚成抵制西方同化的强大力量，世界进入新的动荡变革期。中国的文明道路与文明观正是在融合其他文明的基础上形成的，中国的文明观是在重视文明传承和创新基础上促进物质文明和精神文明相协调并推进生态文明创新的文明观。

第一节　文明融合具有内在思想基础

通过探究"文明"在西方的演变过程，可以看到，启蒙运动之前，"文明"由表达个人的讲礼貌、有教养的"文明行为"演变成表达有秩序、现代化的"文明社会"。正如基佐所言，"文明"至少包含人的进步和社会的进步两层含义，前者主要指人的素质的提高，后者主要指社会治理体系的完善。① 此阶段，人们只是针对"文明"本身来探究文明的内在含义。

18世纪起，文明的概念在欧洲迅速传播开来，伴随着启蒙运动，文明成为启蒙思想家所追求的目标。此阶段，人们认识到了不同文明的相互作用、相互影响过程。如前所述，在启蒙运动的影响之下，关于文明的理解出现了三种主要思潮。

一、人类共同文明及共同价值的存在

19世纪初期，以基佐为代表的一些学者展开了对人类共同文明及共同价值的研究。他们秉承文明进步论的观点，从人类学根源的角度出发探讨了人类共同文明存在的合理性，并且总结了人类共同文明所具备的特点。同时，以弗洛伊德、达尔文、赫胥黎为代表的学者从文明与野蛮、社会与自然斗争的角度出发，对人类共同文明

---

① 基佐.欧洲文明史.程洪逵，译.北京：商务印书馆，2005：80.

的演进进行了补充，他们探讨了人类文明在与人性本能的斗争中实现进步、在与自然的斗争中实现进化的过程。

基佐在《欧洲文明史》（1828年）一书中提出了文明进步论的观点，他认为文明是人类精神的发展和人类社会的发展，而且他特别强调文明的要义在于人类精神的升华，即人类精神财富的创造可以在一定程度上不受物质条件的约束。他将正义、合法性、公开性、自由归为"文明的原则"。同时，他的文明史观是建立于单数文明观之上的，探讨了人类共同文明及共同价值的存在。基佐深信，在现实中存在着一种普遍的人类命运，一种文明集合体的传递，因而存在着一种有待撰写的、全世界普遍的文明史。他也提到，文明最初都起源于那些几乎完全相似的事实中，到处都是根据同样的原则在向前发展，并几乎到处都会产生相似的结果。这种相似的结果，其实现依赖于组织、一致同意、商谈伦理促进、处理相互关系的共同规则和制度。这体现了人类命运共同体的早期形态，在这样的共同体中，人们分享共同的利益、思想和感情，以促进人类社会向更好的方向发展。人类社会的发展离不开更好的物质条件和更高的精神追求，而这需要共同价值的引领。他认为共同价值以自由和民主为支撑，这指引了人类努力前行的方向。在共同价值的引领之下，"我们也许能够设想这样一个社会，其中的每个人都富足而健康，人们互相尊重，各尽所需，没有犯罪，也没有贫困"。这是基佐关于共同文明与共同价值的较早期的思考，体现了启蒙运动时期的单数文明史观。①

---

① 基佐. 欧洲文明史. 程洪逵，译. 北京：商务印书馆，2005：53.

美国人类学家摩尔根从人类同源的角度探讨了共同价值的人类学根源。他写道："人类历史的起源相同，经验相同，进步相同。"①他认为文明发展的路径是基本相同的，是从底层经过知识和经验的积累才逐渐从蒙昧走向昌明与开化的。这种发展的共同性也决定了共同价值形成的可能性。他明确指出："由于人类起源只有一个，所以经历基本相同，他们在各个大陆上的发展，情况虽有所不同，但途径是一样的，凡是达到同等进步状态的部落和民族，其发展均极为相似。"

布罗代尔在文明出现复数后，反而意识到了人类共同文明的存在。他认为单数形式的文明是指某种为所有文明所共享却不可均分的东西：人类的共同遗产。火、文字、算术、耕种和饲养——这些东西已不再拘泥于任一起源，而是已经成为单数形式文明的集体属性。并且，单数文明代表的全人类共同财富的传播已经成为一个显著现象，最后单数文明的概念将会适用于一切文明。但是长时期内，不同文明仍将会共存。②

弗洛伊德从文明的发展与人性本能的角度出发对文明的本质、起源、利弊做了心理学探讨。他在《论文明》一书中写道："所谓文明，对此我的意思是说，人类生命以其动物状态提升而来，而且不同于野兽生命的所有那些方面。"③为此，他对文明的内涵做出如下阐释：首先，文明体现在人类对工具的使用上，人类能够控制火，

---

① 摩尔根. 古代社会. 杨东莼，马雍，马巨，译. 北京：中央编译出版社，2007：101.
② 布罗代尔. 文明史纲. 肖昶，等译. 桂林：广西师范大学出版社，2003：90.
③ 弗洛伊德. 论文明. 徐洋，何桂全，张敦福，译. 北京：国际文化出版公司，2000：35.

能够建造住房。其次，文明体现在美、清洁和秩序上，这反映了人们对于自然环境和社会环境的需求。再次，文明鼓励人类发展较高层级的精神活动，包括宗教、哲学、理想等。最后，文明可以发挥调节人与人之间关系的作用。文明可以使人们发展公平公正的社会关系，而不是畏惧强权、恃强凌弱。他说："试图调节这些社会关系的初步尝试已经包含在文明的基本成分中了，假如没有做出这样的尝试，这些社会关系就会依附于个人的意愿。"① 弗洛伊德对于文明的认识建立在其精神分析理论的基础之上，他认为人们需要战胜人性的本能，即对个人自由的追求和向往。纵观人类文明发展史，人为自由而斗争引发的冲突不胜枚举。但这不表明人们需要向追求无限的自由做妥协，因为这不具备可持续性，反而需要一系列文明社会的规则、条例和一定的强制手段才能得以保持。用集体的力量来限制一切个体的行动，这个时候共同的人类生活才有可能出现。一种科学的文明需要调和这种关系，使人性的本能（死亡本能、破坏性本能）和群体的意志能够更加和谐地共存，以助力提升全人类的福祉和实现个人的真正价值。弗洛伊德阐述说文明会以抑制人性的本能为代价，促进文明发展的社会规则会不可避免地与人性产生冲突。这丰富了以基佐为代表的进步文明史观，辩证地看待了文明的发展。

19 世纪，达尔文进化论所提倡的"弱肉强食""丛林法则"等观念引起了巨大的社会反响并被庸俗进化论者引入社会学之中，社会科学领域出现了生物进化法则的倾向。为反对人类社会丛林化的庸

---

① 弗洛伊德.论文明.徐洋，何桂全，张敦福，译.北京：国际文化出版公司，2000：35.

俗进化论，赫胥黎在《进化论与伦理学》（1894 年）中区分了宇宙过程与伦理过程，将文明归为人类社会由宇宙过程向伦理过程的进化。赫胥黎秉承伦理进化文明观，认为文明向前演进的过程是社会的进化过程，它与自然状态下物种进化的过程和人为状态下变种进化的过程有着根本的差异。"文明人"即"伦理人"，文明社会要遵循伦理法则，这与自然社会所遵循的丛林法则相对立，并且文明的演进要与自然状态的宇宙进化开展斗争并进行超越。他将二者的斗争视为文明与野蛮的斗争、伦理本性与宇宙本性的斗争，社会进化就是一个不断"抑制文明人中的野蛮本能"的人性升华过程。总之，赫胥黎反对庸俗进化论者将达尔文的"物竞天择"的自然选择理念滥用于人类社会，他主张人道战胜天行，人类文明的进化将在伦理过程与宇宙的斗争中实现。[①]

可见，人类共同文明与共同价值具有丰厚的思想基础，从人类同源理论、人类的进化过程、人性本能等多种角度均能阐释人类共同文明的存在，人类文明的共同基础为人类文明的融合和交流互鉴提供了思想支撑。

二、多元文明认知的确立

19 世纪初期以后，文明更多地体现了民族的一种自我意识，也成为近代资本主义社会区别于封建社会的标准。"文明"也与民族的概念联系起来，"文明"带有了民族的色彩。它概括地指称任一民族

---

① 何勤华．"文明"考．政法论坛，2019（1）．

社会的文化思想传统。1814 年英国下议院文献中已使用"印度人的文明",同年德国探险家洪堡也提到苏门答腊岛上马来亚人五个世纪的文明。也正因为如此,19 世纪初期开始,Civilization 出现了复数形式 Civilizations。Civilizations 的出现代表"文明"被赋予了全然不同的新义,人们对"文明"的认知正在逐渐发生转变,已经开始承认文明的多样性,多元文明论开始流行。多元文明论主要分为三个思想派别:一是中性论,认为文明仅代表在一定时间和空间内形成的一种生活方式,文明是不具有价值判断的词语;二是衰退论,认为文明必然要经历衰退的历史宿命,这是由客观规律决定的;三是共同论,认为多种文明共存的情况下,依然存在一种人类共同文明,它代表着全人类共同的财富。

雷蒙·威廉斯认为,当文明(Civilization)出现复数形式(Civilizations),并且在其前加入了若干定语出现了西方文明(Western Civilazation)、现代文明(Modern Civilazation)等词语时,文明就成为相当中性的词,指涉任何"确立的"社会秩序或生活方式。① 布罗代尔将文明复数形式的出现认为是文明概念的进步。使用复数形式意味着一种观念的逐渐式微——这种观念是一种典型的 18 世纪的观念,它主张存在文明这样一种东西,这种东西与进步的信念相关,仅为少数特权民族或特权集团(也就是人类的"精英")所拥有。庆幸的是,20 世纪在某种程度上已经摒弃了类似的价值判断,人们难以确定哪种文明最好。文明复数形式的出现表示文明代表一个时期

---

① 威廉斯.关键词:文化与社会的词汇.刘建基,译.北京:生活·读书·新知三联书店,2005:50.

或一个群体的集体生活所共有的各种特征。可以看出文明复数形式的出现使人们对文明的发展进行了深度的反思，精英阶层与特权下的文明受到了人们的抨击。法国思想家卢梭提出了高贵的野蛮人学说，揭示了文明社会中出现的野蛮行径。

斯宾格勒与汤因比也是多元文明论的拥趸，但是他们关于单数文明的观点与布罗代尔相反。布罗代尔从多元文明中看到了全人类共同价值，他们则认为人类没有普遍的历史，世界历史是各大文化产生、发展、灭亡的演变过程。因此，他们采用文化形态史学的方法对文明进行了考察，即主张把每种文化作为一个有机体与历史研究的基本单位。斯宾格勒在《西方的没落》一书中将世界历史分为八大文化，即古典文化、西方文化、印度文化、巴比伦文化、中国文化、埃及文化、阿拉伯文化、墨西哥文化。汤因比在《历史研究》（1934—1961 年）中将世界历史分为 26 种文明，其中有 21 种得到了发展，即埃及文明、苏美尔文明、米诺斯文明、古代中国文明、安第斯文明、玛雅文明、赫梯文明、巴比伦文明、古代印度文明、希腊文明、伊朗文明、叙利亚文明、阿拉伯文明、远东文明、印度文明、日本朝鲜文明、西方基督教文明、拜占庭东正教文明、俄罗斯东正教文明、墨西哥文明、于加丹文明。其中前 6 种是产生自原始社会的第一代文明，后 15 种是派生性的亲属文明。他们以复数文明概念代替了启蒙运动的线性进化的单数文明概念，并主张文明时代下各种文化和文明的同时代性、价值相等性。例如，汤因比在区别了原始社会与文明社会的基础之上指出，原始社会已经产生了 30 万年，文明社会只有 6 000 年的历史，文明社会只占人类全部时间的

2％，因此文明时代的 21 个社会是属于同一时代的，在哲学上是价值相等的。①

但是斯宾格勒与汤因比在不同文明之间的内在关系上有着不同的认识。斯宾格勒基本上否认各文化之间有内在的联系，认为文化无论从横向上还是从纵向上都不具有内在的联系，有的只是表面上的联系。斯宾格勒过分夸大了文化的差异性，从而走向了相对主义。汤因比看到了不同文明在时间和空间上的接触，认为文明之间存在着交流与碰撞。可以说，斯宾格勒与汤因比跳出了以政治形态作为区分的历史研究，认识到了多种文明存在的差异性和不同文明之间的交流问题。汤因比更是意识到不同文明表面差异下的内在的统一性，为不同文明之间的交流提供参考，是对文明研究的进一步深入思考，具有非常重要的意义。

三、人类文明的共同演进方向

马克思的文明观为人类文明发展指明了演进方向，提示了人类文明的共同未来。马克思的文明观以历史唯物主义、辩证唯物主义为底色，其关于文明的论述也是建立在唯物主义的基础之上的。一方面，马克思认为文明是"实践的事情"，它不仅仅是单一的精神产品或文化形态，生产力的发展程度决定了文明的发展程度。从这个角度来说，他肯定了西方由于生产力发展而对人类文明做出的巨大贡献。另一方面，他辩证地看待西方资本主义文明的发展，对资本

① 李庆霞. 斯宾格勒与汤因比的文化形态学之异同. 社会科学战线，2003（1）.

主义文明持批判的态度。他对资本主义文明做了批判性的解释，认为资本主义生产方式导致的资本家对剩余劳动的占有和对"自由时间"的剥夺，不仅是资本家的个人行为以及资本主义发展与延续、以资本增殖充实自己的秘密所在，而且是一种根植于现代社会制度的深层次结构，体现为现代生产方式和制度形式形塑的一种现代性文明类型。马克思一针见血地指出："资本家是窃取了工人为社会创造的**自由时间**，即窃取了文明。"① 他认为资本主义虽然积累了大量的物质财富，但是这种社会制度具有先天的缺陷，它通过疯狂追逐剩余价值、盲目扩张生产规模使自身陷入周期性的经济危机之中，在这个过程中生产力被摧毁，无产阶级被压榨，自然资源被过度消耗，这是文明的暴行、"文明的**阴沟**"、"文明的污浊毒气"②。

　　需要提及的是，马克思对资本主义文明的批判是建立在他对异化以及文化异化的认识之上的。卢梭在启蒙运动时期便提出过有关异化的观点。卢梭对启蒙运动时期文明的发展持有一种批判的态度，他认为文明的发展并不都是带来美好的东西，也会带来道德堕落。在《论科学与艺术》中，卢梭明确提出道德堕落是由科学艺术进步导致的。科学和艺术的进步没有给人类的真正福祉增添任何东西，反而败坏了我们的风俗。他认为科学和艺术的进步是因为人的虚荣心以及人类的某些坏思想推动产生的。正是因为这个原因，他推断出文明将导致道德的败坏，导致社会中人的地位处于不平等状态，

---

① 马克思，恩格斯.马克思恩格斯全集：第31卷.2版.北京：人民出版社，1998：23.
② 马克思，恩格斯.马克思恩格斯全集：第3卷.2版.北京：人民出版社，2002：341，340.

进而产生社会的阶级分化和贫富差距。他把这种现象称为异化，并借由异化开展了对文化的批判，将异化问题与文化批判紧密地结合起来。① 在卢梭等文化批判主义的思想之上，借鉴黑格尔和费尔巴哈的"异化"观念，马克思剖析了资本主义社会出现的文化异化现象。他认为文化异化是指人通过劳动创造出来的文化及其产品与人本身的对立。在《1844 年经济学哲学手稿》中，马克思从劳动入手，将文化划分为自然科学文化和意识形态文化。但在私有制下，这两种文化，即便是意识形态文化领域离人类生活相对遥远的艺术和哲学也发生了异化。自然科学文化的异化是指工人通过辛勤劳动创造出来的先进机器、发明的科学技术不但没有减轻工人的工作压力，还成了资本家压榨工人的有力武器。意识形态文化异化是指工人通过法律、政治、宗教、艺术、哲学等作为上层建筑的意识形态文化不但没有增加自己的权利、体现自身的创造能力，所生产出来的文化反而成为压迫自己的怪物，成为自身的对立面。工人也参加法律的建言献策、政治选举活动，有宗教信仰，也进行艺术的创作和哲学的思考。只不过，在私有制下，工人为自己制定了法律，为自己选举出了管理者；工人创造了独一无二的艺术品，却成了资本家赚钱的样品；工人在哲学领域的沉思、在宗教领域的虔诚变成了慰藉自己脆弱心灵的万能药方。②

马克思还从历史演变的角度看待人类文明的发展和进步，通过

① 欧阳谦，贾丽艳. 卢梭的异化观及其文化批判. 广东社会科学，2019（1）.
② 刘浪波，任学岑. 文化异化的主要内涵、特征及其现实启示初探：基于《巴黎手稿》的文本考察. 品位·经典，2022（4）.

剖析资本主义社会的内在矛盾和弊端，提出人类文明将向更加高级的形态演进的论述。马克思认为，人类社会从农业文明进入工业文明，由封建主义社会进入资本主义社会，人与人之间的关系由"人的依赖关系"进入"物的依赖关系"。以大机器生产为特征的资本主义工业文明大幅提高了生产效率，物质财富得以快速创造和积累，人们之间不用牺牲自由和独立以结成部落共同体来抵抗风险，而是作为相对独立的生产者、消费者发挥作用，物质生产可以在更大范围内进行，经济发展的风险防御体系将更加完善。在这个阶段，人们看似获得了一定的独立和自由，但是人们实际要受到商品经济生产的制约，必须通过出卖劳动力来获取物质上的满足。人的社会关系发生"物化"，物的逻辑支配人的关系，导致人对物的过度依赖。表面上个人实现了独立和自由，事实上人对物产生了更严重的依赖关系。

目前，人类社会处于资本主义与社会主义"两制共存"的历史阶段。这两种社会制度都不是完美、成熟的社会制度，按照马克思的理论描述，未来的高级社会将是具备"自由个性"的社会形态。在这种社会里，人们将获得实质性的自由和独立，因为人们不再需要被物质生产控制，人与人之间的社会关系不再借助物质生产来建立，人对物的依赖关系将被彻底清除。如此，人们将从生产力发展的"枷锁"之中解脱出来，"按需分配"的生产方式将创造真正意义上的自由和独立，"真正的人类共同体"将有可能实现，人类文明也将进入全新的时代。马克思在《哥达纲领批判》中对共产主义社会也做过描述：奴隶般的分工消失，脑体劳动的对立消灭，城乡差别和工农业差别消失，劳动成为生活的第一需要，社会生产力高度增长，集体财富深厚充裕，社会分配公正平等，达到"各尽所能，按需分配"①。

马克思的文明观也体现了对西方文明中心论的批判。19世纪开始，以欧洲为代表的西方世界较早地建立起现代意义上的社会制度，开启了资产阶级革命，工业革命、科技革命为其社会发展奠定了巨大的物质基础并率先实现了现代化，因而"文明"的概念便同西方文明联系在了一起。随着西方工业文明的迅速发展，出现了西方文明中心论。西方文明中心论的核心观点是只有西方文明是人类文明发展道路的"正统"，只有现代西方文明是代表了人类文明发展方向的所谓"普世文明"，其他文明只有服从和膜拜西方文明才能生存。西方文明中心论的发展经历了"种族优越论""制度优越论"阶段。以种族优越论为内核的西方文明中心论对内维护了资产阶级的统治，对外则将世界分为西方国家和非西方国家两大阵营，并成为西方殖民主义扩张的借口与精神武器，也是西方建立庞大殖民体系所建构的话语体系，暗含着明显的西方政治色彩。

此后，西方借由其所建立的庞大的殖民体系向世界各地大肆贩卖其文化理念，进行思想殖民、文化殖民，文化霸权由此而来。雷蒙·威廉斯提出"文化霸权"理念。他提出文化的渗透将通过文化的全球化传播实现。文化的全球化传播是一把双刃剑，在促进文化交流的同时也会对本土文化造成冲击并进行渗透。要想抵制文化霸

---

① 马克思，恩格斯. 马克思恩格斯选集：第3卷. 3版. 北京：人民出版社，2012：365.

权的侵蚀，统治者需要制定文化政策以及选择机制来维护其统治地位。在文化霸权的影响下，西方开始对他国进行政治干涉，西方文明中心论被赋予了更多的政治色彩，具有了政治意义上的资本主义制度优越论。美国学者福山在《历史的终结与最后的人》中写道，现代西方自由民主制度是世界上最好的制度，尤其是苏联解体后，历史证明了人类将按照西方"现代文明"规制和标准在文明历史轴线上走到终点，这"也许是'人类意识形态演化的终点'和'人类政体的最后形式'，并因此构成'历史的终结'"。美国自诩资本主义制度的优越，并将民主、自由、法治"包装"成资本主义制度的先进性，坚持推行全球民主化战略，干涉其他国家的内政，甚至武力强迫其他国家进入西方文明体系。这与马克思的唯物主义文明观所倡导的随着社会进步和社会制度发展而体现出来的文明演进规律严重不符合。

可见，随着马克思的唯物主义文明观的建立，文明被赋予的资本主义与社会主义的意识形态色彩更加浓厚。在此基础上，马克思再次回到人类共同文明的思想，设想了共产主义社会的文明将是人类普遍追求的文明形态。

综上所述，从文明的思想历史演变过程可以看到：一方面，人类共同文明及共同价值是存在的，这为文明的交流融合奠定了思想基础。另一方面，从文明的价值观演变来看，启蒙运动时期，文明是一个单数的概念，它仅代表着一种进步，代表着与野蛮的对立。随着文明复数概念的出现，文明的价值观发生了裂变，文明更多的是祛除价值观的一个中性的概念。这为不同文明没有高低优劣之分，相互可以开展平等交流奠定了思想基础。此外，文明是一个历史范畴的概念，文明时代是人类漫漫历史长河中的一个阶段，也是人类社会发展到一定阶段所呈现出来的某种状态。文明随着时代阶段不断推进，文明的内涵和价值也将不断延伸。这是从发展变化的角度来看待人类文明的发展，为人类文明发展提供了更加长远的视角，为人类文明通过交流融合，从而共同实现进步繁荣奠定了思想基础。总之，不同文明因其在不同的历史环境下进行演化而呈现出不同的特征，但是不同文明在哲学上的价值是相等的，可以相互交融。

第二节　文化涵化与文明融合

文化与文明是相似度很高的概念，在某些情境下，文化与文明同义。文化涵化大体可以分为三个阶段：第一阶段是由不同文化相互接触所产生的文化的同化；第二阶段是随着不同文化的深度接触所产生的文化之间的对抗；第三阶段是对文化进行反思重构所发生的文化之间的相互借鉴与交流。借鉴文化的涵化过程，不同文明之间的融合符合文明发展的历史规律，也是不同文明保持生命力的关键。

一、文化与文明的关系

文化与文明是一对相似度很高的概念，无论在国内还是在国外，对文化与文明概念进行区分都是比较困难的。《不列颠百科全书》认为"文化"不等同于"文明"，这代表了英国人的观点。维基百科全书对 Civilization 一词的解释则多将其等同于"文化"的概念，这代表了美国人的观点。那么，究竟是文化的概念内涵大于文明，还是文明的概念内涵大于文化，抑或二者的概念本身并没有大的区别，二者只是有不同的适用情形和惯用语法？本节将从纵向时间维度和横向内涵维度出发来阐述"文化"与"文明"两个概念的关系。

从纵向时间维度来看，文化出现的时间较早，从古代社会就已开始，而文明真正出现是在欧洲文艺复兴时期，只不过现在人们描述古代社会的文化进步时也采用了"文明"一词。从这个角度来说，"文化"包含"文明"，"文化"孕育了"文明"的发展，这也是当代大多数人类学者持有的观点。马修·梅尔科（Matthew Melko）指出："文明指的是很大且复杂的文化，因其对于环境的更好的控制而与简单文化相区别，包括大规模农业的开展及动物的驯养。"斯宾格勒也认为，文明代表着他所指的高级的或伟大的文化的后期阶段。

首先，"文明"与城市相关联，与更明确的社会分工和完善的社会制度相关联。克拉克洪（C. Kluckhohn）和凯利（W. H. Kelly）将文明定义为"生活在城市中的人们的文化"[①]。莫雷拉（D. F. Morera）也认为，文明以一个或很多城市的存在为象征，在城市中建筑物相对而言存续时间较长，宗教或政治性质的公共纪念碑也长期存在。这就排除了木屋形成的村庄群体及由很多村庄组成的村庄联合体的

---

① KLUCKHOHN C，KELLY W H. The concept of culture//LINTON R. The science of man in the world crisis. New York：Columbia University Press，1945.

形式，而这种形式还不是文明，它只是某种文化而已。① 比较文明学学者、日本东京大学教授伊东俊太郎认为，人类社会经历了五种文明社会形态，分别为人类革命、农业革命、都市革命、精神革命和科学革命，而文明是在都市革命阶段诞生的。

其次，"文明"与城市出现后社会治理能力的完善相关联。城市的出现意味着社会体系的完善和社会分工的明确。在不同的社会分工下出现了不同的社会阶层。摩尔根指出，城市中出现了从事政治-行政事业的集团、祭司阶层等。城市出现后，人类的生产方式也在发生演变。从词根上来看，文化（Culture）这个单词的词根 cult-的原始意义是耕作，而文明（Civilization）这个单词的词根 civ-的原始意义是市民。这表明，文化与原始村落相联系，是在原始农耕社会便存在的一种社会形态；而文明与城市相联系，是在城市出现之后进化而成的新的社会形态。由"文化"到"文明"意味着人类由农耕社会、畜牧社会逐渐向城市发展下的工业社会过渡，人们逐渐开始使用青铜器等金属器具，人类的生产方式正在进步。

最后，"文明"与文字的出现和使用相关联。在一个文明的社会中，通常会用文字或其他方式来做长期记录。文字作为记录历史的工具，其发展与使用程度直接决定了文明的延续性。安德鲁·博斯沃思（Andrew Bosworth）指出，文明基本上是令信息和知识得以生存与延续的文化基础设施。区别于文化，文明所反映的基础设施的复杂程度已经很高。在普通文化中，信息和知识的传递可能依赖于

---

① 何勤华."文明"考.政法论坛，2019（1）.

模仿或口头交流。而在文明中，其文化记忆铭刻在黏土上或画在莎草纸上，从而保持其生命力。

从横向内涵维度来看，"文明"的内涵要大于"文化"，"文化"是"文明"的下位概念。"文明"是指，某一地理上特定的社会，在某一时代或连续数个时代里，其表现形式之总和（或全部）；而"文化"则是"文明"所表现出来的各种方面的智识活动及其成果，一般是指衣食住行、琴棋书画、行为操守等，因而与"文明"所指代的政治、经济生活以及社会风俗有别。康德进一步深化了"文明"和"文化"的关系，并延伸至"道德"，他认为文明—文化—道德之间存在位阶递进关系。他在《世界公民观点之下的普遍历史观念》一文中认为，文化涉及艺术和科学，而文明则是"所有种类的行为举止和社会礼仪"。他认为，人类当下的生存状态是文化和文明的状态，但并非道德的状态。另外，"文明"具有普适性和全人类共同价值性，"文化"则没有全人类共同享有并发展的内涵，更多的是指代某一个地区、某一个民族、某一类人群所拥有的精神成果，例如前述斯宾格勒在《西方的没落》一书中将世界历史分为八种文化。虽然文明也可指代某一个地区、某一个民族、某一类人群，例如《文明的冲突与世界秩序的重建》中提到的冷战后世界的八大文明，分别是中华文明、日本文明、印度文明、伊斯兰文明、西方文明、东正教文明、拉丁美洲文明和可能存在的非洲文明，但是涉及全球或是全世界的历史发展时，多用"文明"一词，例如"人类共同文明"。

总之，从纵向时间维度来看，文化的范围比较大，文化孕育了文明。在城市这一社会组织形式出现之前，人类处于需要依靠群居、依靠石器的农业社会或畜牧社会，人类严重依赖大自然，对大自然的开发很缓慢，人类生产的发展速度因此也非常慢。这个时候没有文字记录，没有有组织的社会制度，人们之间的关系是紧密而又松散的。这个阶段的人类社会可以被称为"文化社会"，也是"文明社会"的前期。例如，美索不达米亚的哈苏纳文化、萨迈拉文化、哈拉夫文化、欧贝德文化、埃利都文化，埃及的涅伽达文化，中国的仰韶文化、河姆渡文化、良渚文化、龙山文化，印度的哈拉巴文化，等等。经过千年的发展，城邦或是城市慢慢出现以后，人类社会才进入了真正的"文明社会"。其间，生产力得以快速提高，文学艺术得以快速发展，科学技术取得飞速进步，城市将人们"捆绑"在了一起，人们在此共同生活、创造与分享。例如苏美尔文明、巴比伦文明、赫梯文明、亚述文明、古埃及文明、吠陀文明、中华文明，等等。

随着文明社会的发展，"文化"的内涵也发生了一定的变化，文化更多的是指文明社会中代表艺术、科学与人文这些具体领域的内容，反映的是人类精神世界的丰富和智慧、德行、素质的提高。文化的内涵更加聚焦，更多体现为文明社会中人类在思想与精神层面的发展所带动的社会进步。在这一阶段，文化的含义在文明基础上有了更为具象的体现，与文明的含义基本重叠，但是有自身的侧重之处。

综上所述，从时间维度来看，文化孕育了文明；从内涵维度来看，文化在文明的基础之上有了进一步的发展。文化的内涵大于文明，是一个历史更加久远、内涵更加丰富的概念。在某些情境下，文化与文明同义。

二、文化涵化、文化同化与文化对抗

1. 文化涵化

文化涵化指的是拥有不同文化的数个群体的不同个体之间发生持续的、直接的接触，结果导致一方或双方原有的文化模式发生变化的过程。文化涵化涉及两类文化——主体文化和客体文化。主体文化是指原有的文化，客体文化是指外来文化。

文化涵化大致可以分成三个阶段（见图5-1）。第一阶段是文化的接触与单向传播。在这一阶段，主客体文化进行初步接触时，会发生主体文化对于客体文化的被动或主动的学习吸收现象。此时客体文化对主体文化是单向传播。按照客体文化传播的动机，传播可以分为两种：一种是不以通过军事或政治手段强制统治对方为目的的文化间的自由接触传播；另一种是以通过军事或政治手段控制另一种文化为目的的强制改变。这一阶段类似于文化的同化。① 第二阶段是文化的对抗与双向传播。随着两种文化的深度接触，主体文化会意识到客体文化对自身的威胁并产生防御心理，进而表现出对客体文化的攻击。这一现象在第一阶段的第二种类型的目的下更为明显。接着，主体文化在反抗的过程中也会反思自身的文化，通过对客体文化的深入学习吸收来使自己在保留自身特质的同时，借鉴客

① 秦亚青.知识涵化与社会知识再生产.世界经济与政治，2023（1）.

体文化中有利于自身文化发展的精华部分。同时，客体文化也会由于主体文化的反抗而植入主体文化的某些特质。如此，两种文化实现了共存和双向交流。第三阶段是文化的融合与多向传播。在第二阶段两种文化互相借鉴的基础之上，主体文化会进行反思、重构，并试图进行文化的再创造与文化的更新。这是考验主体文化活力和生命力的阶段，主体文化只有具有不断创新、勇于创新的特质，才可以在与客体文化的交流中迸发出新的活力。同时，更新后的文化有了新的特质和新的内涵，它可以凭借自身的活力对其他文化产生全新的影响。

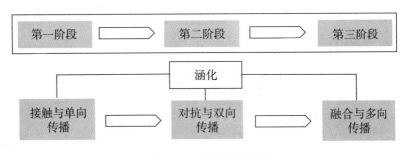

图 5 - 1　文化涵化阶段

与文化涵化过程相似，文明之间也会发生类似涵化的融合过程。文明的融合是各种文明因素之间相互渗透、相互结合，主体文明吸收借鉴外来文明中有益的部分，使其与自身文明融为一体，从而为自身文明注入新鲜血液，激发自身文明活力的过程。从历史上来看，不同文明在接触交流后所产生的自发的互相学习、互相借鉴、互相融合也是常态。一方面，人类共同价值及共同文明奠定了不同文明交流、交融的基础。不同文明本身最基础的内核中相似的成分远大于彼此之间的差异，勤劳、善良、勇敢等对人性的质朴的描述，存在于早期人类社会相互独立的各个文明中。另一方面，模仿学习也是人类的本能，不同文明的交往不仅仅有相互斗争冲突，更有相互模仿的倾向。正如西方著名哲学家罗素所说："不同文明之间的交流过去已经多次证明是人类文明发展的里程碑，希腊学习埃及，罗马借鉴希腊，阿拉伯参照罗马帝国，中世纪的欧洲又模仿阿拉伯，而文艺复兴时期的欧洲则仿效拜占庭帝国。"[①]

2. 文化同化

"同化"的概念源自西方。据马丁·N. 麦格研究，西方族群社会学界所使用的同化概念，指原本不同的人类群体相遇之后所产生的"渐增的相似性""界限缩减过程""导致更大的社会同质性的过程"。同化的理想目标是消除异质族群，形成同质的社会，使族群性不再成为社会分化的基础。麦格认为，文化同化是指一个族群采用其他族群的文化特征。文化同化理论将文化群体划分为弱势（即少数）群体和支配群体，并强调弱势群体对支配群体文化特征的学习。[②] "文化同化过程的最终结果是，原本不同的文化群体不再能够通过其行为和价值观加以区别。"[③] 有中国学者研究认为，文化同化是指不同文化特质的个体、群体经过长时期的接触，其中一方单方面地朝另一方接近并融为同质文化的一种文化调整方式。[④] 文化同化

---

① 罗素. 罗素论中西文化. 杨发庭，等译. 北京：北京出版社，2010：79.

② 麦格. 族群社会学：美国及全球视角下的种族和族群关系. 司马义，译. 北京：华夏出版社，2007：94.

③ 同②95.

④ 史仲文，胡晓林. 中华文化大辞海：文化精粹分类. 北京：中国国际广播出版社，1998：17.

或同化政策是指个人或团体，被融入非原本但具社会支配地位的民族传统文化的过程。文化同化也被称为"内化"，指非主流团体被主流团体同化；非主流团体成员习得主流团体的特质，而逐渐被接受为主流团体的一部分。文化同化过程也包含着文化或文明入侵的过程。

3. 文化对抗或文明冲突

在人类社会发展的漫漫长河中，从不同地理环境中发展出来的家庭、氏族、部落包括文明天然就有差异。出于原始的血缘关系、对自身的保护以及对未知的恐惧，人们倾向于区分"我们"和"他们"。也正是因为如此，从摩尔根笔下的"史前文化阶段"开始，尤其是当某一族群面临其他族群的威胁时，人类社会很容易发生不同家庭、氏族、部落之间的争斗。在文明阶段形成后，以血缘为基础的氏族社会逐渐演变发展为城市甚至国家。对此，恩格斯在《家庭、私有制和国家的起源》中有过经典的表达："以血族团体为基础的旧社会，由于新形成的各社会阶级的冲突而被炸毁；代之而起的是组成为国家的新社会，而国家的基层单位已经不是血族团体，而是地区团体了。"① 此时，国家与国家、民族与民族、地域与地域之间时常产生冲突，甚至单在 20 世纪上半叶就爆发了两次世界大战，数以亿计的人口死于彼此之间的冲突与争斗。

正是基于对文明差异天然客观存在的认识，亨廷顿提出了文明冲突论作为冷战之后世界政治分析的框架。亨廷顿认为，技术进步

---

① 马克思，恩格斯. 马克思恩格斯全集：第 28 卷 . 2 版 . 北京：人民出版社，2018：32.

加快了不同人群对彼此差异的了解。世界正变成一个地球村，不同文明的人们之间互动及交流更加频繁，强化了各民族自身文明意识的觉醒和危机感；相比于经济差异与政治差异，不同人群之间的文化差异及文明差异是最难消除或调和的。既然文明之间的接触势在必行，文明冲突也就在所难免。目前西方文明的发展已达到顶点，西方国家试图不择手段地把自己的文明价值观向世界各地推销，这必然要与其他文明发生正面撞击，从而不可避免地导致文明冲突。亨廷顿的文明冲突论将文明的差异等同于文明的冲突，是基于两个主要条件：一是冷战之后，不同文明之间的交流接触更加频繁；二是在不同文明之间的频繁交流之中，文化认同将诱导文明的冲突。文化认同即个人对某一特殊文化或族群具有的归属感，也就是文化成员对共同文化的确认。换言之，文化认同是"个人和群体界定自我、区别他者、加强彼此的同一感以凝聚成拥有共同文化内涵的群体的标志"①。当外族群的文化价值与本族群的文化价值一致时会得到本族群个体的认同，反之则会受到本族群个体的拒斥。文化认同解释了在不同文明存在差异，并且相互接触、交流这一客观事实的基础上，不同文明之间发生冲突的一个因素。如果再往下深究，文化认同出现的一个充分条件便是文化同化。文化同化由文明之间的交流带来，文明之间的交流是文化同化的必要条件，文化同化是文明交流、接触后很可能出现的一个现象。也就是说，文化同化会导致或是强化文化认同，进而增加文明之间发生冲突的可能性。

---

① SHELLY M，WINCK M. Aspects of European cultural diversity. London：Routledge，1995：194.

亨廷顿提供了由文化认同到文明冲突的逻辑线，但他并没有以辩证发展的眼光来看待文明的发展规律。首先，亨廷顿忽略了不同文明之间差异缩小的可能性。亨廷顿承认以工业组织为基础的现代社会使文明之间的同质性增强，却不敢推断这将会促成不同文明之间的差异缩小，或是随着生产力发展到更加高级的阶段，全人类共同文明的出现将弥合不同文明之间交流的鸿沟。其次，亨廷顿忽视了文明发展的本质，将文明之间的冲突视为必然的、终极的。亨廷顿的文明冲突论能够在 20 世纪 90 年代广泛传播并形成巨大的影响力，与当时特殊的时代背景有着密不可分的关系。在西方文明中心论的支配下，人们迫切需要寻求一个冷战之后全球政治演变的分析框架。实际上，大多数看起来是文明之间的冲突的事件，本质上都是经济冲突和政治冲突，当然，不夹杂政治因素的文明之间的交流也许会得出不一样的结论。

三、欧洲古代社会犹太人的希腊化与犹太—希腊文明的形成

文明的融合在古代社会中便可寻得踪迹。古代文明阶段，各文明基本上处于孤立、隔绝、封闭的状态，受限于不发达的生产工具、落后的生产力或因其他因素的影响，处于不同地理范围的人群很难相互接触，古代各文明彼此之间也难以进行交流。在这样的封闭环境中，随着军事战争或商业冒险的发生，不同文明之间也会发生碰撞、融合。公元前 4 世纪至公元前 1 世纪，希腊化文明的形成过程为我们提供了一个很好的古代文明融合的范本。希腊化文明的形成是希腊文明与包括埃及、巴比伦、印度在内的东方文明相互碰撞、

渗透融合的结果。

1. 犹太文明独立发展时期

公元前 4 世纪，希腊各城邦内部及各城邦之间冲突不断，马其顿王国趁机征服希腊各邦。公元前 334 年，马其顿国王亚历山大以"复仇"为借口，率军进攻波斯，拉开了亚历山大东征的序幕。历时十年，经过伊苏斯之战、高加米拉战役、希达斯派斯河战役，亚历山大征服了波斯、埃及、小亚细亚、两河流域，最终建立起地跨欧、亚、非三洲的亚历山大帝国。亚历山大东征是一场掠夺性战争，但客观上也促进了希腊与亚非诸国的经济和文化交流。在亚历山大东征的影响之下，迎来了一个新的时代，即希腊化时代。关于希腊化时代的断限，学界尚存争议。从政治史角度，一种普遍观点认为，希腊化时代始于亚历山大开始东征（公元前 334 年），到公元前 30 年罗马灭亡埃及为止。希腊化时代是在亚历山大东征的契机之下，亚历山大帝国及后继王国十分重视希腊文明的传播，再加上希腊文明本身具有强大的影响力与生命力，希腊文明与东方文明由此产生了深度的接触和交流，并引起了众多地区效仿希腊文明的集体的或公共的行为的一个时期。

在希腊化时代，犹太人逐渐由散居状态发展至在埃及亚历山大城定居，犹太社区逐渐发展繁荣。亚历山大城始建于公元前 332 年，地址位于尼罗河三角洲的西北端。亚历山大征服埃及后，对亚历山大城的犹太人给予了大量优待政策，例如赐地安抚、允许犹太人遵守自己的法律和习俗等，展现了亚历山大对犹太人极为友善和温和的态度。这让犹太人在亚历山大城开始建立犹太会堂，并逐渐发展为犹太社区，大量的犹太人开始向亚历山大城集聚。

希腊化时代早期主要有三批犹太人迁入亚历山大城：第一批迁入的犹太人主要来自埃及中南部和三角洲东部地区。由于常年遭受西亚北非地区的战乱，以及波斯、埃及的争端，犹太人开始了小规模的迁徙。第二批主要为托勒密一世带回的犹太战俘。托勒密一世主动把历次巴勒斯坦战争的犹太战俘带回了亚历山大城，特别是公元前 312 年加沙战役中的战俘。第三批是为了寻求稳定和富足的生活自愿迁入埃及亚历山大城的西亚犹太人。《犹太古史》记载，托勒密一世吸引了 3 万犹太人前来埃及。①

随着犹太人大量迁入定居，犹太社区逐渐繁荣起来，主要体现为犹太人开始大量翻译传播犹太经典，例如《圣经》希腊语版本的"七十士译本"的诞生。犹太文学在亚历山大城成为不可小觑的一股文化力量，犹太—希伯来文学运动盛极一时。可以说，得益于亚历山大大帝和托勒密一世对犹太文明发展的极强的包容性，亚历山大城吸引了越来越多的犹太人来此定居，亚历山大城犹太社区也发展成当时犹太人居住最多的地区，犹太文明的发展迎来了高潮。

2. 犹太人的希腊化

亚历山大大帝死后，埃及总督托勒密一世开创了托勒密王朝，统治着埃及和周围地区。虽然托勒密一世对犹太文明的发展持有包容态度，但是有研究表明，他只是为了维护自身的统治基础、政局

---

① AUSTIN M M. The Hellenstic world form Alexander to the Roman conquest. 2nd. Cambridge：Cambridge University Press，2006：63 – 65.

稳定和社会安宁，避免再次出现大的社会运动而对犹太人做出暂时的妥协。也有研究表明，犹太人大量在亚历山大城聚集而不向埃及其他地区尤其是埃及乡间地区扩散的原因是托勒密政府担心犹太人被埃及文明同化。埃及文明的发展进程在当时快于希腊文明，对希腊文明具有很强的同化作用，越向埃及农村或南部深入，埃及文明的影响力就越大。托勒密王朝的统治被希腊人控制，希腊族裔也一直致力于推行希腊化政策，建立了大量的希腊式体育场、学校、剧院等，以便对埃及尤其是亚历山大城渗透希腊文明，进行文化同化。① 首先，进行语言文字的同化，推广希腊语。面对当时不同语言同时存在和使用的情形，托勒密王朝大力推广希腊语作为统一的语言。希腊语成为犹太会堂的交流用语，进入了犹太人的宗教生活，而犹太人之前使用的希伯来语则成为拉比学者们的语言。同时，大量的犹太文学作品被翻译成希腊语并作为经典广泛流传。希腊语成为当时教育界、文学界、商界的主要语言，成为上层阶级流行的语言。其次，进行体育、教育文化的同化。在希腊流行的竞技式体育的影响之下，亚历山大城的犹太社区也逐渐建立起小型竞技场，开展希腊式竞技活动。② 同时希腊学校开始影响犹太学校并且希腊式的教育在犹太社区大受欢迎。最后，在宗教层面，希腊加强了宗教的统一，并利用政治权力来强化对人们的思想控制。托勒密王朝创造萨拉匹斯神这一新神，同时规定，如果要同希腊政界进行交流或进

---

① 汪世超. 希腊化时代亚历山大城犹太区的兴衰. 上海：华东师范大学，2011：33.
② HADAS M. Hellenistic culture. New York：W. W. Norton & Company，1989：45–59.

入政界谋求职位，就必须表现出对官方宗教的认同和崇拜。①

3. 犹太文明与希腊文明的融合

面对希腊化对犹太人的文化同化，部分犹太人掀起反抗希腊化的潮流，来捍卫自己的犹太传统。尤其犹太知识阶层的一些人士反对学习希腊语，反对学习希腊文化和宗教，反对接受希腊式的教育。他们认为犹太文明比希腊文明历史更加悠久，底蕴更加丰厚，他们通过著书立说，加强犹太文明的传播，树立犹太人的民族自信心。同时他们也试图在希腊文明中植入犹太文明的因子。在这种逆向传播中，希腊文明也深受犹太文明的影响，并逐渐具有犹太文明的色彩。

由于这种双向流动和渗透，两种文明互相学习、互相借鉴，呈现出一种互相融合的状态，进而促进了犹太—希腊文明传统的形成。希腊宗教是一种积极入世的饱含艺术美感的多神论宗教，注重外在形体美学甚于伦理精神世界，注重现世生活甚于彼岸世界。但是城邦战争和马其顿征服摧残了传统希腊精神，使希腊人在纷繁复杂的现实世界面前感到无能为力，极其需要能给予他们精神慰藉和满足他们灵魂深处需要的神祇。希腊化时代末期，希腊宗教和希腊精神陷入了困境之中。而斐洛等犹太知识分子也致力于传播犹太教，他们认为犹太教不仅是犹太民族的宗教，而且带有跨国宗教的特征，能够吸引并赢得所有人的关注。在这两种思想的影响之下，犹太教与希腊宗教逐渐融合。犹太教在道德教化、神学体系建设和理性化思维方面具有优势，其理性化、教义化的思想可以与希腊宗教的感

---

① 汪世超. 希腊化时代亚历山大城犹太区的兴衰. 上海：华东师范大学，2011：35.

性化思维形成互补，对当时的希腊宗教形成救赎，并帮助其抽象总结出一套完整的道德规范和世界观学说。同时，希腊宗教所尊崇的世界公民理念与普遍主义、世界主义思想也浸入犹太教之中，超越了犹太民族宗教的狭隘性。[①]

犹太文明与希腊文明的融合是典型的文明融合案例。两种文明互相取长补短，以犹太教为代表的东方文明借用希腊文辞来展现东方的神秘，借用希腊的逻辑概念来重塑东方文明，而犹太神学也浸入希腊文明世界，成为希腊文明内部不可忽视的文化底蕴。

第三节　百年变局下的人类文明融合

当下，百年变局加速演进。西方正在逐渐失去对世界的领导权，西方的霸权正在被非西方国家的群体性崛起所遏制。从欧洲古典时期到近代，西方文明发展壮大并对其他地区展开文化殖民的整个历史进程揭示了西方文明对其他文明同化和入侵的过程。而如今欧洲的分裂、拉美的"左转"、中东的觉醒、俄罗斯的抵抗、印度和中国的崛起正汇聚成抵制西方文明同化的强大力量，世界进入新的动荡变革期。中国的文明道路与文明观是在融合其他文明的基础上形成的。中国提出的全球文明倡议是在尊重世界文明多样性的前提下走和平发展道路的文明观，是在弘扬全人类共同价值的思想下促进人类共同发

---

① TARN W W. The Greeks in Bactria and India. Cambridge：Cambridge University Press，2010：288.

展、为全人类谋幸福的文明观，是在重视文明传承和创新基础上促进物质文明和精神文明相协调并推进生态文明创新的文明观。

一、近代西方的文化同化与文明入侵

1. 全球化时代的到来与文化殖民

15 世纪以前，古代社会的发展由于人类认知水平有限、地理知识缺乏、技术手段落后等原因被局限于有限的地理空间之内，例如人类的活动范围仅限于亚欧大陆、美洲大陆、非洲大陆等陆地内部，各个大陆之间的人类交流并不频繁。15 世纪末，哥伦布沿大西洋向西航行，开启大航海时代，并最终发现了美洲新大陆。此后，葡萄牙航海家达·伽马于 1498 年绕过非洲好望角到达印度。自此，非洲东部、太平洋地区被欧洲人"发现"，欧洲主导的全球化时代来临。伴随着全球化的，是为了寻找财富而进行新大陆、新世界探索的西方国家对新发现的地理空间的殖民主义式侵略和掠夺。殖民主义是这一时期全球化的体现。虽然全球化时代促进了世界上各大陆的交往，但是殖民主义的全球化过程毫无疑问既伴随着军事上的杀戮和血腥，也伴随着文化的入侵和文化的同化，后者被称为"文化殖民"。

"文化殖民"的原义是殖民时期西方对殖民地国家所进行的文化同化，旨在巩固西方的殖民统治。殖民时期是一个强势国家对弱势国家进行武力征服的时期。在这个时期，西班牙、葡萄牙、英国通过全球殖民，确立了自身的帝国版图。例如，西班牙在哥伦布"发现"美洲后就不断派遣军士和一般人员去征服美洲、开发美洲、攫取美洲。这些征服者除了在当地霸占财富、摧毁建筑、肆意掠夺之外，对印第安人原住民更是严加管控，当作奴隶来使用。西班牙不仅将巨大的财富引入欧洲，而且在拉丁美洲创立了一种以西班牙语为主的独特文化。① 西班牙殖民不仅使印第安人人数锐减，更是给拉丁美洲的本土文化造成了巨大的破坏。19—20 世纪，英国在殖民地进行文化输出的一种重要形式是体育运动，板球运动作为彰显英国特色的运动，对传播英国文化、加深"帝国"文化身份感起着举足轻重的作用。随着英国板球运动的推广，板球运动所代表的英式思维方式和价值理念在印度得到大力普及，而印度本身的传统体育运动则遭到否定甚至被遗弃。

经过演变，"文化殖民"不仅指殖民时期西方所进行的单向文化输出，还拓展为指代一种文化霸权，甚至发动文化战争的行为。也就是说，文化殖民是指西方一些发达国家凭借其霸权地位，在资本逻辑的驱使下，通过文化符号系统的强势传播，向"他者"输出自己的思维方式、价值观念、意识形态和宗教信仰，企图同化"他者"，教会"他者"如何依托西方的价值观念去思考、用西方的话语去表达、参照西方的模式去实践，使"他者"思其所思、想其所想、言其所言、美其所美、行其所行。其最终目的在于瓦解"他者"民族文化根基、削弱"他者"文化主权意识，从而实现世界文化西方化、西方文化普世化，形成西方式的一元文化体系，将世界永久置于西方的统治之下。② 二战以后，美国逐渐建立起全球"统治者"的地位，这一时期以美国为首所进行的文化殖民不是仅仅通过战争或

---

① 加亚尔，德尚，等 . 欧洲史 . 蔡鸿滨，桂裕芳，译 . 北京：人民出版社，2010：306.
② 陈曙光，李娟仙 . 西方国家如何通过文化殖民掌控他国 . 政工学刊，2018（1）.

武力冲突来实现的，而是通过经济、政治、社会、科技等多方面的手段来达到文化同化甚至发动文化软战争的目的。

2. 经济全球化与文化同化

资本具有无限扩张性，在殖民时期体现为对殖民地财富的掠夺，殖民时期结束后，则体现为以美国为主的资本主义国家对经济全球化的热衷。在这个逻辑之下，美国主导的经济全球化具有"先天不足"的特征，它要服务于资本的对外扩张和原始积累，通过实施经济掠夺来占领资源和市场。可以说，美国等西方国家主导的经济全球化虽然提高了全球生产效率，但是遭遇了严重的公平赤字。经济全球化背后是单边主义主导的治理模式，是伴随着资本主义在全球的扩张而实现的，其主导力量是资本主义国家，其他国家和地区被迫卷入其中。这意味着发展中国家的命运被掌握在西方国家手中，亚洲金融危机、拉丁美洲深陷债务深渊、非洲陷入贫困和社会动荡等均可以证明美国等西方国家主导的经济全球化的劣根性。在资本主义扩张的过程中，西方文化也顺势走出国门，为西方国家的掠夺行为提供辩护与支撑，为其营造有利的舆论环境，以实现其思想上的征服。这正如美国前总统小布什所言："输出美国的资本，就是输出美国的价值观。"

美国进行文化输出及对其他地区进行文化同化的手段是通过建立庞大的文化产业体系，将资本转移到文化产业领域，实现资本和文化产业的深度融合，以促进美国文化产业的繁荣。由于文化产业成本低且利润大，所以资本主义国家的资本家和寡头们对它十分重视。美国是文化产业投资最大的国家，也是国际资本流入最多的国家。注入了资本特性的美国文化产业在资本逐利本性的驱使之下，快速实现了文化资本的全球扩张和美国价值观的全球输出，文化产业成为美国的"摇钱树"。《环球时报》曾发表文章指出，美国500强企业的前10名都在中国投资，它们在中国的生意份额已超过其本土，成为盈利的主要来源。而在这前10名企业中，文化企业占半数以上。

文化产业是一个创意制胜、内容为王、面向市场、满足消费者的服务性产业，文化产业的全球运作形成了全球文化产业价值链。美国也非常重视文化产业的全球化战略，利用资本和经济要素的全球流动来引领世界文化的潮流。目前，以美国为代表的发达国家在全球文化产业价值链中控制了高技术和高附加值的创意设计、高端研发、品牌营销等环节，以保持其在全球文化产业价值链中的主导地位。内容创意是文化产业价值链的核心环节，这一环节不仅拥有丰厚的利润，而且可以通过产生新的文化创意来决定未来文化的理念走向和发展趋势。而发展中国家则只能以外包代工、贴牌加工、版权引进等方式嵌入全球文化产业价值链，占据全球文化产业价值链"微笑曲线"的中间环节，这导致发展中国家不仅无法赚取高额利润，而且无法通过文化产品的形式将自身的文化理念落地以扩大本民族文化的影响力，只能沦为美国等西方国家文化理念的附庸者。[①] 值得注意的是，美国不仅以美国本土文化为文艺创作的原型，还会以他国文化历史作为内容创意的源泉。一个典型的例子是，华

---

① 梁孝. 美国文化软战争的实质、运用及其防范. 南京政治学院学报，2012（4）.

特·迪士尼影片公司出品的真人版剧情电影《花木兰》，它以中国古代故事"木兰从军"为原型进行改编，加上了好莱坞的现代科技、时尚元素，不但为美国文化产业创造了巨额利润，而且增强了美国文化在全球市场的影响力。

伴随资本在全球的迅速扩张，美国文化产业在 GDP 中所占比重越来越大，盈利能力也越来越强。2008 年金融危机以前，美国文化产业保持了近 30 年的繁荣增长。美国的文化企业更是在全球化扩张的过程中形成了文化产业巨头，这些文化产业巨头大多是多业经营，涉足广播影视、新闻出版、娱乐休闲、互联网服务、电信、体育、广告等众多行业，它们通过将资金、技术、人才等多种资源进行组合而成为美国文化产业全球扩张的主力军。一个不得不承认的事实是，在那个时期，许多国家深受美国文化的影响，从好莱坞影视、华纳音乐、NBA 体育赛事到赴美留学、赴美旅游，好莱坞电影所塑造的"美国英雄拯救世界"的美国形象至今留存在人们心中，人们仰视美国，把美国当作"神"一样的存在。可以说，美国一方面通过内容创意环节进行内容上的大胆创新和突破，创造出更多被人们津津乐道的文化产品，同时将西方文明理念嵌入其中；另一方面，通过掌握营销环节，美国将自身的文化商品顺畅地输出到其他国家，借此迫使各国开放文化市场。美国通过全球迅速扩张的文化产业，铸就了美国的国家软实力与国家影响力，并潜移默化地对其他国家的文明产生了深远的影响。

3. 政治秩序的建立与文化同化

二战以后所建立的国际秩序是二战胜利国家、发达国家尤其是美国主导,而发展中国家参与的国际秩序,它集中体现了当时的美国对世界事务的看法和对国际秩序的构思与安排。一方面,战后国际秩序确实对世界的和平稳定、繁荣进步做出了贡献,美国也为世界提供了众多国际公共品;另一方面,美国利用对战后国际秩序的主导权进行着"以权谋私"的"霸权"行为。对于当下人类面临的日益增多的全球性和区域性的问题和挑战,如全球减贫、公共卫生危机、地缘政治冲突、能源可持续发展、跨国移民犯罪、环境和气候问题、生物多样性保护、数字隐私安全、海外利益保护等,美国所提出的解决方案背后都暗含着对自身利益的多重考虑。

具体来看,在冷战结束以后,针对第三世界国家经济发展落后和贫困人口数量众多的问题,美国以自由为名,对包括拉丁美洲以及东欧在内的一些新兴国家推行纯粹的自由经济的价值观念,即推行新自由主义改革。新自由主义改革不仅在东欧、拉美地区推进,而且在东亚、非洲等地区推进。美国人和西欧人试图通过影响国际货币基金组织、世界银行和世界贸易组织,以所谓"华盛顿共识"为纲领,按照自由化、放松管制、私有化这一不可动摇的公式,向发展中国家大力推进新自由主义改革。新自由主义改革主张完全的自由化、市场化、私有化,罔顾各国本身的发展情况,其政策要害均是"让物价失控,使经济摆脱政府控制,实行私有化,消灭国有经济,货币自由兑换,汇率浮动",导致施行新自由主义改革的国家陷入政治和经济危机。

4. 数字殖民与文化同化

伦敦政治经济学院尼克·库尔德里(Nick Couldry)教授认为,

现在出现了一种新的掠夺方式——数字殖民。他认为数字殖民的内涵是，随着数据收集、处理和提取价值的普遍化，现在发生的事情不仅仅是资本主义的延续，还有更深层次的逻辑——一种新的分配世界资源的方式，一种促进经济增长的新的资源获取方式，这就是人类的日常生活本身。通过获取人类经验并将其转化为具有潜在经济价值的数据，我们可以从人类经验流中提取价值。他进一步认为，数字殖民正在以新的实践方式重塑全球经济、社会和文化。可以说，数字殖民对文化同化的影响也是巨大的。数字化浪潮下，美国等西方国家的文化输出转向了网络空间这一虚拟的途径，虚拟网络空间成为西方国家进行思想殖民、文化殖民和文化同化的重要战场。因此，数字殖民对文化的影响可以总结为：数字殖民将数字空间作为新型的殖民地形态，推行网络霸权。其核心策略是基于数字资源和技术领域的不平等，借助数据资本的不断扩张和逐利的特性，在数字空间中形成带有倾向性的群体性力量，从而以更加多样化和更具隐蔽性的方式对这些群体进行思想观念的塑造、意识形态的演变和文化价值的渗透。①

　　数字殖民主要依靠平台来开展。数字殖民的本质在于平台的垄断。掌握数据技术或处于领先、垄断地位的各类主体，通过自身所掌握的数据资源，对数字技术发展相对落后的国家实行数据控制、数据渗透和数字产品倾销，从而获得文化、意识形态的把控权。放眼全球，美国是进行平台垄断最为典型的国家，诞生了诸如脸书

---

① 刘皓琰.新帝国主义的数字殖民：从网络族群与注意力时间谈起.国外理论动态，2020（3）.

（Facebook）、推特（Twitter）、谷歌（Google）等众多网络平台，也拥有对众多网络平台的主导权。美国是互联网的发源地，拥有世界上绝大多数的域名根服务器，管理着全世界网站的地址目录，这相当于控制了数字空间中的封疆大权。[①] 同时，美国各大数字企业巨头还掌握着 Windows、iOS 等世界领先的底层操作系统，拥有 Oracle、SQLServe 等大型数据库，这相当于奠定了美国在数字平台中的基础地位，拥有了重塑数字平台的关键能力。美国正是利用这一平台垄断地位，在社交网络、电商平台、搜索引擎、视频网站等领域，吸引了全球用户的大量流量和注意力，将网络输出变成美国输出文化价值观的重要途径。近些年，美国利用互联网平台对他国进行意识形态、思想观念的渗透进而达到自身政治目的的例子不在少数。例如，美国利用网络平台企图对一些发展中国家进行和平演变，不断利用"人权""自由"等口号美化西方价值观和国家形象，使得公众对本国体制、政府执政能力和传统文化产生怀疑。

网络平台看似为每个人提供了言论自由的场地，殊不知平台也在控制着它的每个用户，用户在不知不觉中受到平台的影响。一方面，平台决定着信息流动的方式。每个平台都拥有自身的语言风格、功能定位和目标追求，它们就像一个个隐蔽的软性组织，使长期活跃于该平台的网民的交流方式、认知观念等在不知不觉中被平台环境和价值目标影响或同化。另一方面，平台决定着传播的内容。平台的掌控者处在网络权力结构的顶端，在信息的生产与传播方面拥

---

① 杨剑.开拓数字边疆：美国网络帝国主义的形成.国际观察，2012（2）.

有高于公众的权限，信息是否公开、信息如何解释、哪些信息要被频繁推荐都会受到平台的左右，这意味着平台用户接收到的信息是被平台筛选过的，平台可以为实现某种文化输出的特殊目的而进行幕后操纵。值得注意的是，人工智能技术加强了平台对用户的内容定向推送能力。人工智能推荐是运用算法对用户进行痕迹管理，分析和判断用户的习惯、喜好和即时需求，进行信息和产品的定向推荐，从而获得用户的注意力。人工智能在平台上的应用帮助平台实现精准营销的同时，也限制了用户获取信息的范围和广度，造成"信息茧房"效应。人工智能推荐机制基于用户个性化的兴趣和需求，会为不同用户筛选出更具针对性的推荐内容，所传递的文化和观念也可以因人而异。因此，人工智能所推荐的信息和产品往往会获得用户更多的关注，其中蕴含的价值和理念也更容易得到认同。平台可以利用这一特点，利用人工智能算法反复分析和寻找用户的接收弱点并进行思想渗透，大规模、快速地改变用户的主观意识，使大量的用户在无形间接受西方理念和价值观。

当前，以 GPT-4 大语言模型为代表的人工智能技术再次掀起技术创新的热潮。不管未来的人工智能技术是否可以具备自我意识，突破奇点发展成为超级人工智能，但目前 GPT-4 可能面临的问题是它会被渴望权力的政府和企业垄断。这意味着世界面临着被这些企业及其背后的国家利用人工智能进行文化殖民的风险。一方面，GPT-4 大语言模型可以影响甚至主宰社交媒体用户的体验和互动。它以回答加提问的方式，引诱用户向它提供更多的信息，并循序渐进地给出自己的回答。这种问答方式所输出的信息会放大某种偏见，造成永久的刻板印象。久而久之，用户会被机器输出的信息操纵，产生惰性，减弱自己的独立思考能力。ChatGPT之父、OpenAI首席执行官山姆·阿尔特曼（Sam Altman）如此发问："我们怎么会知道，大语言模型没有在推特上指挥大家的思想流动呢？"阿尔特曼也向用户特别强调，不要在有重大利害关系的情况下使用GPT-4，比如执法、刑事司法、移民和庇护之类的高风险政府决策，或者用它提供法律、健康方面的建议。①

另一方面，GPT-4大语言模型也可以决定信息内容的流动。目前，GPT-4大语言模型在技术上面仍存在不少缺陷，它可以被平台掌控者操纵以达到其特殊目的。GPT-4的早期版本对敏感内容过滤较少，用户问它在哪里购买无证枪支、怎么自杀，它都会回答。阿尔特曼也承认："本着公共建设和推动社会发展的精神，我们是推出了一些有缺陷的产品，但现在，我们正在让系统尝试学习哪些是它不该回答的问题，然后做出更好的版本。"这意味着GPT-4可以回答与价值观相关的问题，有可能会输出对价值观产生影响的内容，进而被用作文化输出或文化同化的"武器"，对用户产生潜移默化的影响。

二、第三世界国家的群体性崛起与俄罗斯的抵抗

1. 拉美的"左转"

20世纪90年代以来，拉丁美洲地区在左右政党执政之间轮换，

---

① OpenAI创始人Sam Altman最新采访：既然会产生不可预测的风险，为什么我们要推出ChatGPT-4?.（2023-03-20）[2023-10-28]. http://www.cniteyes.com/archives/38773.

拉丁美洲的左右势力轮替上台执政，政治生态呈现出鲜明的"非左即右"执政规律。20世纪90年代末，拉丁美洲地区掀起第一波左翼政党执政浪潮，以1998年查韦斯当选委内瑞拉总统为标志，拉丁美洲地区进入"左翼时代"。此后十余年间，左翼政党在巴西、阿根廷、乌拉圭、智利、玻利维亚、厄瓜多尔、秘鲁、尼加拉瓜、萨尔瓦多等国取得执政地位，政治版图掀起一片"红色"和"粉红色"浪潮。然而自2015年起，拉丁美洲地区逐渐进入"右翼时代"。阿根廷的左翼政权率先失守，此后巴西、秘鲁、智利等拉丁美洲国家的左翼政权也相继丧失。随着委内瑞拉、古巴等组成的"美洲玻利瓦尔联盟"国家遭遇成立以来烈度最强的挑战，拉丁美洲左翼力量逐渐失去地区主导权，右翼力量开始登上拉丁美洲的政治舞台。2018年起，拉丁美洲地区再度掀起左翼政权的执政浪潮。洛佩斯·奥夫拉多尔以显著优势在墨西哥总统选举中胜出，成为接下来几年拉丁美洲地区左翼政府掌握政权的关键支撑。2019—2021年，阿根廷、玻利维亚、秘鲁、智利、尼加拉瓜、洪都拉斯等国家相继迎来了左翼政权的上台。2022年，卢拉再次当选为巴西总统，这意味着拉丁美洲三大国（巴西、墨西哥和阿根廷）全部由左翼政党执政，拉丁美洲地区左翼政党开始崛起。

拉丁美洲地区的左翼政党是名副其实的改革派。第一波浪潮是左翼政党引领拉丁美洲国家形成民主深化、社会进步的风潮。左翼政府强调消除不平等、实现社会公正的重要性，在政治上长期被排斥的社会群体（农村居民、非正规就业者、原住民和黑人）实现了更广泛的政治参与。2022年出现的拉丁美洲地区再次"左转"的态势表明了拉丁美洲地区民众对改革的期待，对扩大政治参与、转变国家权力运行方式、增强国家独立性以及推动社会全面发展方面的期待。拉丁美洲地区的左翼政党也以"深化民主"和"社会公正"为执政理念，展现出对内推动改革、对外寻求独立的发展战略。其一，左翼政府强烈反对新自由主义，强调以发展模式的转型来推动新自由主义替代方案的推出。例如，奥夫拉多尔政府强调实现国家的"第四次转型"，笼统表示"寻求向世界展示一个后新自由主义的发展方案"。其二，左翼政府十分重视国家的可持续发展，即高度关注如何降低经济增长的环境成本，推动国家经济的绿色发展、低碳发展，而不是依赖出口低附加值产品的经济模式而成为美国等发达国家发展的"污水蓄水池"。例如，博里奇呼吁推动智利发展绿色经济，摆脱依赖出口低附加值产品的经济模式。卡斯蒂略政府提出，秘鲁要在保持生态环境可持续性的基础上实现和谐的社会经济发展。其三，左翼政府推动宪法的制定，以实现国家的民主法治化进程。智利是制定宪法的引领者。在 2019 年大规模抗议活动的压力下，该国在 2020 年启动制宪进程。博里奇总统把新宪法视为本国摆脱新自由主义的重要一步，承诺在执政期间完成该国历史上"第一部以民主方式制定的宪法"。总体来看，拉丁美洲地区左翼政治势力代表了改革进步的力量，是拉丁美洲地区摆脱西方社会控制、寻求独立发展空间的政治动能。2022 年出现的拉丁美洲地区"左转"态势也表明了拉丁美洲地区民众和拉丁美洲地区社会对于寻求自身独立进步的渴望，对于摆脱原殖民宗主国和美国等西方国家文化入侵与文化同化的民族思想意识的觉醒，以及对于终结新自由主义推行包容性改革政策以重新主导地区秩序发展的反思。

2. 中东的觉醒

同在拉丁美洲地区实行新自由主义改革类似，美国自老布什总统上台后便提出了对中东地区进行民主化改造的战略。伊拉克战争后，美国前国务卿赖斯发表《改造中东》，小布什总统发表关于"推进中东和伊拉克民主自由"的讲话，标志着美国政府明确提出"改造"（Transformation）中东战略。2003 年 11 月 6 日，小布什在美国国家民主基金会成立 20 周年纪念会上表示，美国决心在整个中东地区推行既定的"民主化"战略，要在未来几十年内"致力于中东民主进程"。虽然通过对中东地区的民主化改造，美国扶植了一些亲美势力，但是中东地区近些年的反美情绪高涨。这主要是由于美国在民主化改造的过程中，并没有真正推动中东地区的民主化进程，反而以民主化为借口，以美国优先为前提条件，实施对中东地区的渗透与控制，以期最终达到与美国利益相一致的目的。包含着美国利益优先的"美国式民主"与中东地区真正的民主是矛盾的，甚至是互相对立的。美国以亲美与否划线，针对中东地区的不同国家实施不同的战略就是这种矛盾性最深刻的体现。有学者批评道："西方大国似乎满足于维持中东地区——那些非西方而又亲西方国家的落后的统治现状，西方国家自称鼓励人权、自由，鼓励在世界传播民主，却同时向中东地区最落后的专制统治提供支持。它们对于一些相对孤立的新生小国侵犯人权的行为非常敏感，而对亲西方的中东产油国明目张胆地践踏人权则视而不见。"

中东地区伊斯兰传统政治文化还处于民主进程的初级阶段，许多国家进行民主试验的时间短暂，甚至还没有进行过民主试验。伊斯兰传统政治文化以"敬主—忠君—秩序"为特征，突出地表现为以血缘和地缘关系为基础的家族统治、世袭制、一党制、强人政治、复杂的政教关系等。在这样一种文化中，权威政权长期处于绝对控制地位，民众很少能够获得参政议政的机会，也没有参政议政的意识，有效的民主监督机制的形成还有很长一段路要走。在这样的现实条件下，美国强行推出民主化改造无疑会受到其社会成员的抵制，当地民众很难认同或接受一种在文化上、观念上陌生的外来者，文化上的冲突也因此形成。再加上美国频繁在该地区发动军事战争，阿富汗战争、伊拉克战争等深深地激起了当地人民对美国的仇视，这种仇视心理也会反映在对美国文化价值观的抵触上。

3. 俄罗斯的抵抗

俄罗斯逐渐摆脱"无所适从"的状态，并同西方展开激烈的对抗。苏联解体后，新欧亚主义为俄罗斯提供了认同的基础，已经成为当代俄罗斯最具影响力的意识形态，使其逐渐摆脱了"无所适从的国家"的状态。新欧亚主义包含了构建俄罗斯帝国的战略构想，代表学者亚历山大·杜金强调只有俄罗斯民族能够充当一个巨大帝国的核心民族。可见，新欧亚主义宣扬俄罗斯是神赋的、具有世界性任务的、超民族主义的思想。新欧亚主义认为以俄罗斯为核心的欧亚帝国的主要敌人是大西洋主义，现在美国是大西洋主义的核心力量。基于此，新欧亚主义试图寻求一条不同于西方甚至反西方的发展道路。新欧亚主义所追求的帝国目标导致俄罗斯与西方的结构性矛盾难以化解。从长远来看，新欧亚主义追求对抗大西洋主义，构建俄罗斯主导的"欧亚洲"乃至世界秩序。从近期来看，俄罗斯在新欧亚主义驱动下的对外行动将直接威胁中东欧和西欧的安全，这影响到了西方的核心利益。俄乌冲突的爆发可以说是西方与俄罗斯在不同文明驱动下，长期以来难以调和的矛盾的极端体现。

三、从中国式现代化进程看人类文明的融合发展

如果以现代化进程作为文明的一种标尺，那么可以说中国式现代化为世界提供了一条新的文明道路。二战之后，美国等西方国家走出了一条西方式的现代化道路，并试图通过和平演变完成对社会主义国家的"改造"。中国则始终坚持自身的革命信仰，在现代化建设过程中坚持走中国特色社会主义道路，并且认识到了西方式现代化道路的局限性，在立足中国国情的基础上成功走出了中国式现代化道路。党的二十大报告指出："在新中国成立特别是改革开放以来长期探索和实践基础上，经过十八大以来在理论和实践上的创新突破，我们党成功推进和拓展了中国式现代化。中国式现代化，是中国共产党领导的社会主义现代化，既有各国现代化的共同特征，更有基于自己国情的中国特色。"[①] 中国式现代化道路是马克思主义中国化的体现，在探索过程中并没有完全排斥西方的发展经验，而是兼容并蓄、为我所用，有主体性地吸收、学习西方式现代化的长处和优点。因此，中国式现代化既是不同文化多维度融合的体现，也是中国在文化融合的基础上积极创造人类文明新形态的重大实践。

---

① 习近平. 高举中国特色社会主义伟大旗帜 为全面建设社会主义现代化国家而团结奋斗：在中国共产党第二十次全国代表大会上的报告. 北京：人民出版社，2022：22.

新中国成立之初，中国照搬"苏联模式"大搞计划经济，优先发展重工业，同时发展农业、商业，奠定了经济发展的工业基础。随后，社会主义"三大改造"任务完成并且确立了以生产资料公有制为基础的制度根基。自此，中国开始了建设社会主义的道路。中国特色社会主义的建设伴随着如何认识在中国发展市场经济的问题。起初，对市场经济的探索体现在商品生产的问题上。多数群众对商品生产问题持谨慎态度，避而不用。对此，毛泽东指出，"商品生产不能与资本主义混为一谈"，"商品生产可以乖乖地为社会主义服务"，根本在于"因为已经没有了资本主义的经济基础"。① "文化大革命"期间生产力遭到严重的破坏，中国急需通过变革经济体制来解决社会主义建设的问题。

改革开放之初，社会上对于中国社会主义姓"资"还是姓"社"的问题展开了一场大讨论。有些质疑声音认为社会主义和市场经济是相对立的，社会主义不能允许资本的存在和发展。邓小平高瞻远瞩，及时对此种声音进行了纠偏。在 1992 年的"南方谈话"中，他指出："社会主义的本质，是解放生产力，发展生产力，消灭剥削，消除两极分化，最终达到共同富裕。"② 同时，邓小平还指出："社会主义基本制度确立以后，还要从根本上改变束缚生产力发展的经济体制。"③ 而解放生产力、发展生产力也正是邓小平提出搞市场经济的根本出发点和落脚点。1992 年党的十四大正式提出建立社会主义

---

① 中共中央文献研究室. 毛泽东文集：第 7 卷. 北京：人民出版社，1999：439，440.

② 邓小平. 邓小平文选：第 3 卷. 北京：人民出版社，1993：373.

③ 同②370.

市场经济体制的目标。自此之后，中国打破了关于"社会主义不能发展市场经济"的观念，打破了"计划经济是社会主义国家专属，而市场经济是资本主义国家专属"的固化思维。人们对于社会主义、市场经济和资本的关系有了更加深刻与进一步的认识。

此后，中国立足社会主义初级阶段这一基本国情，在不改变以公有制为基础的社会主义制度的前提下，从生产关系这一中介入手，破除所有制问题上的传统观念束缚。党的十五大把"公有制为主体、多种所有制经济共同发展"确立为我国社会主义初级阶段基本经济制度；党的十六大进一步提出"两个毫不动摇"的基本方针，即"毫不动摇地巩固和发展公有制经济"和"毫不动摇地鼓励、支持和引导非公有制经济发展"；党的十九届四中全会进一步确立了"三位一体"的社会主义基本经济制度，即在"公有制为主体、多种所有制经济共同发展"的基础上，将"按劳分配为主体、多种分配方式并存"和"社会主义市场经济体制"纳入其中。这一新概括，标志着中国社会主义基本经济制度更加完善、成熟，进一步促进了社会主义与市场经济的深度结合，既彰显出社会主义社会的本质特征，也发挥了市场在资源配置中的决定性作用。

西方资本主义国家是最早运行市场经济的国家主体，市场经济的发展使西方社会的生产力水平得以大幅度提高。市场经济这一概念源于资本主义社会工业文明的发展，也是伴随着资本主义社会资本的扩张而形成的。新中国成立以来，尤其是改革开放以来，中国社会主义基本经济制度与社会主义市场经济体制的确立是中国融合西方国家市场经济优势的重大思想解放和实践活动，更是双方文明在制度层面的有机融合。正是因为中国认识到了西方文明中市场经济下"资本"的二重属性，即资本在实现自身逐利、扩张与流动的财富积累的同时，也可以进一步推进社会生产效率提高、技术进步与产业升级等社会变革。在此基础上，中国进一步打破了"资本"只能为资本主义社会服务的迷思，将"资本"引入中国的社会主义建设之中，为社会主义建设服务。同时，中国的社会主义建设对"资本"的扩张进行了一定的约束，塑造了党和国家作为资本与劳动对立之外的规范力量，有助于规范资本发展方向和趋势，发挥"有为政府"的积极作用，消除"市场失灵"行为，从而彰显出社会主义制度的优越性、先进性。例如，"资本"在社会主义社会中的发展有助于切断由生产过剩引发的"产品过剩—资本过剩—劳动力过剩"等一系列连锁反应链条，纾解周期性爆发的经济危机。同时，可以促进共同富裕的实现。托马斯·皮凯蒂（Thomas Piketty）认为，导致贫富差距的长期原因是资本收益率（特别是顶级资本收益率）明显超过经济增长率，而扭转这一趋势的根本在于建立一整套公共机制，使资本服务于整体利益而非个人利益，从而确保更均等地分配资本所创造的社会财富及其赋予的经济权力。[①] 以公有制为主体、公有资本占主导力量的中国模式，有效克服了资本的"利己主义"，推动改革发展成果更多更公平惠及全体人民。[②]

中国的社会主义市场经济道路内含于中国式现代化建设的过程

---

① 皮凯蒂.21世纪资本论.巴曙松，陈剑，余江，等译.北京：中信出版社，2014：106.

② 张二震，李远本，戴翔.高水平开放与共同富裕：理论逻辑及其实践路径.南京社会科学，2022（4）.

之中，·表明中国在抵抗西方政治制度的文化同化的同时，吸纳了西方经济社会发展中市场经济发展的有益成分，并形成了中国特色社会主义建设和中国式现代化建设的宝贵经验。因此，中国特色社会主义市场经济下对资本的良好驾驭和中国式现代化建设，是人类经济制度文明有效融合并在融合基础上坚持以人民为中心、消除贫富分化、实现共同富裕的进一步发展的重要实践。

第六章　新文明的和谐共生

　　文明是人们在特定社会历史条件下实践的结晶，不同社会历史条件必然催生多元文明。不同国家、民族和地区所形成的文明虽有不同，却并无优劣之分，它们在价值上始终是平等的，这不仅关乎不同文明之间的交流互鉴，更关乎正确文明观的确立和人类文明的整体进步与发展。为此，就要从根本上批驳和反对"单一文明论"以及文化霸权主义。文明的缘起、发展、衰落乃至消亡，说到底源于生产力与生产关系的矛盾运动，与社会发展道路密切关联。

　　文明交流互鉴与相互包容是文明更新、社会发展的基本规律。从美索不达米亚文明到埃及文明、巴比伦文明，古老的人类文明皆有对话协商的传统，在交流互鉴中不断焕发生机活力，特别是绵延至今的中华文明自古就以开放包容闻名于世。当前，人与人之间的行为联系、情感联系和思想联系日益加强，但同时人类前途命运也遭遇着前所未有的挑战和考验。因此，要摒弃零和思维，促进不同文明的互鉴包容。

从人类历史发展进程看，世界不同文明的融合互鉴、世界人民的交流交往越发频繁是总体趋势，但依然不可否认文明的冲突始终存在，其主要原因在于认识上的傲慢与偏见、实践上交流互鉴的缺失以及文明包容精神的匮乏。实际上，只要秉持包容精神，就不存在什么文明的冲突，就可以实现文明和谐共生。文明间的包容互通是文明交流互鉴的保障，其基础则在于人类发展追求共同的价值、秉持共同的愿望。

将中国式现代化道路置于人类文明的宏大视野，才能更加准确深刻地揭示其重大意义。从中国的现代化文明看，中国式现代化是中国共产党领导中国人民百年探索的标志性成果，形成了有别于苏联现代化和西方现代化的新的现代化模式。从社会主义文明看，中国式现代化符合科学社会主义的本质要求，为社会主义文明的兴盛注入了新的生命力。从世界人类文明看，中国式现代化符合和平、发展、公平、正义、民主、自由的全人类共同价值，给出了"世界怎么了，人类向何处去"的文明之解。中国式现代化符合生产力和生产关系、经济基础和上层建筑矛盾运动的规律，坚持规律性与多样性、普遍性与特殊性相统一的规律，遵循以实现人的现代化为中心全面发展的规律；符合从低级到高级，从落后到先进，从传统农业文明到工业文明再到信息文明，从"必然王国"到"自由王国"再到"自由人联合体"的人类社会发展规律；符合人类文明以多样化为发展动力、以交流互鉴为本质要求、以趋同为未来指向的文明发展逻辑。

第一节　文明的多样性、平等性与文明的道路

世界上有 200 多个国家和地区、2 500 多个民族和多种宗教，这些不同国家、地区和民族的人民基于不同的社会生产力水平、地理环境、历史背景等，共同构成一幅不同文明交流、互鉴、交融的画卷。

一、多样性是文明的基本特征

历史唯物主义认为，文明是人在特定社会历史条件下的实践产物。因此，人们基于不同的社会历史条件必将形成各具特色的多样文明，不同文明凝聚着不同民族的智慧和贡献，世界因此而更加绚丽多彩。

1. 文明多样性的理论审视

对于人类历史上曾经存在的文明总数，中外学者们基于不同的理论体系提出了不同的观点。奎格利（Carroll Quigley）列出了 16 种文明，他认为"其中两个存在于新大陆，三个存在于遥远的世界东部，一个在非洲，其他的在欧亚大陆的其他地方。只要仔细研究，就还有可能区分出另外八种文明"[1]；斯宾格勒认为"在 21 个诞生并继续发展的文明中，有 13 个已经消逝了"[2]；亨廷顿在前人研究的基

---

[1]　QUIGLEY C. The evolution of civilizations：an introduction to historical analysis. Indianapolis：Liberty Fund，1979：82.

[2]　TOYNBEE A J. A study of history. New York & London：Oxford University Press，1987：709.

础上，将世界文明划分为中华文明、日本文明、印度文明、伊斯兰文明、西方文明、东正教文明、拉美文明以及可能存在的非洲文明八个部分。当然，不论对人类文明做怎样的划分，人类文明始终是立体、多元、多样的。

西方理论家对于文明多样性有诸多论述。意大利历史学家维柯把文明社会的历史划分为三个时代：童年期的神学时代，接受宗教观念的统治；青年期的英雄时代，接受贵族的统治；成年期的凡人时代，进入民主共和国或保障资产阶级自由的代议制君主国家。德国思想家赫尔德用"诗的时代""散文时代""哲学时代"来说明人类文明从低级到高级的不同发展轨迹。黑格尔在其著作《历史哲学》中论述了文明多样性的思想，认为世界上的民族表现为多样性的存在，每一个民族都有自己特殊的民族精神，遵循着自身特殊的发展道路，因此表现出世界文明的多样性。黑格尔把东方世界、希腊世界、罗马世界和日耳曼世界的历史视为世界精神依次展现的四个不同历史阶段，由此也产生了四种不同历史形态的文明体系。

马克思的唯物史观依据从物质实践出发来解释观念的东西的基本原则，解开了人类文明多样性之谜。马克思认为，人类文明是实践的产物，相同的经济基础"可以由于无数不同的经验的情况，自然条件，种族关系，各种从外部发生作用的历史影响等等，而在现象上显示出无穷无尽的变异和彩色差异"①。首先，马克思阐明了人类文明多样性与统一性的辩证关系，指出："把所有的原始公社混为

---

① 马克思，恩格斯. 马克思恩格斯全集：第46卷. 2版. 北京：人民出版社，2003：894.

一谈是错误的；正像在地质的层系构造中一样，在历史的形态中，也有原生类型、次生类型、再次生类型等一系列的类型"①。各民族文明因为自身的历史环境和发展条件等不同而呈现出差异性和多样性是历史的必然。其次，不同民族应该选择自己独具个性的发展道路。马克思认为，人类文明表现为文明的系统，不同形态和不同时期的文明都表现为系统性的存在。马克思指出："日耳曼人的**农村公社**是从较古的类型的公社中产生出来的。在这里，它是自然发展的产物，而决不是从亚洲现成地输入的东西。在那里，在东印度也有这种农村公社，并且往往是古代形态的**最后阶段**或最后时期。"② 基于以上分析，马克思认为，由于不同文明都有自身存在的特殊生态环境，有着自己独特的内容和形式，因此都只能选择适合自己个性的发展道路。

习近平总书记多次强调多样性对于人类文明的重要意义，指出："尽管文明冲突、文明优越等论调不时沉渣泛起，但文明多样性是人类进步的不竭动力，不同文明交流互鉴是各国人民共同愿望。"③ "人类文明没有高低优劣之分，因为平等交流而变得丰富多彩，正所谓'五色交辉，相得益彰；八音合奏，终和且平'。"④ "我们要促进和而不同、兼收并蓄的文明交流。人类文明多样性赋予这个世界姹紫嫣红的色彩，多样带来交流，交流孕育融合，融合产生进步。"⑤ 正因

---

①　马克思，恩格斯．马克思恩格斯全集：第25卷．2版．北京：人民出版社，2001：467-468.

②　同①460.

③　习近平．习近平谈治国理政：第3卷．北京：外文出版社，2020：440-441.

④　习近平．习近平谈治国理政：第1卷．2版．北京：外文出版社，2018：314-315.

⑤　习近平．习近平谈治国理政：第2卷．北京：外文出版社，2017：524.

为文明是多样的，才有必要进行交流、互鉴，而唯有建立在平等的基础之上，文明之间的交流互鉴才有可能实现，多样、包容与和谐之间相辅相成、相互依赖。文明之间要"美人之美"，强调的正是包容之美，尊重和理解文明的差异与个性，才能顺利展开文明交流、促进文明互鉴；文明之间要"美美与共"，强调的是不同文明交流互鉴、共同繁荣的和谐之美；文明之间要"各美其美"，强调的正是文明的多样性，承认文明的多样性是发展好本民族文化、处理好民族之间文化的内在要求。

2. "单一文明论"及其缺陷

以亨廷顿为代表的西方学者站在西方文明视角对比审视其他文明，认为其他文明都在不同程度上存在缺陷，集中阐述了"单一文明论"观点。这种"单一文明论"表面存在"文明对立"与"文明统一"、"文明冲突"与"文明秩序"的矛盾，实际内蕴一以贯之的文明观，即不同文明的发展水平存在高低之别，高层次文明对低层次文明具有冲击、改造甚至征服作用。

亨廷顿认为："文化相似的民族和国家走到一起，文化不同的民族和国家则分道扬镳"，"文明间的断层线正在成为全球政治冲突的中心界线"①。在亨廷顿看来，文明是人的最高文化归属，以文明作为世界版图的构成实体。文明的核心是文化，文化形塑着文明的内部秩序和文明间的秩序，也即主体民族与少数民族、本地居民与移民的关系和国际关系。不同实体之间的文化差异是冲突的根源。他

---

① 亨廷顿. 文明的冲突与世界秩序的重建. 周琪，等译. 北京：新华出版社，1998：129.

还将文化界定为人们的语言、宗教信仰、社会和政治价值观、是非观念，以及反映出这些主观因素的客观体制及行为范式，文明的冲突自然也就通过这些方面具体地呈现出来。比如语言文化的冲突，美国的拉美裔移民坚持不讲英语被视作敌视美国主体文化的民族分离主义的表现。

此前，弗朗西斯·福山曾提出"历史终结论"，预言冷战的终结，认为未来人类社会必将统一于西方资本主义模式，终结于西方国家自由民主制。与亨廷顿同时期的另一位政治学家亨利·基辛格认为在全球外交事务中，各个区域各行其道——欧洲的均势秩序观、亚洲多样化文化起源下形成的不同秩序观，以及美国"代表全人类"的世界观等导致国际局势紧张、冲突不断，特别是中美两国在历史文化、政治制度以及价值理念上的重大差异给两国关系的处理带来了巨大挑战。基辛格指出，新的世界秩序亟待重塑，而新世界秩序的创建绝不是任何一国单枪匹马就能实现的，它需要一种全球性、结构性和法理性的文化，即超越任何一个地区或国家的视角和理想的秩序观。

习近平总书记指出："中华文明五千多年发展史充分说明，无论是物种、技术，还是资源、人群，甚至于思想、文化，都是在不断传播、交流、互动中得以发展、得以进步的。我们要用文明交流交融破解'文明冲突论'。"[①] 文明的差异不应该成为世界冲突的根源，而应该成为人类文明进步的动力。回顾人类历史，人类今天享有的

————————

① 习近平. 把中国文明历史研究引向深入 增强历史自觉坚定文化自信. 求是，2022（14）.

文明果实，是各种文明相互取长补短、交流互鉴的成果。强调文明的多样性，批驳和反对"单一文明论"，就要秉承多彩平等包容的文明观，站在思考整个人类命运前途的高度，反思西方话语主导下的文明观，把握人类文明发展的历史走向和未来趋势。

二、不同文明之间是平等的

不同文明之间只有特色之分，没有优劣之别，只有坚持文明的平等观，才能领略不同文明的魅力与真谛。正如一切生命机体都需要保持新陈代谢一样，人类文明唯有坚持开放包容，才能始终保持生机活力，自我闭塞只会走向衰落。文明的平等性不仅是在微观上确保不同文明交流互鉴、博采众长的前提性和基础性问题，也是在宏观上确立正确文明观、促进人类文明整体进步和发展的根本性问题。

1. 文明平等的历史表现

所谓高低优劣，需在同等的尺度和标准下评判。从文明的起源来看，发端于两河流域、尼罗河流域、印度河流域以及黄河长江流域的世界四大古代文明各有其特点，自成体系。底格里斯河和幼发拉底河流域被认为是人类文明的摇篮，发端于此的美索不达米亚文明为世界发明了古老的文字（楔形文字）、建造了世界上早期的城市、编制了古老的法律、发明了制陶器的陶轮等等。发源于尼罗河流域的古埃及文明形成了一套完整的文字系统、政治体系和制度，以及多神信仰的宗教系统，为人类奉献了诗歌、雕塑、绘画等精美绝伦的艺术。孕育于印度河流域的古印度文明在宗教、文学、哲学、自然科学等各方面对人类文明做出了独创性的杰出贡献。滥觞于黄河长江流域的中华文明源远流长、博大精深，是人类历史上唯一没有断流、传承至今的文明。由此可见，古代四大文明辉煌灿烂，在文字符号、生活用具、宗教信仰等方面均有各自的独特性，不存在评判高低优劣的统一尺度和标准。

从历史上看，过分强调文明的高低优劣的行为曾对人类社会产生了极为消极的影响。在第一次世界大战后兴起的纳粹主义是人类历史上以所谓的"优等"打压"劣等"的典型案例。萌芽于德国的纳粹主义首先把矛头指向犹太人，在纳粹主义者看来，日耳曼人是主宰权力的民族，而犹太人是被主宰的所谓"劣等民族"，应当被淘汰并最终灭绝。纳粹主义者除了在国内反对和排斥犹太人，在国际事务上还主张弱肉强食、优胜劣汰的自然法则，认为各民族必须在激烈的生存竞争中求胜。在纳粹主义的影响之下，世界局势动荡不安，战争和灾难频发，全世界人民深受其害。

综上，尊重并平等地对待世界不同文明是科学处理文明关系的最基本要求，缺乏文明平等精神不仅不利于促进文明间的交流互鉴，甚至还可能引发社会动荡，对人类的和平与发展构成巨大挑战。

2. 批驳和反对文化霸权主义

文化霸权主义当前主要指资产阶级掌握西方社会的文化领导权，西方的思想、文化、意识形态企图在全世界占据霸权地位。在本质上，文化霸权主义是以文化形态存在并侵蚀现代社会一切领域的权力。

文化霸权概念产生之初，并不具备普遍意义上的"霸权"内涵，而是具有中性色彩的学术概念。葛兰西首次明确提出文化霸权理论。

所谓文化霸权，实质是市民社会作为一切"私人的组织的总和"需要掌握一种"智识与道德的领导权"①，这种文化霸权具有自愿性，与其他建立支配与统治关系的强制性霸权具有本质区别。因此，葛兰西强调要通过传播意识形态、思维框架、行为准则、价值理念等取得人民群众的自愿认同，并确立文化统治地位的合法性。

葛兰西的文化霸权理论探讨国内统治阶级与被统治阶级关于文化领导权的权力斗争，萨义德的东方主义则延续探讨西方与东方关于国际文化与意识形态领导权的权力斗争。这是文化霸权的权力逻辑在不同文化关系上的延伸，也是对国际政治实践的准确概括。萨义德在《东方学》中展示文化与帝国主义的共谋关系，揭露西方建构的"东方学"是基于所谓"自愿""认同"的文化霸权。萨义德指出，从殖民时代到全球化时代，西方一直在经济、政治、文化各领域通过渗透传播其文化传统、意识形态、价值原则，对非西方国家实行文化霸权战略。

文化霸权实践则是指一国通过文化扩张甚至文化殖民的方式，以软硬兼施的手段将其价值观念传播或强加给其他国家，从而影响、改变其他国家的价值观念、思维方式、行为规范、发展模式乃至社会制度，实现对该国的控制和征服。本质上，这种文化霸权是粉饰并建立资本霸权的手段和工具，协助资本实现将全世界纳入自身运作轨道之内的企图，因而承袭了资本扩张的无限性和贪婪性。可见文化霸权从学术理论转向政治主张、从国内阶级问题变为国际关系

① 葛兰西. 狱中札记. 曹雷雨，姜丽，张跣，译. 北京：中国社会科学出版社，2000：38.

问题的过程，也是其内核发生异化的过程。

基于硬实力的膨胀、攫取资源的利益需求、根深蒂固的西方中心主义等因素，以美国为首的西方国家企图按照自己国家的模板塑造其他民族和国家。美国将西方价值包装成所谓"普世价值"，将资本主义文明形态伪装成文明的"统一形式"。一方面，通过军事干预、政治打压、经济控制、技术垄断等"硬"方式，将资本主义社会制度、现代化发展模式强加于其他国家和民族；另一方面，通过经济合作、文化交流、传媒传播等"软"方式，推销、输出西方价值观念、意识形态和文化意识，潜移默化地改变其他国家人民的思维方式和行动方向，甚至动摇其所在国政府的合法性根基，达到颠覆政权、扶植能为美国资本扩张开辟道路的政治势力上台的目的。

三、道路成败决定文明兴衰

文明与道路相关，道路承载着文明，决定着文明兴衰。唯物史观认为，人类文明的产生、发展、衰落与消亡，根源于生产力与生产关系的矛盾运动。文明伴随实践的发展而发展，其作为人类改造自然的现实呈现方式，本质上体现着人类社会生产力的提升。在前资本主义时代，人们对文明的理解局限于空泛静态的概念，将其视为"野蛮"的对应物。马克思从"全部社会生活在本质上是**实践的**"[①] 这一哲学前提出发，以人类社会三形态论阐述了文明社会的变迁历程，凸显了道路在文明进程中的重要意义。在人类现代化进程

---

① 马克思，恩格斯.马克思恩格斯文集：第1卷.北京：人民出版社，2009：501.

中，资本主义文明与社会主义文明作为大工业发展的历史产物，显示了特定阶段人类生产力发展水平，代表了不同文明价值诉求与发展逻辑，彰显了人类文明的渐进性与多样性。

1. 苏联社会主义文明之路及其局限性

社会主义文明是人类步入共产主义、实现人的自由全面发展的一个重要历史阶段，社会主义文明的历史兴衰反映了人类对美好生活的不懈探索，凸显了道路选择在人类文明发展进程中的重要意义。早期空想社会主义者意识到以私有制为基础的资本主义文明的弊端，从社会制度、政治制度与道德观念等方面对资本主义文明做出了尖锐批判，初步构想了社会主义文明的美好未来。俄国十月革命开创了人类文明发展新进程，使社会主义文明由理想变为现实，实现了科学社会主义、民族文化传统与人类现代文明的有机统一，开创了经济文化相对落后国家文明发展的崭新道路。作为 20 世纪崛起于世界的超级大国，苏联的出现曾深刻影响了国际政治格局及世界历史发展。由列宁、斯大林等苏联领导人开辟的社会主义文明道路遵循了马克思主义政治经济学的客观规律，印证了马克思关于东方落后国家可以跨越"卡夫丁峡谷"的理论设想，昭示了人类文明道路的特殊性与多样性，撼动了西方资本主义文明，并促成了 20 世纪两种制度文明分庭抗礼的均势局面，为广大第三世界国家寻求民族自强道路提供了重要启示。然而，自二战结束后苏联跻身世界强国之列起，其崛起之路仅 40 余年便宣告终结，由其开创的社会主义文明遭遇了较大挫折。

社会主义文明的挫折缘于苏联道路的失败。其固有的国家包办一切、忽视民众权益的弊端，昭示着"苏联模式"无法推动俄罗斯民族实现现代化转型及"国家重塑"，也无法成为指引人类文明发展的灯塔。苏联在其发展及国际斗争中形成的以资本主义总危机论、世界革命论及"有限主权论"等为核心的对外战略，促使其在与美国争霸态势下实施战略扩张，缺乏对不同文明的尊重与包容，致使自身最终走向解体。

苏联解体并不意味着马克思主义与社会主义文明的失败。苏联解体的原因在于指导方针与现实实践中对马克思主义与科学社会主义的偏离，忽视了马克思关于人类文明发展与世界历史进程的理论警示，未能深刻意识到大工业在创造世界历史的进程中，早已将世界各国人民联系起来，"使各文明国家里发生的一切必然影响到其余各国"①。

2. 资本主义文明形态的兴起及文明论缺憾

资本主义文明是资本主义大工业生产方式的产物，是资产阶级挣脱封建主义束缚、争取本阶级自由发展的必然结果，它在特定历史阶段代表了人类文明发展的方向，但其内在生产方式自反性也决定了资本主义文明终将在生产力的发展中走向消亡。

一方面，资本主义道路开创了现代文明进程，工业文明在极大释放社会生产力的同时，也加强了不同文明之间的交流互动，一定程度上推进了人类的自由解放进程，为人类文明发展做出了历史性贡献。马克思认为，大工业"首次开创了世界历史"，在消灭各个国

---

① 马克思，恩格斯 . 马克思恩格斯选集：第1卷 . 3版 . 北京：人民出版社，2012：299.

家封闭自守的基础上，加强了不同国家与地区之间人们的交流，促使人类历史由区域史步入世界史、全球史，落后国家与地区也被迫卷入资本主义文明浪潮中，人类进入全球化时代。

全球化不仅促进了各地区商品、资本、技术与劳务等物质文明的交流，还使不同制度国家在搁置意识形态争议下共同探讨全人类发展的重大课题，确立了以"自由、平等、博爱"为核心的人本主义的新观念，从而加快了人类文明发展进程。世界现代化的过程及现代文明的发展，正是在资本的文明化和野蛮化两种内在趋势的相互交织与消长中进行的。马克思和恩格斯肯定了资本主义是人类社会文明进步的产物，强调要用资本主义的发展和传播来改变传统的、落后的和停滞的亚细亚生产方式。在马克思看来，"只有资本才创造出资产阶级社会，并创造出社会成员对自然界和社会联系本身的普遍占有。由此产生了资本的伟大的文明作用"①。资本主义生产方式适应了生产力的需要，促进了生产力的发展，它使生产工具、生产方式乃至全部社会关系实现了历史性变革，促进了纺织工业、冶金工业、煤炭工业、交通运输业和机器制造业的飞跃发展，改变了人对自然的依赖关系，提高了人类驾驭和改造自然的生产力，使资产阶级在其不到 100 年的统治中创造了比过去一切时代还要多的社会生产力。资本主义生产力的发展促使资本主义民主战胜了封建专制，确立了社会生产、生活的科学意识和规范规则，顺应了现代文明发展的趋势。

---

① 马克思，恩格斯. 马克思恩格斯文集：第 8 卷. 北京：人民出版社，2009：90.

另一方面，资本主义文明以私有制为基础，资本主义道路是资产阶级在资本逻辑主导下、在血与火的对外扩张和掠夺的基础上建立的，其固有的"现代生产力反抗生产关系"的弊端决定了资本主义文明的历史局限性。无论资本主义在其成长早期曾对人类现代文明发展做出了多大贡献，形成于大工业及世界市场时代的现代资产阶级及其"现代的国家政权"，都只是"管理整个资产阶级的共同事务的委员会"①，无法成为代表和维护人民利益的权力机关。马克思曾将人类社会发展划分为三个阶段，认为奴隶制、封建制和资本主义是"文明时代的三大时期所特有的三大奴役形式"②，指出共产主义高级阶段是"建立在个人全面发展和他们共同的、社会的生产能力成为从属于他们的社会财富这一基础上的自由个性"③，而资本主义阶段则表现为以物的依赖性为基础的人的独立性。资本主义文明异化了人类生产劳动的崇高目的性，生产只是为了追求剩余价值而不再是为了满足人的需要，造成奴役人的反文明后果。

资本主义制度下生产力的高速发展并未普遍惠及广大民众，其在促使资产阶级普遍富裕的同时导致了广大民众的极端贫困。美国政府一贯高呼贸易自由，却在近年提出"美国优先"政策，强调美国的民族主义与不干涉主义，在国内废除了旨在惠及全美人民的社保项目，对外则制定《通胀削减法案》，不惜损害美国民众及

---

① 马克思，恩格斯.马克思恩格斯选集：第1卷.3版.北京：人民出版社，2012：402.
② 马克思，恩格斯.马克思恩格斯全集：第28卷.2版.北京：人民出版社，2018：204.
③ 马克思，恩格斯.马克思恩格斯文集：第8卷.北京：人民出版社，2009：52.

其盟友的利益。美国民主党和共和党两党通过在民众中制造群体分化并激化矛盾，以及两党相互攻伐，来掩饰其为大资产阶级利益代理人的真相，致使美国政府深陷"塔西佗陷阱"而难以取信于民，暴露了美国大资产阶级的虚伪本性与美式资本主义文明的虚假性和脆弱性。此外，资本主义文明在广大欠发达地区同样面临难以为继的发展危机，资本主义文明不仅未能有效推进落后国家的现代化进程，反使后者吞下资本主义发展招致的一切恶果。因帝国主义抑制了落后国家本土资产阶级的实体化，所以极大阻碍了落后国家的现代化进程。其在俄罗斯及东欧等国转型过程中破坏了社会生产力，增加了社会失业，并促使旧的中央行政管理人员通过自发私有化转变为新的资产阶级，进一步加剧了社会收入不公，导致这些国家普遍陷入转型危机。因此，有学者将"转型时期的东欧各国描述为'没有资本家的资本主义'，而将俄罗斯的新晋资产阶级称为'没有资本主义的资本家'"①。欠发达地区对资本主义文明不加甄别的移植带来了各种灾难性后果，东南亚的菲律宾及马来西亚等国陷入"中等收入陷阱"而发展乏力，而墨西哥、阿根廷及巴西等拉丁美洲国家则长期处于政权更迭、政局动荡的困境之中。这一切均表明资本主义文明作为人类历史发展的阶段性现象，在根本上代表了西方大资产阶级的利益诉求与"文明"愿景，既非落后国家走向文明的灵丹妙药，也非发达国家人民的美好图景，更非人类文明与历史发展的终极方向。

---

① MARANGOS J. A Marxist political economy retort to the "after the Washington Consensus". Review of political economy, 2023 (1).

第二节　文明的交流互鉴与相互包容

有研究者指出："回到几万年前，人类还生活在孤立的狩猎采集群体中，全然不知地球上还有其他人类群体在寻猎游荡的时候，其实就已经生活在一张庞大的联系网中。今天我们所处的全球化体系，不过是人类在过去四万甚至六万年间不断推进的主题上开启的又一个篇章。"① 研究文明交流互鉴的历史，必须以马克思主义的交往史观为指导，注重对历史现象进行具体分析，并得出可信的结论。人类文明的历史就是交流互鉴与相互包容的历史，不同文明在交流互鉴中不断焕发新的生命力。文明交往的意义，不仅在于交往的内容和形式由低级到高级演进、由野蛮状态向文明化上升，而且也使历史交往由地域、民族的交往，走向世界性的普遍交往。

一、各大古老文明都有对话协商的传统

马克思和恩格斯在《德意志意识形态》中指出："某一个地域创造出来的生产力，特别是发明，在往后的发展中是否会失传，完全取决于交往扩展的情况。……只有当交往成为世界交往并且以大工业为基础的时候，只有当一切民族都卷入竞争斗争的时候，保持已创造出来的生产力才有了保障。"② 纵观人类文明史可以发现，文明

---

① 安萨利. 人类文明史. 蒋林，译. 北京：中国人民大学出版社，2021：2.
② 马克思，恩格斯. 马克思恩格斯选集：第1卷. 3版. 北京：人民出版社，2012：187-188.

交往对社会进步具有重要作用，不同文明之间的交流与融合，构成了文明史绚丽的篇章。

作为美索不达米亚文明发祥地的美索不达米亚，自古就是人类文明交流碰撞的汇聚地。频繁的对外文明交流是美索不达米亚文明繁荣兴盛的重要原因，也使其成为人类文明的摇篮，深刻影响了北非及西方世界文明的发展。埃及文明早期阶梯式的金字塔源自苏美尔的建筑设计灵感，其象形文字模仿了苏美尔楔形文字的书写方式。西方文明的起源古希腊，则从巴比伦、腓尼基、波斯及犹太等文明中汲取养分，而巴比伦的法典、腓尼基的字母文字及波斯的行省制度等文明元素在古希腊罗马文明的形成中发挥了重要作用。古代西亚作为东西方交通枢纽，是联结不同文明的中介，不仅促进了亚洲文明的繁荣发展，也对人类文明的成长与进步做出了巨大贡献。正如英国著名亚述学专家斯蒂芬妮·达利所述："虽然自豪的巴比伦和强大的尼尼微的引人注目的光辉可能已消失在视线之外，但依然存在的尘封的土堆继续保持着与有记载的历史开端之间的联系。所以，它们的遗产是不容置疑的；它们的名声是不可磨灭的，会永久流传，熠熠生辉。"①

古埃及文明的高度发展亦得益于对域外文明的学习借鉴。作为四大文明古国之一，古埃及曾产生了高度发展的宗教，发达的医学、天文学和工程学知识。古埃及文明自创造之初就不断同域外交流、接触，同中华文明一样，古埃及文明在历史长河中独特而灿烂、兼

---

① 达利，等.美索不达米亚的遗产.左连凯，译.桂林：广西师范大学出版社，2022：391.

容且并蓄，对环地中海地区文明的发展产生了重要影响。"现在所称的'希腊奇迹'是几千年来非洲黑人在艺术和科学领域所做的工作"，且"希腊人正是在凯梅特文明中汲取了其所有能想到的知识领域的教育"。①"科学史之父"乔治·萨顿也指出，希腊科学的基础完全是东方的，古埃及文明和美索不达米亚文明为希腊科学的发展奠定了重要基础，博大精深的埃及文明元素以多种形式存活于其他文明形态中，通过深刻影响以希腊为主的地中海世界其他文明，对西方文明乃至世界文明产生了深远影响。古埃及的象形文字和苏美尔文字影响了腓尼基文字的形成，由其演化而成的阿拉米亚字母和希腊字母，是今日中东乃至西方字母的渊源。而在宗教方面，其与周边文明的交往则可从古希腊历史学家希罗多德的著述中得以窥见："几乎所有神的名字都是从埃及传入希腊的……他们完全起源于异邦人那里……较大一部分则是起源于埃及的。"② 除与希腊等环地中海文明存在广泛交流外，古埃及也与东方阿拉伯世界频繁开展文明交流，并曾长期作为古代伊斯兰世界体系最重要的组成部分而存在。

印度河流域文明是世界史上最古老的文明之一，其对外贸易的历史可追溯至公元前 2000 年左右，彼时，人们已与远在千里之外的两河流域存在贸易往来。印度河流域文明权威研究者约翰·休伯特·马歇尔（John Hubert Marshall）指出，印度河流域的艺术具有本地文明的独特个性，但其宗教却与其他国家宗教具有较多相似性，这从侧面印证了印度河流域的文明与波斯、美索不达米亚、埃及

①　KHPERA S. Ancient Egypt：Africa's stolen legacy. New African，2000（10）.

②　希罗多德．历史：下册．王以铸，译．北京：商务印书馆，1985：35.

（当时和这些国家维持着贸易关系）等姊妹文明是有联系且互通有无的。此外，印度人也与斯里兰卡、缅甸、埃及及中国等地开展贸易往来。除商业贸易外，兴起于印度的佛教广泛传播并流行于中亚、中国、朝鲜、斯里兰卡及东南亚等地，在不断丰富本国宗教哲学的同时深刻形塑了世界宗教文化。悠久的对外交流史及强大的文化包容性造就了繁荣多元的印度文明，使印度获得了人种博物馆、语言博物馆和宗教博物馆的称谓。不同肤色种族、多样语言文化及多元宗教信仰是印度文明兼容并蓄的生动体现。

古希腊文明的兴起与繁荣绝佳地印证了汤因比有关文明"挑战—应战"的理论。为应对生存危机，古希腊先民较早将视野投向宽阔的海洋世界，主动开展对外交往以实现互通有无，较早连接了爱琴海诸岛并较早同西亚地区开展交流，创造了璀璨的海洋文明。"城邦"是古希腊人独特的历史创造，也是古希腊文明的标志性成果。在城邦时代，城市国家取代血缘部落，经济社会日益发展，民主政治及公共空间出现，而完整拼音文字系统的出现、奥林匹斯神系的确立及哲学戏剧的兴盛则昭示着古希腊思想文化的高度发展，经济文化的繁荣进一步促进了对外贸易的发展。公元前 8 世纪至公元前 6 世纪，希腊地区兴起了著名的"大殖民运动"。40 多个城邦在其殖民据点建立了 130 多座新的城邦，并与叙利亚、埃及、意大利、法兰西及西班牙等广阔地区存在密切交往。而公元前 323 年亚历山大东征后的 300 年中，希腊与波斯、埃及、犹太及印度等亚非文明经历了前所未有的交流与碰撞，"其结果不仅是东方文明的'希腊化'，西方文明也同时在'东方化'的进程中丰富着内涵，最终，东西方的互动创生出一种具有世界主义气质的新的文化模式"①。习近平总书记高度赞赏希腊文明，重视中希文明交流在化解当今人类面临的突出矛盾和问题中的意义，强调"中希文明蕴含的价值观、世界观、宇宙观、人生观、科学观、文化观等博大精深、历久弥新，一定能够为人类破解时代难题、推动构建人类命运共同体提供重要的精神指引"②。

中华文明绵延五千多年，从两汉之际的佛教东传、"伊儒会通"到丝绸之路的开辟及明代郑和七下西洋，及至近代文明"西学东渐"和马克思主义中国化，一直到改革开放以来全方位与世界多元文明交流对话，中华文明之所以在数千年内保持生生不息，得益于坚持推动不同文明间的交流学习。习近平总书记指出："古丝绸之路凝聚了先辈们对美好生活的追求，促进了亚欧大陆各国互联互通，推动了东西方文明交流互鉴，为人类文明发展进步作出了重大贡献。"③中华文化自古崇尚和平包容、注重交往，尊崇"万物并育而不相害"，相信"乾坤无地不包容"，表现出对不同文明差异的宽容心态。中国人民与世界人民的文明交流根植于历史，但更加面向未来。这种从历史中汲取的智慧通过中外交流带来了物质上的富足和经济利益的扩大，进一步巩固着全球人民的友好交往，而中国文化和科技的精华，特别是四大发明传入西方世界后，极大地改变了世界历史的发展进程，推动世界人民的交往进入了全球化时代。新时代，中国不

① 王晋新. 动荡变换 成就斐然：西欧文明之路. 北京：人民出版社，2011：55.
② 习近平复信希腊学者. 人民日报，2023-02-21.
③ 习近平. 习近平谈"一带一路". 北京：中央文献出版社，2018：193.

断加强同世界各国的交流，在教育、文化、体育、卫生等领域搭建众多合作平台，助力全球减贫事业等都是延续历史上中国人民友好对待世界人民，以心交心，以情换情，推动文明交流互鉴的真实写照。

二、中华文明在交流互鉴中焕发新的生命力

中华文明的基本特征是非无神论的世俗性，既没有"一神教"文明那种强烈的排他性，也没有西方的种族主义观念。因此，中华文明对各种外部文明都表现出罕见的包容态度。《尚书·禹贡》记载，大禹分天下为九州，又将东至海、西至流沙的广大地区分为甸、侯、绥、要、荒"五服"，形成包含"九州""五服"广袤土地的"天下一体"。而《礼记》中的"圣人耐以天下为一家"和《论语》中强调的"四海之内皆兄弟也"都在增强中华民族认同感和凝聚力的同时，不断将中华文明推向博大包容的精神境界。中华文明探源工程表明，开放包容、交流互鉴是文明发展的动力，中华文明一直积极吸收借鉴其他文明的成果并发展创新。其实在史前时期，交流就已经普遍存在，持续的跨区域、跨族群的交流，记录了文化互鉴的历程，促进了文明的发展。

开放包容、兼容并蓄始终是镌刻在中华民族血脉中的精神基因。先秦时期是中华文明对外交流的发端时期，受地理条件和生产力水平所限，文明之间的交流交往主要局限于中原及周边地区。到了秦汉时期，随着中央集权制度的正式确立、对外交通线路的畅通，中华文明的对外交流进入初步发展阶段，特别是张骞通西域后，陆海

两条丝绸之路的开辟，直接促进了中华文明与印度文明、阿拉伯文明、波斯文明等沿线文明的联通。隋唐时期，国家统一、经济繁荣，丝绸之路再次贯通，线路纵横交错。隋唐与中亚的萨珊王朝、与南亚一直保持着友好关系，唐朝强盛时期，近 400 个"四蕃之国"与唐王朝保持外交使节往来。在域外文化与中原文化的相互交融碰撞之下，开放、包容、绚丽的唐文化应运而生。

宋元两代亦是古代中国文明交流史上的繁荣时期。中国古代文化至宋代已达兴盛与成熟阶段，生产方式的改进与商品经济的发展使宋代物质生产水平、社会制度、科技发明与思想文化水平均居世界前列。频繁的对外交流在提高宋代文明程度的同时，促进了世界文明发展进程，活字印刷术的传播推动了亚洲文化的繁荣，造船技术的改进推动了海上丝绸之路的兴盛，而指南针、火药的使用与西传则在摧毁西欧封建主义的同时，加速了西欧现代文明的进程。宋代官方贸易与民间商业贸易活动在规模与频次上均达到了较高水平，东南沿海出现多个贸易中心并显示了较高的商业文明水平。宋朝先后在广州、杭州、泉州等地设立市舶司专门管理海外贸易，并在京城设置多个外交接待驿馆作为接待外国使节的场所。"北宋与高丽之间商业贸易活动居各国之首位，在北宋 168 年间，就有 103 批 3 169 名商人前往高丽从事贸易活动。"① 泉州在南宋晚期一跃成为世界第一大港和海上丝绸之路的起点，彰显了宋代较高的文明开放性与包容性。元代建立了地跨欧亚、规模空前的庞大帝国，其陆路可直抵

① 杨昭全. 中朝关系史论文集. 北京：世界知识出版社，1988：59.

俄罗斯与东欧，直达中亚与非洲，海路远至阿拉伯、印度及波斯等地，中世纪世界首次出现了广阔疆域内多民族交融的辉煌景象。横跨欧亚帝国的建立使元朝统治者具有较强的世界观念与开放心态，确立了积极开放、"四海为家"的对外方针，帝国境内及周边交流达到新的高度，"丝绸之路"辉煌景象重现，人类文化交流出现空前繁荣局面。

明清时期，纵使封建专制王朝已因腐朽没落而采取保守被动政策，其对外文明交流依然取得重大成就，其中以郑和下西洋为其突出典范。明朝时，郑和先后七次出海远航，历三十余国，凭借先进文明与强大实力将中华文明远播海外，为维护东南亚诸国局势与亚洲和平做出了重要贡献。除了政治上的中西互通，民间诸如中国的瓷器、茶叶等与西方的宝石、骆驼等之间的交换互通也十分繁荣。及至清朝海禁政策开始实行，广州十三行扮演了沟通中外联系的桥梁角色。在"一口通商"时期，"十三行"被称为"天子南库"，其口岸各类洋船聚集，亚洲、欧洲与美洲主要国家与地区间商人络绎不绝，闽南商人、两淮盐商及山陕商人往来于此，客货云集，成为末代封建王朝对外文明交流的一抹亮丽余晖。在文化交流方面，西方传教士来华传教并传播西方科学技术知识，利玛窦、汤若望、南怀仁等均获得皇室信任并担任重要职务。西洋画师郎世宁更因其高超画技而成为乾隆皇帝御用画师，其将西方画技融入东方美学的绘画手法对世界艺术交流贡献巨大，为推动文明交融共鉴、文艺繁荣发展做出了重要贡献。

近代以来，西方思想的传入对中华文明的发展和走向产生了重要影响，中华文明始终秉承包容会通的精神，在充分汲取西方文明成果的基础上焕发出新的生机活力。鸦片战争后，在列强政治、经济以及军事等方面的多重打击下，以林则徐为代表的先进之士迈出向西方学习的第一步。洋务运动中，从设立京师同文馆，大量引进西方教育制度和教学内容，到陆续派遣使者出访、游历欧美，再到大量译介西方书籍，中国掀起向西方学习的热潮。

戊戌变法和辛亥革命时期，西方资产阶级的进化论、议会制度、天赋人权、共和国方案等相继传入中国。新文化运动兴起后，陈独秀、钱玄同、鲁迅等积极宣扬西方资产阶级民主自由、个性解放等思想，杨铨、胡适等大力推介西方最新科学知识，致力于发展近代中国科学事业，改变旧中国愚昧落后的状况。五四运动以后，学会林立，社团风起，民主主义、人文主义、实用主义、生命哲学等西方思潮纷纷涌向中国。俄国十月革命以后，马克思主义传入中国，中国共产党人一方面学习马克思主义的思想精髓，另一方面紧密结合中国具体的现实国情推进马克思主义中国化。综上可见，近代以来，从器物到制度，由表层到深入，中华文明对待外来文明始终保持着海纳百川、有容乃大的精神态度。

进入新时代，中华文明与外部文明的交往中遵循的"己所不欲，勿施于人"和"求同存异"的基本思路构成了中国外交活动的底色。我国从自身的文明现状、复兴诉求以及世界情怀出发，同各国一道，在科技、教育、文化、卫生健康、体育等诸多领域搭建了众多交流合作的平台，为推动文明交流互鉴创造了有利条件，不仅积极学习西方先进文明成果，同时还大力推进中华优秀传统文化创造性转化、创新性发展，主动向世界传递中国声音、讲好中国故事、立好中国形象。

三、在全球化进程中促进不同文明的相互包容

在全球化交往的时代，人类正突破传统交往的限制，迈向更为广阔的生存发展空间，同时也面临着发展与变革、竞争与合作、冲突与融合交织并存的局面。俄乌冲突的持续演进更是表明当今世界局势愈发紧张，国际格局面临深度调整。当前全球化进程不断加快，各种保护主义、单边主义的抬头进一步增大了经济复苏的阻力，世界人民日益命运相连的同时，人类前途命运也遭遇了前所未有的挑战和考验。

全球化进程中世界人民命运相连的潮流趋势可以从行为相连、情感相连和思想相连三个维度去理解。在行为上，随着生产力的发展，地理大发现带来经济贸易的繁荣，世界范围内的人民交往普遍发展，任何一个民族的生产和生活都只能在各方面的相互依存中得以维系，原有地方的和民族的自给自足和闭关自守都会被打破。历史唯物主义认为，资本主义历史时代的形成和发展，开启了历史向世界历史转变的历程。各个国家、民族在其自身发展中不可避免地要联结成一个整体。"各个相互影响的活动范围在这个发展进程中越是扩大，各民族的原始封闭状态由于日益完善的生产方式、交往以及因交往而自然形成的不同民族之间的分工消灭得越是彻底，历史也就越是成为世界历史。"① 个体交往向世界交往的发展成为民族历

---

① 马克思，恩格斯．马克思恩格斯选集：第1卷．3版．北京：人民出版社，2012：168.

史向世界历史转变的契机。情感是构成认同的基础，共同的情感维系是走向共同发展的基石。人类追求美好生活的情感是相通的，而且这种情感追求是可以相互理解的。世界人民拥有共同的愿望，即希望世界是和平友好、合作共赢的，人民都渴望过上和平、幸福、安宁、富裕的生活，这就是中国人民与世界人民的共同心声。以互联互通为特征的"一带一路"建设等实实在在的合作成果，物质上的共享与繁荣，连接了共同富裕，也连接了情感沟通。世界历史是由世界人民共同谱写创造的历史，世界人民应当携手同行，互信互爱。思想上的认同是最深沉、最持久的认同。积极的情感连接能够深化世界人民的思想认识，促使世界人民追求共同的理念价值。资本主义制度的性质决定了它所创造的世界交往的历史是充满血泪的历史。全球化进程不应该只有西方中心主义话语体系主导的一种模式，西方殖民主义式的文化输出和强权政治应该被世界人民更清醒地认知。

因此，促进不同文明的互鉴包容，需要摒弃各国人民的零和思维，倡导集体负责、共同参与全球治理，主张避免阵营对抗，走向融合共生，抵制单边主义，建设多边合作。世界人民日益命运相连的今天，任何国家都无法独善其身，仅凭一国人民的力量也无法解决世界面临的难题。一个分裂的世界无法应对全人类的发展挑战，对抗排斥会把世界前途引入死胡同。唯有促进不同文明和谐共生，实现优势互补、互利共赢，携手应对全球发展的挑战，才能不断朝着人类命运共同体的方向迈进。利益交融、命运与共，合作共赢是大势所趋，文明多样激发发展动力，民心相通奠基繁荣安全。这个世界完全容得下不同文明的共同进步和发展，美好未来更加需要各国人民心意相通携手努力。任何时候风险挑战都是全球共同承担的，没有哪个国家可以独善其身，因此必须增进政治互信、经济互利、人文互通、多边互助，促进各国实现联动增长，走向共同繁荣。

第三节　交流互鉴、对话协商是消解
文明冲突的必要条件

在过去的数千年时间里，世界人民的交往越发频繁，但这个融合过程却从来不是一帆风顺的。文明之间的冲突一直存在，而解决之道就是交流互鉴、对话协商。

一、文明冲突的表现

从世界古代史来看，希波战争和亚历山大东征是不同区域的文明相互冲突的典型历史事件。希波战争不仅是东方波斯帝国与希腊城邦之间不同国度的一次碰撞，更是早期人类不同文明的一次碰撞。在经历了希波战争以后，世界文明发展格局逐渐呈现出各种文明并立共存态势，并且延续至今。亚历山大东征是历史上的一次掠夺性战争，不仅给当地人民带来深重的灾难，对亚洲文明也造成了一些破坏，但在一定意义上也是人类不同文明在历史上的一次大规模的冲撞和交融。

近代以来，人类不同文明之间时常相互碰撞、冲突、竞争。从

两次鸦片战争到中法战争，再到甲午中日战争、八国联军侵华战争等，冲突一直存在。当然，在异质文明激烈的冲突之下也有交流和互融，但总体上呈现为冲突与交流相互交织的态势。

时至今日，多元文明既有融合也有冲突，文明的冲突不可谓不激烈。文明的冲突带来的不仅有宗教语言、思想观念等文化方面的冲突，还有政治、军事、经济、科技等各方面的矛盾与冲突。导致文明冲突的原因包括以下几个方面：一是认识上的傲慢与偏见。戴着有色眼镜审视文明，就会把不同文明之间的差异及不同文明构成的多样性看成文明的高低、贵贱、优劣，人为制造出文明的冲突。二是实践上交流互鉴的缺失。不同历史国情、民族习俗孕育了不同的文化。如果缺乏文明之间的交流互鉴，就会缺乏对不同文明的了解以及对其价值的独特感悟，从而在一定程度上将文明的多样性和差异性转化为文明之间的冲突。三是文明包容精神的匮乏。缺乏包容精神就不能平等地看待其他文明，就可能导致唯我独尊、唯我至上，以我为尺度、以我为标杆评判和裁剪其他文明，进而贬损其他文明，导致文明的冲突。

文明的冲突还会带来意识形态的偏见。西方国家对社会主义国家的意识形态偏见有着深刻的历史和现实原因。从历史上看，对社会主义国家的意识形态偏见来源于冷战思维。以美国为首的西方国家将社会主义"污名化"，特别是习惯于攻击社会主义国家的政治制度，将苏联等社会主义国家诬蔑为"极权主义国家"和自由民主的"敌人"。冷战初期，美国就试图通过向全世界移植它的价值观来维护自身的意识形态安全。整个冷战时期意识形态与核武器一样，都是东西方两大阵营进行对抗的主要武器。

此后，2010年，白宫发布《美国国家安全战略报告》，明确将"在国内和全世界尊重普世价值"作为维护美国持久利益策略中的一项，并强调美国将致力于在世界范围内推广所谓"普世价值"。这种对所谓"普世价值"的推广实际上就是在进行价值观的输出，也是文化霸权主义的主要表现形式之一。

二、秉持包容精神，实现文明和谐共生

不同文明之间包容互通是文明交流互鉴的保障。总的来看，文明交往的和平形式占据主导地位，不论是商业贸易还是文化交往，都为不同文明之间的和谐共生创造了条件。

抗日战争时期，埃德加·斯诺的《红星照耀中国》记录了他自1936年6月至10月在中国西北革命根据地进行实地采访的所见所闻，从多个方面展示中国。习近平总书记曾经讲述过抗日战场上的"外国八路"的故事，他提到了美国"飞虎队"冒险开辟驼峰航线、加拿大医生白求恩和印度医生柯棣华不远万里来华救死扶伤，以及德国的拉贝、丹麦的辛德贝格在南京大屠杀中千方百计保护中国难民的事迹。"外国八路"的故事让外国民众明白，我们有着共同价值和共同情感，我们都是人类命运共同体中的一员，而不是分属不同意识形态的两大阵营。美国"飞虎队"队员格伦·本尼达的遗孀埃莉诺·本尼达在接受采访时也指出："如今美国对中国存在一些偏见，这是由于对历史的无知。若能让广泛的美国公众看到中美军民同心作战，中国人民无私救护美国飞行员的真实历史，相信会有助

于消除这些偏见的。"①

不同文明相互包容的基础在于人类发展在追求共同的价值，秉持着共同的意愿。中国作为全人类共同价值的倡导者，始终平等对待各个民族，尊重信任各个国家，尊敬关爱各国人民。习近平总书记指出："各国历史、文化、制度、发展水平不尽相同，但各国人民都追求和平、发展、公平、正义、民主、自由的全人类共同价值。"②中国传统文化把人看作万物的中心，强调以心为宗，得人心者得天下。正如古语所云："二人同心，其利断金；同心之言，其臭如兰。"全球化进程加速，地区间和国家间往来频繁，无论是在经济领域还是政治文化领域都实现了有史以来最为广泛的互动。任何民族的生产和生活都相互依赖和制约，人类已经成为你中有我、我中有你的命运共同体。面对错综复杂的国际局势，唯有同舟共济、荣辱与共，才能逐步垒筑起责任共担、利益共享、民心相通的信任基石。

三、文明交往是构建人类命运共同体的必要途径

马克思高度关注交往问题，认为人的本质是一切社会关系的总和，随着交往的扩大和深入，人和社会就会愈发向前发展，狭隘地域性的个人为世界历史性的、真正普遍的个人所代替。其中世界交往是人类普遍交往扩大的结果，而分工使这种普遍交往成为可能。个人只有成为世界历史性的人，才有可能成为全面发展的个人。马

---

① 李小林. 如何讲好中国故事. 北京：商务印书馆，2019：137.
② 习近平. 加强政党合作　共谋人民幸福：在中国共产党与世界政党领导人峰会上的主旨讲话. 北京：人民出版社，2021：4.

克思、恩格斯认为交往作为人的社会存在方式，是历史地发生和发展的，物质生产力的不断发展推动物质交往日益发展为世界范围内的交互活动，同时交往反作用于物质生产过程，制约着人的生存与发展状态。在《德意志意识形态》中，马克思、恩格斯分析了人类社会的物质交往与精神交往的关系，指出物质交往在人类社会发展进程中具有根本性、基础性地位，并界定了现实的交往首先是个人之间的物质交往。交往关系只有透过现实的物质生产活动才能探求人的本质存在及物质生产背后的生产关系。共产主义的实现需要两个条件：一是生产力的极大发展，二是与此密切相关的世界普遍交往的极大发展。世界市场的发展成为世界交往的根本动力，各民族相互往来增多并在不同程度上实现相互依赖。马克思主义交往理论既肯定物质生产的基础性作用，又不忽视交往作为人的实践活动的重要作用；既强调生产力发展对社会的推动作用，又把交往看作人类进步、社会发展的一个重要维度，为我们理解文明交往与人类命运共同体的关系问题提供了基本依据。

当前，人类生活在同一个地球村，已经成为你中有我、我中有你的命运共同体。从历史上看，原始社会中部落间鲜少相互往来。随着生产力的快速发展，出现了生产剩余和交换需求，于是人们打破地域隔绝和文化孤立，开始交往起来。随着科技的发展和交通工具的改良，人类交往的范围不断扩大。全球化以来，世界各国紧密相连，命运与共，人类愈发成为一个整体，共同书写着世界历史。人类命运共同体是着眼于世界人民的共同利益和历史发展逻辑做出的科学判断。面对诸多全球性危机，不存在安全孤岛，没有人能独善其身，需要全世界人民团结起来共同应对。

文明交往的主体是非常广泛的，不以宗教信仰、意识形态、发展水平划界。中国外交工作中奉行的"天下一家"思想有着非常深厚的思想文化基础，坚持胸怀天下也是中国共产党百年奋斗的历史经验之一。我们不是只和发达国家的人民民心相通，也不是只在发展中国家的圈子里交流感情，中国人民向世界所有志同道合的朋友敞开怀抱，不会排除也不会针对任何一个民族、任何一种肤色。在中国—东盟建立对话关系30周年纪念峰会上，我国国家主席习近平说："我们像亲戚一样常来常往，重情义，讲信义，遇到喜事共庆贺，遇到难事互帮衬。"① 人民是历史的创造者，和平与发展是世界人民共同的事业。欣欣向荣的当今世界是各国人民携手创造的，和合共生的世界梦想需要各国人民共同开拓，不同民族、不同地域、不同肤色、不同信仰的人都应真诚平等地沟通交往，以回归人的本性的心灵沟通去共同追求所向往的美好生活。

文明交往的动力来源于全球化进程中各国人民你中有我、我中有你，相辅相成的命运联系。在全球化进程中各个国家无法孤立存在，人类共处于一个命运统一体中，难免竞争冲突，但更重要的是彼此联结依赖。习近平指出："我们要促进和而不同、兼收并蓄的文明交流。人类文明多样性赋予这个世界姹紫嫣红的色彩，多样带来交流，交流孕育融合，融合产生进步。"② 人类历史中，文明之间的交流，各国人民之间的友好往来历来都是各种发展变迁的重要原因

---

① 习近平. 习近平谈治国理政：第4卷. 北京：外文出版社，2022：440.
② 习近平. 习近平谈治国理政：第2卷. 北京：外文出版社，2017：524.

和动力。不同文化的国家应当在保持独立性的基础上互学互鉴，而不是简单地用一方去否定另一方。促进和而不同、兼收并蓄的文明交流，需要世界人民密切往来和心心相通。

文明交往的目标指向是真正实现优势互补、互利共赢的互联互通格局。文明交往过程之中最宝贵的就是基于人类共通的情感，从他者的角度去认识问题，在共情的感悟中理解文化的差异。当今世界正处于一个挑战与机遇并存的时代，各国所要面对的问题数量之多、规模之大、地域之广、程度之深都是前所未有的，且问题已经远远超越国家和地域的界限，越来越需要世界各国人民携起手来，共同解决。要达到配合默契畅通的目标，最根本的还是增进人民交流，加深相互理解和彼此认同，架好人民友谊之桥，从相知走向相亲，基于信任共同前行，真正实现"目标通、理念通、情感通、文明通"的人类命运共同体愿景。

第四节　中国式现代化道路的人类文明意义

《中共中央关于党的百年奋斗重大成就和历史经验的决议》指出："党领导人民成功走出中国式现代化道路，创造了人类文明新形态"①。中国式现代化道路着眼于人类文明演进的规律，以中国之治为基础，以中华文明逻辑创造了人类文明新形态，给出了"世界怎

---

① 中共中央关于党的百年奋斗重大成就和历史经验的决议. 北京：人民出版社，2021：64.

么了，人类向何处去"的文明之解。

一、中国式现代化是中国共产党百年探索的标志性成果

实现中华民族伟大复兴是近代以来中国人民的共同梦想，无数仁人志士为此上下求索。近代以来，中国从西方引入、学习大量文明成果，尝试借鉴西方资本主义的道路经验实现中国的现代化。在历经多次探索失败后，现代化的探索任务历史性地落在中国共产党的肩上。从"西学东渐"到"以苏为鉴"再到"中国特色"，中国共产党对于现代化的探索已历经百年。

早在 1921 年，中国共产党便将"现代化"概念引入话语体系，并使其成为近现代中国经济政治领域的鲜明主题。"新民主主义革命时期从最初带有资本主义色彩的'欧化''西化'到抗日战争的'作战现代化''军队现代化''中国近现代化'。"[①] 在这一时期，中国共产党主要以中国的工业化和农业近代化为奋斗目标，在反帝反封建的革命斗争中实现民族解放和独立。中华人民共和国成立后，中国共产党开启自主探索、接力建设社会主义现代化的征程。以毛泽东同志为核心的党的第一代中央领导集体以苏联社会主义建设经验教训为鉴，坚持将马克思列宁主义同中国革命和建设进行"第二次结合"，同时对于改变中国落后状态、实现国家现代化做出了不懈探索，毛泽东提出"准备以二十年时间完成中国的工业化"[②]，实现后发现代化国家在工业领域对先发现代化国家的赶超目标。1963 年

---

① 黄晓娟. 中国共产党"现代化"概念及其话语演变的系统考察. 系统科学学报，2023（4）.
② 中共中央文献研究室. 毛泽东文集：第 6 卷. 北京：人民出版社，1999：207.

1 月 29 日，周恩来完整提出"四个现代化"的规范表述，指出："我们要实现农业现代化、工业现代化、国防现代化和科学技术现代化。"① 在这一阶段的社会主义现代化道路的探索中，中国独立自主地建立起比较完整的工业体系和国民经济体系，取得了社会主义建设的基础性成就，为改革开放提供政治前提、制度基础、思想保证和物质积累。改革开放后，邓小平在系统总结国内外现代化建设经验教训基础上，扫除苏联模式给社会主义国家现代化发展模式带来的障碍，逐步形成了系统、科学、开放的现代化建设理念，提出"全面开创社会主义现代化建设新局面"②，并提出了"中国式的现代化"的时代命题，擘画了建设社会主义现代化国家的宏伟蓝图。党的十八大以来，以习近平同志为核心的党中央立足我国现代化建设实际，明确了中国式现代化的深刻内涵、鲜明特色、本质要求及重大原则，进一步丰富和发展了社会主义现代化建设理论。党的二十大报告更是宣告："从现在起，中国共产党的中心任务就是团结带领全国各族人民全面建成社会主义现代化强国、实现第二个百年奋斗目标，以中国式现代化全面推进中华民族伟大复兴。"③

二、中国式现代化为社会主义文明注入了新的生命力

习近平总书记深刻指出："科学社会主义在二十一世纪的中国焕

---

① 中共中央文献研究室 . 建国以来重要文献选编：第 16 册. 北京：中央文献出版社，1997：160.

② 邓小平 . 邓小平文选：第 3 卷. 北京：人民出版社，1993：1.

③ 习近平 . 高举中国特色社会主义伟大旗帜 为全面建设社会主义现代化国家而团结奋斗：在中国共产党第二十次全国代表大会上的报告 . 北京：人民出版社，2022：21.

发出新的蓬勃生机，中国式现代化为人类实现现代化提供了新的选择，中国共产党和中国人民为解决人类面临的共同问题提供更多更好的中国智慧、中国方案、中国力量，为人类和平与发展崇高事业作出新的更大的贡献！"① 这充分说明，中国式现代化符合科学社会主义的本质要求，在社会主义文明发展史上具有深远意义，为社会主义文明的兴盛注入了新的生命力。

一是坚持中国共产党领导符合"必须要有社会主义、共产主义政党的正确领导"这一科学社会主义的政治原则。首先，党的领导直接关系到中国式现代化的根本方向，决定了现代化的根本性质。在世界社会主义陷入低谷、国际共产主义运动严重受挫之时，中国共产党带领全国人民为回答"社会主义国家如何实现现代化"这一历史课题进行了自觉且长期的斗争、探索，挽救了"要失事的社会主义大船"。这是一条既超越苏联模式又突破西方现代化理论逻辑的社会主义现代化道路。其次，党的领导确保中国式现代化实现攸关前途命运的奋斗目标。从解决人民温饱问题，到全面建成小康社会，再到未来建成富强民主文明和谐美丽的社会主义现代化强国，中国共产党解决社会问题和实现社会发展目标的效果与中华民族伟大复兴密切相关。通过走中国式现代化道路，党带领人民共同创造长期和谐稳定的社会环境，实现经济高速度、高质量发展，使中华民族迎来了从站起来、富起来到强起来的伟大飞跃，实现中华民族伟大复兴进入了不可逆转的历史进程。最后，党在激发、凝聚建设力量

---

① 习近平. 高举中国特色社会主义伟大旗帜　为全面建成社会主义现代化国家而团结奋斗：在中国共产党第二十次全国代表大会上的报告. 北京：人民出版社，2022：16.

方面的领导能力，决定了中国式现代化的最终成败。中国共产党既不断完善中国特色社会主义制度，不断破除各方面体制机制弊端，以制度机制创新激发现代化发展活力，又在 14 亿人口的大国中发展了近 1 亿名党员，坚持党的群众路线，坚持以人民为中心的发展思想，坚定地保证由工人阶级和劳动人民掌握政权，确保现代化成果转化为人民美好生活的支撑，使人民焕发历史主动精神和历史创造精神。

二是坚持中国特色社会主义，符合"工人阶级和劳动人民掌握政权后，还要经历几个历史阶段才能逐步建成社会主义、共产主义"这一科学社会主义的阶段原则。纵观马克思、恩格斯的论述，通过"现代社会"和"现代化"的运用，将现代化分为资本主义现代化、共产主义（含社会主义）现代化两个阶段。他们肯定了资本主义现代化的文明成果和进步本质，又深刻批判了由现代生产力本身导致的多重异化，以及私有制与社会化大生产之间的冲突带来的资本主义国家的根本性矛盾；在跨越"卡夫丁峡谷"理论中，他们也提出了如何跨越资本主义对外扩张掠夺、对内剥削压榨的原始积累阶段，进入共产主义（含社会主义）现代化阶段的设想。共产主义现代化阶段又分为两个具体阶段，一个是共产主义社会的第一阶段，另一个是共产主义社会的高级阶段。中国特色社会主义正处于这个第一阶段的初级阶段。因此，超越劳动分工、商品经济、城乡对立等"现代化要素"，发展形成公有制、产品经济、按需分配等"超越现代化"因素的共产主义现代化是一种"将来时"的"状态"，是中国特色社会主义要通向的高级阶段，是中国式现代化将要打造的未来。

当前，中国共产党需要坚持中国特色社会主义，遵循马克思"资本现代性批判"逻辑，继承其驾驭资本的基本性质，破除以资本扩张为核心的西方模式对现代化发展道路的垄断，坚持在现代化进程中推动社会主义的发展，不断将中国特色社会主义推进到新的阶段。

三是坚持实现高质量发展，符合"解放生产力，发展生产力，消灭剥削，消除两极分化，最终达到共同富裕"这一科学社会主义的经济原则。中国式现代化是在回应一系列重要理论、实践创新问题的基础上形成的关乎经济、政治、文化、生态等多领域的全方位高质量发展的复杂的系统，发展全过程人民民主、丰富人民精神世界、实现全体人民共同富裕、促进人与自然和谐共生的核心目标指向了实现人的自由全面发展。美国记者兼"无冷战"国际运动创始成员丹尼·海洪（Danny Haiphong）指出，中国共产党对社会主义现代化的追求不仅是发展，而且与人民的福祉有着内在联系。事实上，通过尊重个人价值、进行广泛的社会动员、赋权参与来解放和发展生产力，这是为世界各国解决经济社会发展问题、人民生活水平问题提供的中国答卷。

四是推动构建人类命运共同体、创造人类文明新形态符合"实现全人类彻底解放"这一科学社会主义的崇高目标。当今世界局部摩擦不断、霸权主义和强权政治仍未根除、各国发展不均衡等破坏世界和平与发展的因素，根源于世界政治经济秩序一定程度上与人类文明演进逻辑、全球化发展逻辑以及共同的公平正义原则存在冲突。人类命运共同体这一目标彰显了中国式现代化的共同体价值取向。中国共产党将"和合"理念注入国际关系，将本国发展与世界发展相结合，将中华民族伟大复兴的梦想与世界人民的共同梦想相联通，为世界提供具有全球视野、世界胸怀、大国担当的核心理念和建设性方案。另外，中国式现代化还在解构西方现代化文明逻辑、破除现代文明发展困境的基础上，致力于创造人类文明新形态，推动创建人类文明新秩序，为全人类展示了西方道路所不能及的文明发展方式，提供了以和平发展、互惠共赢为特征的人类文明发展样本。

中国式现代化绕开了资本主义现代化的发展逻辑，对"现代化等于西方化"的历史观进行祛魅。中国式现代化在人类文明层面的价值，是基于对文明与野蛮、发达与落后、进步与停滞的西式标准的批判，基于对科学社会主义科学性、发展性、实践性的证明而延伸呈现的历史超越意义。

三、中国式现代化符合现代化内在规律和人类社会发展规律

首先，中国式现代化符合现代化内在规律。现代化是一个涵盖经济、文化、社会、生态、民众心理等诸多要素的社会历史变迁过程，人们对现代化的认识也伴随着社会发展而逐渐深化。虽然没有任何一种理论被直接冠名以"现代化理论"，但马克思、恩格斯曾提出过社会的现代发展，特别是现代资本主义形成和发展的基本理论。西方学者针对后工业社会的经济问题、社会主义现代化道路等问题进行了深入研究，特别是英克尔斯（Alex Inkeles）关于"人的现代化"理论在我国曾经产生过重要影响。我国学者对现代化理论的研究也有不少优秀成果，例如，罗荣渠提出"一元多线"的历史发展

观点，突破了"现代化等同于'西化'的理论迷思"，为中国当代现代化理论研究开拓了新的视域。

现代化作为人类历史发展的必然阶段，有其内在发展规律。其一，现代化是人类社会由传统社会向现代社会过渡的历史发展进程，遵循生产力和生产关系、经济基础和上层建筑矛盾运动的规律。现代化的实质是一个社会传统性不断降低、现代性不断生成的过程，其核心是工业化。中国共产党自成立之初，就以挽救民族危亡、实现国家独立与民族复兴为己任。中华人民共和国成立后，中国共产党立足我国发展实际，深刻总结世界各国现代化建设经验教训，提出了"一化三改"及优先发展重工业的社会主义现代化建设道路，使我国初步形成了独立的、比较完整的工业体系和国民经济体系，为我国由传统落后的农业国家向富强的现代化国家转变奠定了坚实物质基础。中国式现代化是中国共产党放眼世界历史发展潮流、立足中国现实国情，带领全体中国人民由站起来到富起来再到强起来的历史进程中形成的独创性成果，严格遵循了历史唯物主义基本观点，符合现代化的内在规律。其二，现代化发展必须坚持规律性与多样性、普遍性与特殊性的统一。马克思在《资本论》中分析了西欧由封建社会向资本主义社会过渡的历史，指出**"我明确地把这一运动的'历史必然性'限于西欧各国"**[1]，并且反对把西欧资本主义发展道路解释为"一切民族，不管它们所处的历史环境如何，都注定要走这条道路"[2]。中国式现代化道路是中国共产党基于独特历史国情，在充分把握历史主动性与

---

[1] 马克思, 恩格斯. 马克思恩格斯全集：第25卷. 2版. 北京：人民出版社，2001：455.
[2] 同[1]145.

自身创造性基础上开创的社会主义现代化道路，印证了经济文化相对落后的国家能够跨越资本主义制度的"卡夫丁峡谷"而走向社会主义现代化，避免遭受以"资本"为逻辑的资本主义现代化导致的苦难。社会主义制度在生产力相对落后的国家的建立及社会主义现代化的发展，充分证明了人类现代化进程遵循"一元多线"的历史发展观点，是普遍性与特殊性的有机统一。其三，现代化是涵盖经济、政治、文化、社会、生态等多种要素的社会发展进程，必须坚持以"实现人的现代化"为中心的全面发展。资本主义现代化是以资本为主导的现代化，其根本目的在于不断满足资产阶级对剩余价值追求的欲望，扭曲了现代化发展的进程，忽视了广大民众作为人的主体性需求，因而无法成为人类文明发展的终极途径。中国式现代化坚持"以人民为中心"的发展理念，旨在推进社会经济、政治、文化、社会及生态多要素协同发展，实现全体人民共同富裕，在推动人类文明交流互鉴、求同存异基础上构建人类命运共同体，为实现人的彻底解放贡献中国智慧及中国理念。

其次，中国式现代化符合人类社会发展规律。过上美好生活是世世代代人民的夙愿，而现代化不仅是美好生活的基本标志与内在要求，更是人们通往美好生活的基本途径。从人类文明整体演进视角看，从低级向高级、从落后到先进是人类文明发展演化的总体趋势。恩格斯曾指出："一切依次更替的历史状态都只是人类社会由低级到高级的无穷发展进程中的暂时阶段。"[①] 也就是说，人类文明发

---

① 马克思，恩格斯. 马克思恩格斯文集：第4卷. 北京：人民出版社，2009：270.

展的每一阶段对于特定的阶段而言具有历史必然性，但是对于发展起来的更高阶段来说又是相对落后的。由传统的农业文明到工业文明再到现代化的信息文明是人类社会发展的基本走向，实现现代化还是人类由"必然王国"迈向"自由王国"的必然选择。马克思主义经典作家对资本主义制度进行了集中批判，旨在促进全人类的自由解放、获得自由全面发展，从而由"必然王国"走向"自由王国"，走向"自由人联合体"。而这一切都以高度发达的生产力水平为前提，这就使得现代化具有了历史必然性。

作为全人类的美好夙愿，现代化绝不是西方的专属品。推进和实现中国式现代化也是中国促进国家繁荣富强、民族伟大复兴、人民幸福美满的必由之路。从历史上看，近代中国百年来内忧外患的悲惨经历和屈辱历史昭示中国人民"落后就要挨打"，争取民族独立、人民解放，实现国家富强、人民幸福是中国人民的历史任务，在现代化的洪流中，中国势必顺势而为、迎难而上。中国自近代以来尝试了旧式农民战争、洋务自强运动、资产阶级改良革命等自救方案但屡屡碰壁，直到十月革命一声炮响为中国送来了马克思主义，从此，便在中国共产党的坚强领导下开拓了一条具有中国特色的现代化道路。中国也势必朝着由低级到高级、由落后到先进的总体趋势前进，在世界整体现代化的全球大格局中谋求具有中国特色的现代化。

四、中国式现代化顺应文明发展逻辑

首先，多样化是人类文明的发展动力，中国式现代化正是多样文明的重要发展成果。追溯不同文明的源起，在空间上并存、时间上继起，文明的兴衰进程之间具有鲜明的相似性和规律性。多样文明进行交流互鉴是人类发展演进的基本活动样态，也形成了人类文明发展的动力。文明之间的差异造成全面冲突、集体对立的观点不符合历史发展逻辑，一种文明的发展可以为其他文明创造新的发展机遇、拓展进步空间。在空间上并存的弱势文明受到强势文明的辐射影响，在时间上后兴的文明可以学习借鉴先发文明的经验成就，减少现代化发展道路的探索成本并规避现代性弊端，实现跨越式甚至超越式发展。中国正是通过中国式现代化道路进行了后发国家经济转型和赶超式发展，并对其他发展中国家现代化道路上的新一轮转型产生了重要影响。美国丹佛大学赵穗生教授也认为："实用主义、经济增长和政治稳定的中国道路及'无价值'的中国外交使发展中国家印象日益深刻。"①

其次，交流互鉴是文明的本质要求。当前，以"泛西方化"与"反西方化"为特征的交流互鉴是人类文明的发展现状，中国式现代化正是对西方资本主义现代化进行祛魅、扬弃的产物。大多数非西方的后发国家都始于被迫、继于自愿依附不平等的国际经济体系，并移植其现代化模式。然而，一旦采纳了由西方资本主义奠基的市场经济基本社会建制、政治设计，融入由资本及资本主义国家主导的现行全球分工体系，后发国家通常便会在现代化进程中遭遇与西方相似的发展难题和社会矛盾。这些国家在谋求现代化的过程中，承受着自身特殊历史条件无法承担的代价，甚至在现代化发展的成

---

① ZHAO S S. The China model：can it replace the Western model of modernization?. Journal of contemporary China，2010（65）.

果还未来得及积累、普惠时，负面效应就导致现代化事业难以为继。因此，在西方获得成功的现代化模式无法引领发展中国家走向现代化。中国既没有与世界政治经济秩序脱钩，也没有像"华盛顿共识"所倡导的那样全盘西化并进行激进式变革，而是快速发展经济与维护社会稳定，在吸纳资本主义模式、传统社会主义模式在内的有益因素与免于依附且保持自身自主性、独立性之间找到相对平衡，开创了落后农业大国快速跃入先进工业大国行列的新范式。

再次，趋同性是人类文明的未来指向，任何文明背离人类文明发展的统一性和共同趋向，都会因"脱轨"而被人类文明发展潮流淘汰。人类文明发展至今，经历了奴隶制、封建制、资本主义、社会主义等四种社会形态，前三种都是建立在私有制基础上的剥削阶级主导的文明。剥削阶级主导的文明以牺牲一部分人甚至大多数人的利益、权利为起始，大量浪费自然资源和社会财富，因而文明的发展伴随着结构性、系统性的危机。这种文明具有片面、失衡、异化的特征，其中人与社会的发展也是片面、失衡、异化的。资本主义社会正是如此，物质上的极大丰富、经济上的快速增长、科技的高度发展，伴随着精神领域的虚无、政治秩序的紊乱、社会道德的失范、生态环境的退化。因此，面对一些资本主义国家以单方面牺牲其他国家利益的方式寻求发展而造成全球性的治理赤字、信任赤字、和平赤字、发展赤字，贫困、战争、重大传染疾病、生态环境危机等全球性问题突出的状况，人类文明形成一股不可阻逆的发展洪流——全体人类共同面对和解决问题，并构建新的人类文明形态。中国式现代化正致力于引领构建这样的人类文明新形态，即在结构上是五大文明协调和全面发展的系统、整体文明，在目标上呈现社会有机体的自由全面发展蓝图与人的自由全面发展理想的内在一致性和逻辑连贯性。

五、中国式现代化给出"人类向何处去"的文明之解

近年来，全球气候变暖、国际金融领域重大风险隐患、地缘冲突频发等一系列重大危机让人们开始思考"世界怎么了"。同时，危机的频频出现也启发各国开始重新考虑"人类向何处去"。和平还是战争？发展还是衰退？开放还是封闭？合作还是对抗？这道时代之题关乎全球每一个人的命运。回应"世界怎么了，人类向何处去"的世界之问，要秉承多彩平等包容的文明观，站在思考整个人类命运前途的高度，反思西方话语主导下的文明冲突论，把握人类文明发展的历史走向和未来趋势。

从历史进程看，人类文明遵循从低级到高级、从简单到复杂的发展规律，从奴隶社会、封建社会发展到资本主义社会。资本主义引领创造的人类文明建构于抽象的个人主义、理性人假说和社会契约的文化基因之上，人的思想从宗教神学和封建专制的枷锁中解放出来的同时，也导致资本对人性的剥夺侵蚀，利益对个人、社会乃至国家的垄断支配，进而产生原子化个体焦虑、工具理性"铁笼"、虚无主义陷阱等痼疾，最终走向人的异化，人类文明也在此裹挟下陷入系统性危机。

在人类文明发展演进过程中，个体、群体的生活和生产实践的相似性与共同性，决定了每一时期、每一阶段的人们都需要共同面对关于自我与他者、个体与群体、人类与自然等价值规范关系的思

考，从而产生共同的价值愿景与追求。基于主体共同生存条件的认同，中国共产党重新发现人类的"重叠共识"，将特殊的地区性核心价值抽象为一般的全人类共同价值，给出了"世界怎么了，人类向何处去"的文明之解。

全人类共同价值是中国式现代化建设过程中产生的重要思想成果，统一于社会主义革命和建设、改革开放和社会主义现代化建设、新时代中国特色社会主义的现代化建设实践，是中国式现代化的精神内核与观念结晶，体现了中国价值的独特禀赋。现代化的实践符合全人类共同价值的本质要求。全人类共同价值作为中国价值的国际延伸，与中国式现代化道路具有内在统一性。在中国式现代化建设过程中，之所以能够产生代表各国核心价值"最大公约数"的全人类共同价值，是因为这种现代化之路融通、蕴含了辩证唯物主义和历史唯物主义指导下的世界观，科学社会主义与中华优秀传统文化结合下的价值观，历史发展普遍规律与中国具体实践交汇下的历史观，"美美与共、天下大同"的文明观，"以民为本、人民至上"的民主观，"人与自然和谐共生"的生态观等。因此，中国式现代化本身就凝聚了现代文明社会中人类大众共同认同的价值导向——以维护和平与发展这一人类实践活动的基本条件为价值核心，奠定了解决社会各种矛盾、满足人民日益增长的各种需要的价值基础；以公平与正义作为中国在实现现代化过程中处理国际关系的价值规定，植入中国推动改进全球性制度安排与组织架构、反对霸权主义和强权政治的价值前提；以民主与自由为顺应人民利益、坚定正确进步方向的价值追求，剥离关注特殊利益的价值内核，剔除诱发对立、冲突的价值导向。

因此，具有这样的价值基础的中国式现代化擘画并推动了人类文明新形态、人类命运共同体的构建。世界百年未有之大变局加速演进下，当今世界秩序的变迁趋势是世界不再受单一国家的主宰，而是在更为开放的经济、文化的引导下由越来越多的国家合力决定。因此，如何跨越文化差异和利益纷争，追求共同价值，创造人类文明新形态，共建人类命运共同体，形成越来越强大的文明合力，在当前显得更加重要。人类文明新形态是从中国式现代化不断向前推进的实践中产生和发展起来的，人类命运共同体也是中国式现代化深入发展的重要成果和未来指向。因此，中国式现代化为人类文明新形态、人类命运共同体的构建汇集共同意志、凝聚内生动力、提供价值引导、展现人的全面发展的人类文明价值目标，也为人类社会发展和世界文明进步描绘新的发展前景。同时，国际社会对全人类共同价值、人类命运共同体的认可，也优化了现代化发展的外部环境，增强了中国式现代化的道路自信、文化自信，推动了人类文明新形态的构建。

第七章　未来的文明之美

当今世界正处于百年未有之大变局。处在历史的十字路口，世界文明的基本走向日益引起国际社会的高度关注。探索人类文明的未来，必须把她放在全球视野的百年变局中才能得到充分的理解。如果从国际政治与地缘经济的角度去理解，百年变局意味着国际秩序和经济格局的"东升西降"，以中国为首的非西方国家群体性崛起；那么从文明的角度去理解，百年变局的主要特征就是非西方文明特别是东方文明、中华文明的崛起，其最为突出的特点就是人类文明形态的变革。

人类文明新形态继承和吸收了以往人类社会文明的优秀成果，是对古老的中华文明和现代西方文明的继承和超越，是"中国走向世界"与"世界走向中国"完美结合、相互统一的崭新形态，是与世界其他文明不断交流互鉴的文明。人类文明新形态具有以人民为中心、包容共生、和谐发展等精神内涵，回答了"世界向何处去""人类向何处去""文明向何处去"的世界之问。人类文明新形态是中国式现代化道路的文明升华，突破了西方文明所创造的"中心—外围"的世界体系，是人类文明发展史上的伟大成果，具有重大的时代、历史、理论和实践意义。

人类命运共同体理念打破了东西方文明之争的枷锁，也突破了霸权主义、强权政治主导下的世界观，旨在构建一个开放包容、兼收并蓄的命运共同体，以文明和谐共生超越文明冲突，最终实现人类文明的进步和发展。从共同体到命运共同体，再到人类命运共同体，是马克思主义理论和实践的巨大进步。全球文明倡议进一步丰富了"世界怎么了，我们怎么办"这一世界之问的中国答案。只有以公平正义为引领，以世界人民的共同利益为目的，以构建新型文明为原则，汲取各种文明元素的积极力量，才能够赢得世界人民的认同和支持，真正建成人类命运共同体，促进人类社会和人类文明整体发展，消弭"文明的冲突"。

人类已经进入数智时代这一全新的人类文明阶段，数字技术和人工智能成为推动生产力发展的重要因素，人类也会更加紧密地联系在一起。全球范围内更大的文化融合和变革正在酝酿之中。面对数智时代到来可能对人类社会带来的挑战，构建以全世界人民为中心的人类命运共同体显得更加紧迫。

第一节　百年变局与文明的未来

文明冲突论是西方历史观的产物，如果从历史和文明的角度去理解，百年变局的主要特征就是非西方文明特别是东方文明的崛起，不同文明的交流正在冲击着基于西方历史观的西方文明优越论、个人主义传统。非西方国家的群体性崛起带来非西方文化的复兴，而中华文明的崛起，"和合中庸"理念的复兴将弱化冲突色彩。未来文明之间的关系将是共生取代冲突，文明之间彼此珍惜、保护与包容。

一、国际政治经济视角下的百年变局

习近平总书记指出："当前，我国处于近代以来最好的发展时期，世界处于百年未有之大变局，两者同步交织、相互激荡。"[①] 这是对当今时代形势的一个重大战略判断。从国际政治角度来理解，这种百年未有之大变局不仅表现为世界战略格局的撕裂与重组、地缘政治与经济博弈更加激烈、新兴经济体群体性崛起，同时也表现为国际权力中心位移正在加速、全球治理体系遭到严重破坏、国际关系理论的混乱与世界经贸秩序的失常。

2020 年初，当百年未有之大变局遇上新冠病毒感染疫情时，这种史无前例的历史性剧变又发生了很多微妙的变化。总体判断，百年变局的核心要义可以总结为四个字——"东升西降"，表现为非西方文明特别是东方文明的崛起和西方文明的衰落。而新冠病毒感染疫情在全球的暴发和持续冲击则明确和加速了"东升西降"的趋势。

中国的全面崛起成为 21 世纪全球政治经济格局中最显著的事件。经过四十余年改革开放和艰苦奋斗，中国始终以经济建设为中

---

① 习近平 . 习近平谈治国理政：第 3 卷 . 北京：外文出版社，2020：428.

心，以扩大开放拥抱全球化，特别是在加入世界贸易组织后经济高速增长，当前已经成为世界第二大经济体、第一大贸易国，人均GDP 从 1978 年的 156 美元直线上升至 2022 年的 1.27 万美元，人民生活水平获得了极大提升。进入 21 世纪以来，中国在深化改革、扩大开放、经济增长、社会治理、科技进步、精神文明等各个方面实现了全面发展，开创出政通人和、国泰民安、生机勃勃、引领全球的新局面，中国的全面崛起已经成为世界百年未有之大变局中最大的正能量。

实现中华民族伟大复兴是近代以来中华民族最伟大的梦想，2022 年 10 月，党的二十大报告进一步提出以中国式现代化推进中华民族伟大复兴。中国式现代化不同于以往任何文明所创造的现代化，中国式现代化是人口规模巨大的现代化、全体人民共同富裕的现代化、物质文明和精神文明相协调的现代化、人与自然和谐共生的现代化、走和平发展道路的现代化。中国人民在中国共产党的领导下，坚持中国特色社会主义，发展全过程人民民主，丰富人民精神世界，必将实现高质量发展，全面建成社会主义现代化强国，实现全体人民共同富裕，促进人与自然和谐共生，推动构建人类命运共同体，创造人类文明新形态。

近年来，以金砖国家、东盟为代表的发展中国家和新兴市场经济体的集体崛起也成为推动世界百年未有之大变局的重要力量。2022 年，金砖五国 GDP 总量达到近 26 万亿美元，进一步缩小了与七国集团（G7）的经济差距。其中中国经济总量超过 121 万亿元（约 18 万亿美元），依然位居全球第二；印度经济增长接近 7%，

GDP 总量超过 3.5 万亿美元，超过英国，跻身全球前五；俄罗斯虽然受到美欧多达 9 轮制裁，但受益于卢布升值、油气出口大涨等因素，GDP 总量超过 2.1 万亿美元，远高于 2021 年 1.78 万亿美元的水平；巴西 2022 年 GDP 总量超过 1.8 万亿美元，相比 2021 年的 1.6 万亿美元，增长超过 2 000 亿美元；金砖五国中，经济体量最小的南非，2022 年 GDP 总量在 4 000 亿美元左右。[①] 东盟国家中越南经济表现亮眼，2022 年越南 GDP 首次突破 4 000 亿美元，同比增长 8.02%，为 12 年来最大增幅。[②] 菲律宾、马来西亚的经济增长率也突破 7%。总体来看，新兴经济体中印度、越南发展前景良好，成为世界经济新的增长助力。俄罗斯虽然处于地缘冲突中，但政局总体稳定，社会相对安宁，且拥有能源托底。巴西在完成新一轮政权交接后渴望重塑地区与国际形象，促进经贸发展。

新兴经济体一派欣欣向荣，而另一边，美国、欧盟等发达经济体却正处于下行通道中。作为世界唯一超级大国的美国，综合实力与国际影响力日趋下滑。为了抑制自身高通胀，2022 年美联储连续 7 次加息，美元升值将部分发展中国家和最不发达国家推入债务深渊，2023 年美国经济转为实质性衰退，为世界经济复苏蒙上阴影。欧盟在乌克兰危机笼罩下，为摆脱对俄罗斯的能源依赖付出了极大代价，经济前景也不容乐观；且欧盟自身积弊已久，政治和经济一体化进程陷入困境，离心倾向日益增强。英国脱欧后唯美国马首是

---

① GDP 近 26 万亿美元，差距缩小，金砖五国加速追赶 G7!.(2023 - 01 - 30)［2023 - 10 - 28］.https://baijiahao.baidu.com/s? id=1756452931519054146&wfr=spider&for=pc.

② 越南经济加快复苏.人民日报，2023 - 01 - 31.

瞻，经济却始终没有起色，社会裂痕加深导致民族分离趋势上升。日本经济继"失去的三十年"后，又面临老龄化与少子化困扰，经济缺乏活力，社会阶层固化。

2022 年 2 月爆发的俄乌冲突成为百年未有之大变局在国际政治领域的一个标志性事件，代表着以美国为首的北约与俄罗斯在欧洲的地缘政治矛盾已经到达不可调和的地步，从而以冲突的方式集中爆发。这种直接且剧烈的爆发方式是冷战结束后所未曾经历过的。无论危机何时以何种方式结束，其本身都将对欧洲地缘政治经济形势乃至全球政治经济格局产生举足轻重的影响。

作为世界第一强国的美国对于中国的崛起从接触、防范逐渐转向对抗。中美大国关系成为百年未有之大变局中一个极其重要的变量。美国拜登政府于 2022 年提出了对华全面竞争战略，要同中国在政治、经济、军事、科技、文化等领域展开全面竞争，全面遏制中国发展。在如今的美国政界，"反华"已经成为"政治正确"，中美关系在螺旋式下降中苦苦寻找支撑点。

在百年未有之大变局下，全球政治经济格局正在经历剧烈而快速的变化。在世界经济重心逐渐发生转移，地缘和区域经济不断重组的过程中，蕴藏着各种表现形式的矛盾和冲突。经济基础上的矛盾变化进而上升到上层建筑中国际关系和地缘政治领域的集团化和阵营化对抗趋势，世界甚至有陷入新冷战的危险。然而，世界上大多数国家仍然向往和平与发展的国际主题，通过双多边沟通、区域经济合作和全球治理层面的各种平台和协调机制来达到和平共处、共同发展的目标，仍然是不可抗拒的趋势。即使是军事力量极其强大的国家，也无法轻易地通过运用其军事力量来达到政治目的。正是全世界对于和平与发展主题的追求与坚持，对抗着矛盾、冲突乃至战争对人类文明的破坏，支撑着人类文明的世纪交融与长远发展。

二、如何从文明角度理解百年变局

国际政治领域的百年画卷已经缓缓铺开，逐渐向世人展露全貌。前文讲过，亨廷顿通过发明一种新的表述方式，把国家之间的冲突演绎成文明的冲突，是在偷换概念。如果说国际政治领域的百年变局集中表现为国家之间关系的变化，那么，如何从文明角度去理解当今世界处于百年未有之大变局？

起初，人类的不同文明是在不同的地域相对独立地形成的。一般认为，人类历史上形成过四大古文明，即古巴比伦文明、古埃及文明、古印度文明与古中华文明。在古代文明阶段，从世界范围看不同地域的人们之间彼此没有接触，但不同文明本身的最基础内核中相似的成分远多于彼此之间的差异：勤劳、善良、勇敢等对人性质朴的描述，存在于早期人类社会中相互独立的各个文明中。然而在工业社会以前，征服掠夺更多的土地，获得更多的奴隶、贫农仍然是一个文明发展生产力的主要方式之一，这样，一种文明时刻要面临着被其他文明消灭的恐惧。直到第二次世界大战时期，仍然有后发军国主义国家妄图通过殖民掠夺增进其国家财富，当然也都遭到了可耻的失败。

近现代以来，随着 20 世纪中叶广大亚非拉美国家的独立解放，先发工业国家再难以通过军事征服工业生产落后的国家。特别是 21

世纪以后，不同国家之间的生产方式逐渐趋同，现代化的工厂成为大多数国家的主要生产形式。在大工业生产中，经济关系逐渐成为社会的主要矛盾，阶级、阶层取代了传统的血缘关系（比如种姓、天赋王权）成为主要的社会关系，也成为一个国家民族对外交往中所要考虑的主导因素。

从文明引领的角度看，500 年前西方开始引领全球经济，目前这种引领地位正在逐渐向东方让位。大航海时代以来，全球化的动力均来自西方文明。无论是从事对外殖民、黑奴贸易活动，还是采取金本位、建立布雷顿森林体系、推行美元霸权主义，西方引领全球的总体局面在过去 500 年左右的时间里没有发生变化，变的只是西方文明内部的不同国家在引领而已。然而，21 世纪以来，中国、印度、东盟、日韩等东方文明逐渐成为新一轮全球化的主要动力，扛起了贸易自由化与市场开放化的经济全球化大旗。自 20 世纪 90 年代开始，东方文明覆盖下的国家对全球经济增长的年均贡献率连续超过 50%，引领世界发展的潜力还在扩张式爆发。[①]

正如在《东方化：亚洲的崛起和美国的衰落，从奥巴马到特朗普及以后》一书中，《金融时报》专栏作家吉迪恩·拉赫曼讲道："亚洲经济实力的上升改变世界政治"，"西方长达几十年的对世界事务的统治正在接近尾声"。[②] 东方文明重新回到全球舞台的中心位置，而中国正在逐渐扮演领头羊的角色。[③] 从文明视角来看，世界百年未

---

① 中国现代国际关系研究院. 世界大变局. 北京：时事出版社，2010：138 - 161.

② RACHMAN G. Easternization：Asia's rise and America's decline from Obama to Trump and beyond. New York：Other Press，2016：14 - 16.

③ 王文，刘英. 金砖国家：新全球化的发动机. 北京：新世界出版社，2017：188 - 211.

有之大变局的突出特点是中华民族伟大复兴所带动的现代世界文明格局的大变化。①

从历史来看，自秦朝至清朝的 2 000 多年间，中国始终是世界舞台上的重要角色，中华文明始终是世界文明版图中的重要成员，并且强烈地影响着亚洲国家乃至世界其他文明。在 19 世纪以前，以儒家文化为核心，形成了包括中国、日本、朝鲜、越南等国家在内的儒家文化圈，成为世界文化和人类文明的一个重要组成部分。然而，随着中国社会形态和科技发展逐步落后于西方，自鸦片战争至中华人民共和国成立之前，中华民族经历了国家被列强瓜分、人民生活陷入水深火热之中、中华文明被西方文明鄙薄践踏的百年悲惨境遇。中国共产党自 1921 年成立以来，带领中国人民经过百年奋斗逐渐走向民族复兴，在这个历史过程中艰苦探索出一条半殖民地半封建国家实现民族解放独立自强的道路，一条克服了资本主义固有矛盾和内在危机的中国特色社会主义道路，一条在古老文明之上建立现代工业文明、全面实现现代化的道路，一条落后国家、发展中国家和新兴市场国家实现经济发展和繁荣富强的道路。这就是中国共产党领导全体中国人民创造的新时代中国特色社会主义的中国式现代化道路。这条独特的复兴之路为全人类开辟了一条全新的不同于西方资本主义国家的现代文明之路。

从中国历史上看，我们对外来文化优秀成果的吸收促进了中华文化的进一步繁荣。事实证明，文化引起的冲突只是暂时的，而不

① 张志强 . 在世界百年未有之大变局中创造人类文明新形态 . 世界社会主义研究，2022（4）.

同文化之间的互相吸收与融合则是主导性的。西方著名哲学家罗素曾在他的《中西文明的对比》一文中指出："不同文明之间的交流过去已经多次证明是人类文明发展的里程碑，希腊学习埃及，罗马借鉴希腊，阿拉伯参照罗马帝国，中世纪的欧洲又模仿阿拉伯，而文艺复兴时期的欧洲则仿效拜占庭帝国。"① 未来的人类文明新形态，不会将自身抽象化为一种所谓"普世价值"而形成一种文明的霸权，而是以各自走过的独特道路向人类昭示一种从各自文明土壤和具体社会中成功生长出来的现代社会的典范。因此，对不同文明之间的交流和融合应以平常心看待，在树立本国本民族文化自信的基础上，敞开怀抱拥抱世界文明，吸收一切文明的优秀成果和可取之处，实现中华文明在新时代的蜕变与升华，进而引领人类文明新形态的形成。

中华民族通过百年奋斗重铸中华文明新辉煌的历史进程，是全体中国人民在中国共产党的领导下，运用马克思主义基本原理，通过建立社会主义国家的方式，克服了资本主义的固有矛盾和内在危机，进而通过改革开放一步步激活了中华文明的内在力量，促进了中华文明的现代转化。正是在这个意义上，中华民族伟大复兴不仅推动了世界百年未有之大变局，也为全人类的文明进步与发展创造了并正在创造着一种可资借鉴的现代文明形态，这不仅是一种古老文明实现现代化的形态，也是一种社会主义国家克服资本主义制度固有缺陷实现现代化的文明形态，更是一种落后国家实现逆

---

① 罗素. 罗素论中西文化. 杨发庭，等译. 北京：北京出版社，2010：79.

袭和赶超的文明形态。这种新文明形态就是中华文明新形态，它向人类昭示了一种新的文明可能性，同时构成了人类文明新形态的重要部分。

中华民族伟大复兴既是推动世界百年未有之大变局的力量，也是百年来世界历史内在变动的结果。中华民族伟大复兴的历史进程与世界历史格局大调整的过程同步，也与世界文明格局大调整的过程同步，与现代世界构造原理及其所代表的文明价值大调整的过程同步。①

百年变局最为突出的特点就是人类文明形态的变革。世界百年未有之大变局，将极大地改变人们的生存方式、生活方式、思维方式以及交往方式，包括民族与民族之间、国家与国家之间、地区与地区之间的共处方式。中国以习近平外交思想为指导，以推动构建人类命运共同体为最高目标，以倡导"一带一路"新型国际合作为实践路径，以新发展观、新利益观、新安全观、新责任观、新文明观为政策指导和行动指南，必将有效应对百年未有之大变局带来的各种风险和考验，为中华民族与世界的融合发展开辟更加广阔的空间。②

当然，世界百年未有之大变局，对于人类文明的发展是一把双刃剑，既是机遇，也存在挑战。由于新的冷战思维支配着美国的对外政策，美国的霸权主义、单边主义、孤立主义、政治极端主义和民粹主义等倾向有增无减，在"反华"成为政治正确的美国国内大

① 张志强. 在世界百年未有之大变局中创造人类文明新形态. 世界社会主义研究，2022（4）.
② 于洪君. 理解"百年未有之大变局". 北京：人民出版社，2020：16 - 17.

背景下，美中之间"脱钩断链"现象仍在上演，国际格局的阵营化趋势日趋明显。国际恐怖主义滋生蔓延的土壤并未得到彻底铲除，形形色色的恐怖活动持续不绝。全球气候变暖速度加快，而地缘冲突等阻碍了各国应对气候变化的努力，世界秩序日趋混乱，全球治理赤字加剧，人类生存环境持续恶化。与此同时，科技革命特别是人工智能的超速发展为经济和社会发展带来新的机遇，但人工智能发展的后果似乎越来越难以预测和掌控。种种情况表明，在世界百年未有之大变局中，人类文明的前路还充满变数和不确定性。只有求同存异、超越意识形态对立和价值观差异，以推动构建人类命运共同体为最高目标，共同应对人类面对的困难和挑战，才能最终推动人类文明发展进步。

三、中华文明的崛起与文明和谐论的提出

在我国，"文明"一词较早出现在《尚书》和《周易》中。《尚书·舜典》记载"睿哲文明"，是指舜帝圣明和明智，在文化上十分开明。《周易》记载："见龙在田，天下文明。"大意是指发现有才能的人（龙）在民间（田），天下的格局秩序（文）得以明了彰显。《周易》贲卦的象辞说"文明以止，人文也"，又说"观乎天文以察时变，观乎人文以化成天下"。可见，中国古代的文明与政治秩序、社会治理、文化传播、教育理念等概念相关，其基本意思是指人文教化，其目的是要化成天下，用今天的话来说就是要使社会和谐，致天下太平。这些也体现了中华民族文明观念的基本内涵。《论语》曰"不学礼，无以立"，"君子敬而无失，与人恭而有礼，

四海之内皆兄弟也""言忠信，行笃敬，虽蛮貊之邦，行矣"，强调礼仪和教养是君子应该具备的道德标准，也是文明社会的重要标志。

马克思和恩格斯指出，经济基础决定上层建筑。500 年前，新航线的开辟和海上贸易的兴起促成了欧洲海上文明的崛起；如今，非西方国家经济实力的群体性崛起也必将带来非西方文明的集体复兴。中国、印度等亚洲大国成为世界经济增长的强劲动力，尤其是中国经济有望在 2030 年前后超过美国，成为全球第一大经济体。全球前五大经济体中亚洲国家已占 3 席①，21 世纪也因此被称为"亚洲世纪"。在亚洲文明圈中具有举足轻重地位的中华文明，影响力正在逐步上升，"和合共生""协和万邦"的儒家理念在对冲、弱化各式各样的全球与地缘冲突中发挥着重要作用。

中华文明以儒家文明为精神内核。孔子及其弟子通过作传、述论解经的形式对中华文明的大传统做了创新性发展。之后的汉魏隋唐、宋元明清，儒家一直居于中华文明大传统的地位，维系了中华民族 2 000 多年的生生不息与繁荣发展，对中华民族大一统的不断拓展、中国社会的和谐进步做出了突出的历史性贡献。儒家在历史的发展中不断与其他各家特别是与外来的佛教进行对话、交锋和融合，才保持了自己旺盛的生命力而绵延不绝。自强不息、刚健有为的儒家文明实际上经受住了历史的各种挑战与考验，不断调整、充实自己的经典体系，不断发展更新自己的思想理论。针对国际学术界的

---

① 2022 年，全球前五大经济体分别是中国（第二）、日本（第三）、印度（第五）。

西方中心论和文明冲突论，中国学人提出了自己的文明理论，将世界文明划分为12种文明体系，儒家文明就是其中之一。如果说宋儒比较成功地回应和化解了印度佛教的冲击与挑战，那么也可以说现代新儒家初步有力地回应了西方思想文化的冲击，结合西方的思想文化资源，发展了儒家的思想理论。

当今人类社会面临大国格局加速演变、地缘冲突频繁激烈、气候变化不断加剧、自然资源日益枯竭等各种形式的挑战，西方文明及其价值观在应对这些挑战时显得力不从心。西方哲学强调二元对立、主客二分、矛盾斗争，形成了崇尚科学、征服自然、个人主义、社会多元的西方文明，演化为武力征服的文明传播方式。非西方文明中，中国哲学强调自然天理、变化生生，形成了"责任先于自由""义务先于权利""群体高于个人""和谐高于冲突"的中华文明。党的二十大报告指出："中华优秀传统文化源远流长、博大精深，是中华文明的智慧结晶，其中蕴含的天下为公、民为邦本、为政以德、革故鼎新、任人唯贤、天人合一、自强不息、厚德载物、讲信修睦、亲仁善邻等，是中国人民在长期生产生活中积累的宇宙观、天下观、社会观、道德观的重要体现，同科学社会主义价值观主张具有高度契合性。"①

"和合"作为中华文明人文精神的价值理想，是中国古代精神的呼唤和时代精神的精华。它不仅仅是儒家学派的文化精神，老子、墨子等也都主张"和"或"和合""合和"，作为化解天与人、国与

---

① 习近平. 高举中国特色社会主义伟大旗帜　为全面建设社会主义现代化国家而团结奋斗：在中国共产党第二十次全国代表大会上的报告. 北京：人民出版社，2022：18.

国、家与家、人与人、人自身心灵内部以及东西南北中不同文化和文明间冲突的最佳方式。所谓"和"，就是既有冲突又有融合，文明之间只有相互接触、碰撞才会产生融合，没有融合也就无所谓冲突。以"和"为价值标准，就是在处理国与国、家与家、人与人的关系时，要遵循"君子和而不同"的原则，即由不同、冲突而融合，不因不同而排斥别人、别家、别国。如果说"和"是中华文明追求的一种理想状态，那么在儒家看来，"致中和"便是通达这一理想的根本途径。达到了"中和"，天地便各归其位，万物顺应自然良性发展，各种冲突自然消弭于无形。"中和之道"不仅被广泛应用于人际关系处理以及人们社会生活的方方面面，更能够上升到国家治理、国际关系协调的高度，成为国家间和人类社会普遍的社会心理和行为准则。

以"和合"为内核的"天下观"是中华文明的又一精髓。"协和万邦"的天下观是中华民族的优良传统。这一思想源自上古明君尧在处理众多部落之间的矛盾时所秉持的基本原则，尧帝明察是非，善治天下，讲求诚信，恪尽职守，又能谦让，因此能够做到"九州既睦""协和万邦"。这一观念在全球化踽踽前行的今天尤为重要和关键。当前，世界之变、时代之变、历史之变正以前所未有的方式展开，国际社会正经历罕见的多重风险挑战。地区安全热点问题此起彼伏，局部冲突和动荡频发，单边主义、保护主义抬头，各种传统和非传统安全威胁交织叠加，和平赤字、发展赤字、安全赤字、治理赤字加重，世界又一次站在历史的十字路口。在此背景下，中国先后提出全球发展倡议和全球安全倡议——前者主要目的是解决发展问题，加快落实联合国 2030 年可持续发展议程，构建全球发展命运共同体，共同推动全球发展迈向平衡协调包容新阶段；后者则明确回答了"世界需要什么样的安全理念、各国怎样实现共同安全"的时代课题，为应对国际安全挑战提供了中国方案，特别是提出"坚持共同、综合、合作、可持续的安全观""坚持通过对话协商以和平方式解决国家间的分歧和争端"等六个坚持。① 习近平总书记多次对外宣称，睦邻友好、协和万邦是我国外交的基本准则。可以说，这一准则历经几千年的文化积淀，已经融入中华民族的血液中，成为中华文明对世界和平的独特贡献。

"仁义礼智信"作为儒家做人原则的"五常"，贯穿于中华伦理的发展中，成为中华文明价值体系中最核心的因素。"仁"是指仁爱之心，将心比心，即孔子主张的"己所不欲，勿施于人"的推己及人之道；"义"是指正义之心，责任担当，人有善恶之分，敢作敢当；"礼"是指礼节、仪式和尊重，是一种美好的道德规范和行为准则；"智"通"知"，即"知之愈明，则行之愈笃"，能够辩证地看待问题；"信"即诚信、信用，不欺骗，不怀疑，以真诚之心待人。儒家认为，做到了"仁义礼智信"，才能够修身、齐家，进而治国、平天下。"仁义礼智信"实际上与西方的五种伦理总则"善行、责任、尊重、公正、诚信"正相契合，是人类共同的智慧。即使是今天，我们生活的世界也常常充斥着狡诈欺骗、巧取豪夺、恐怖暴力、恃强凌弱等现象，这些都是己所不欲却强加于人的行为。也正因如此，

---

① 全球安全倡议概念文件. (2023 - 02 - 21)[2023 - 11 - 13]. https://www. gov. cn/xinwen/2023 - 02/21/content_ 5742481. htm.

"己所不欲，勿施于人"的价值观才显得弥足珍贵。1993年世界宗教会议通过了《走向全球伦理宣言》，与会者一致将中国儒家的"己所不欲，勿施于人"奉为道德金律，它成为全球不同国家、不同民族以及不同宗教和不同文明背景下的人们都能够认可和接受的伦理标准。习近平总书记强调，中国人民崇尚"己所不欲，勿施于人"，中国不认同"国强必霸"，将继续秉承亲诚惠容的理念，深化同周边国家互利合作和互联互通的关系，永远做社会主义国家的亲密同志，永远做发展中国家的可靠朋友和真诚伙伴。

和合中庸、协和万邦、讲求仁爱、重视民本、守护诚信、崇尚正义等儒家文明的精髓，集中展示了中华文明对美好社会的理想追求，不仅打造了东亚乃至亚洲文明的基本底色，在当今社会中也依然有着丰富深邃的可借鉴价值。中华文明缺乏基于文化或文明因素与其他文明冲突的因子，因此中美之间的文明冲突完全是美国的一意孤行造成的。中华文明不仅不寻求冲突，反而还是发展多样文明、天下大同文明、融合创新文明的拥护者。

中华文明是世界上唯一绵延不断且以国家形态发展至今的伟大文明。短暂时期的分裂，没有将中华文明碎片化，中华文化始终是中华民族重新统一的文化纽带；少数民族的入主，没有中断中华文明的血脉，中华文明却由此融合了新的特质；西方列强的入侵和西学东渐，没有将中国全盘西化，中华文明却打开了睁眼看世界的窗口。2 000多年来，儒家文明作为中华文明的核心，不仅在古代社会中从精神、法治、人文、经济等各个层面对中华民族的发展壮大发挥了重要的推动作用，而且以其优秀的思想对人类文明的进步产生了深远而广泛的影响。尤其改革开放以来的伟大进展创造出来的影响"吨位",相较于过去,无异于原子弹与炸药之别,而面对的治理难度也是前所未有的。①

世界文明仍在大开大合地向前发展着,以儒家文明为核心的中华文明在世界文明激荡沉浮、交流互鉴、相互融合的历史进程中,曾经长时间辉煌,也曾经随着国家的衰落、政治的挤压而短暂跌下神坛、跌入低谷;如今随着中华民族重新回到世界舞台的中央,儒家文明再次积蓄着重振古代文明辉煌的力量。习近平总书记指出,包括儒家思想在内的中华优秀传统文化中蕴藏着解决当代人类面临的难题的重要启示,中华优秀传统文化的丰富哲学思想、人文精神、教化思想、道德理念等,可以为人们认识和改造世界提供有益启迪,可以为治国理政提供有益启示,也可以为道德建设提供有益启发。

2021年7月1日,习近平总书记发表《在庆祝中国共产党成立100周年大会上的讲话》,向全世界郑重宣布:"我们坚持和发展中国特色社会主义,推动物质文明、政治文明、精神文明、社会文明、生态文明协调发展,创造了中国式现代化新道路,创造了人类文明新形态。"② 中国共产党百年奋斗历程,是中华文明内在生命力的根本体现。中华文明经由中国共产党的伟大斗争,终于化生出自己的现代形态。中国共产党的伟大斗争就是通过中华文明新形态的开创,向人类展示了一种新的人类文明的可能性,一种新的世界历史进程

---

① 王文.改革开放积聚民族复兴磅礴之势.前线,2019 (2).
② 习近平.在庆祝中国共产党成立100周年大会上的讲话.北京:人民出版社,2021:13-14.

的方向和目标。① 正如习近平总书记在庆祝中国共产党成立 100 周年大会上的讲话所庄严宣告的："中华民族拥有在 5 000 多年历史演进中形成的灿烂文明，中国共产党拥有百年奋斗实践和 70 多年执政兴国经验，我们积极学习借鉴人类文明的一切有益成果，欢迎一切有益的建议和善意的批评，但我们绝不接受'教师爷'般颐指气使的说教！中国共产党和中国人民将在自己选择的道路上昂首阔步走下去，把中国发展进步的命运牢牢掌握在自己手中！"②

可以说，上述中华文明所蕴含的价值追求和精神内核真正体现了文明和谐共生的理念。新时代下，习近平总书记深刻把握人类文明的本质和发展规律，在国际国内诸多场合提出关于人类文明的看法，他指出人类文明多样性是世界的基本特征，不同文明是平等的，没有高低优劣之分，不同文明交流互鉴是促进人类文明发展的动力、推动人类文明进步的动力，文明的交流交融有助于夯实人类命运共同体的人文基础。习近平总书记提出的这些构想就是文明和谐论的具体体现。2023 年 3 月 15 日，习近平总书记更是将这些构想进行升华，向世界提出了全球文明倡议。这在一定程度上进一步揭示了文明和谐论的内涵。全球文明倡议所揭示的文明和谐论是在倡导传承本国优秀文化的基础上，也倡导加强国际人文交流合作，在尊重不同文明多样性的基础上，也倡导弘扬全人类共同价值。全球文明倡议以及习近平总书记关于文明的一系列构想正是中华传统文化中包

---

① 张志强. 在世界百年未有之大变局中创造人类文明新形态. 世界社会主义研究，2022 (4).
② 习近平. 在庆祝中国共产党成立 100 周年大会上的讲话. 北京：人民出版社，2021：14 - 15.

容与和合等理念在当代社会的映射，也体现了中华传统文化的传承与创新。

如前文所述，文明的内涵主要包括两个层面：一是人类精神的进步、思想的进步、智德的提高，这是"文明"一词最开始出现时被赋予的含义；二是人类社会制度的完善、社会的进步。进入新时代，人与自然的矛盾日益凸显，人与自然和谐发展的理念成为生态文明的重要内涵。因此，文明和谐论主要包含三大关系的和谐，分别是人与自然的关系、人与社会的关系以及人与自身的关系的和谐。全球文明倡议所体现的文明观更加侧重于处理人与社会的关系，是文明和谐论的重要组成部分。

首先是人与自然的和谐共生。人与自然的关系经历了三大阶段。在早期社会，由于生产力相对不发达，人类对大自然的开发和利用程度较轻，人类与大自然的关系是依附性关系，人类只能依靠自然进行生产和生活。随着生产力的进步以及生产工具的演进，人类逐渐掌握了科学方法，利用生产工具对大自然进行开发，人类对自然的了解也越来越深入。这激发了人类征服自然以创造更多财富的欲望，人与自然的关系变得尖锐和对立。15世纪末大航海时代拉开了全球化的序幕，随之而来的工业革命极大地解放和发展了生产力，在资本主义制度体系下，人与自然的关系发生了异化。资本主义制度下，发生了物欲的膨胀与利益的竞逐，将占有本身作为目的，把人对自然的全面的关系异化为单纯的功利关系、掠夺关系。这导致资本主义世界市场的无限扩张与生态系统的有限承载之间产生的矛盾日益凸显，对全球自然资源肆意掠夺直至枯竭的行为制约了生态系统的良性循环及自然链条的正常接续，致使全世界共同面临着气候变暖、土壤肥力下降、水土流失严重、洪水泛滥、空气污染加剧等生态问题。[①]

马克思关于人与自然和谐发展的思想体现了马克思的自然观。他提出人和自然界是一体化、对象化的关系，这种关系是人类生存发展以及一切活动得以进行的客观基础。人在利用、改造自然时要遵循自然规律，不然就会受到自然的反噬。同时，他将人与自然和谐发展上升到人类文明的高度，认为自然环境与人类文明关系密切，自然环境是"原生形态文明"的基础，"原生形态文明"包含着未来文明的基因。马克思在其晚年著作《人类学笔记》中指出，文明作为人的生存方式、生产方式和生活方式，是以自然环境（条件）为基础的。脱离了自然环境（条件）基础，整个人类都无法生存，人类文明更无从谈起。

马克思关于人与自然和谐发展的思想在当代中国得以创新和实践。党的二十大报告提出，中国式现代化的一个鲜明特征是人与自然和谐共生的现代化。"必须牢固树立和践行绿水青山就是金山银山的理念，站在人与自然和谐共生的高度谋划发展。"习近平生态文明思想中蕴含着深刻的马克思主义哲学世界观和方法论，它丰富和发展了马克思主义生态哲学思想，也传承和接受了"天人合一""道法自然"等中华优秀传统生态文化智慧，形成和体现了以人与自然和谐共生关系为研究本体、生态系统论为认识方法和生态文明为价值

[①] 李凌波，苏百义 . 实践、历史和资本：马克思人与自然关系思想的三个维度 . 南京林业大学学报（人文社会科学版），2022（4）.

追求的当代生态哲学思想。生态文明所倡导的人与自然和谐共生理念也将成为文明和谐论的重要思想内核。

其次是人与社会的和谐共生。人与社会的关系是西方近现代思想史上贯穿始终的核心问题。从亚里士多德论自由人与城邦的关系、康德论有限个人与神秘物自体的关系、黑格尔论自我意识与社会的关系、法国唯物主义论人受社会环境的制约，到费尔巴哈论人与类本质的关系等，马克思在继承和批判这些思想的基础上，形成了以社会历史实践为基础、人与社会双向互动的人与社会关系的发展逻辑。

人与社会和谐发展的理论是马克思主义的重要组成部分。一方面，人与社会是各自独立的存在。马克思认为人的发展不完全等于社会的发展，社会的发展也不完全等于人的发展，二者具有相对的独立性。"历史的每一阶段都遇到一定的物质结果，一定的生产力总和，人对自然以及个人之间历史地形成的关系，都遇到前一代传给后一代的大量生产力、资金和环境，尽管一方面这些生产力、资金和环境为新的一代所改变，但另一方面，它们也预先规定新的一代本身的生活条件，使它得到一定的发展和具有特殊的性质。"① 因此，人与社会的发展都有各自的条件与路径，都会在发展的过程中不断发生着改变，各自形成不同的特点。另一方面，人与社会相互依存、相互依赖。马克思把人和社会视为关系性的存在，他在《关于费尔巴哈的提纲》中指出，人的本质"不是单个人所固有的抽象物，在

---

① 马克思，恩格斯. 马克思恩格斯选集：第 1 卷 . 3 版 . 北京：人民出版社，2012：172.

其现实性上，它是一切社会关系的总和"。也就是说，人没有抽象的、一般的本质，只有在具体的社会、具体的条件下，谈论人的本质才有意义。因此，人与社会的这种对立统一的关系，使得人与社会的和谐发展更具有现实意义。如果互相排斥的趋向支配互相吸引的趋向，那么，二者的发展是曲折的、缓慢的，所付出的代价是双重的，个人和社会都要遭受损失。反过来讲，如果人的发展和社会发展保持相对的平衡，使二者吸引的趋向支配离异的趋向，那么二者将会进入相互促进的良性循环的状态。① 这种状态是人与社会的和谐发展的状态，也是一个文明社会所具有的状态。在人与社会和谐发展的状态下，社会才不会卷入无尽的"内耗"之中，而是朝着更加公平、美好的方向发展，整个社会才是一片欣欣向荣的态势。

　　人与社会和谐发展的思想在当代中国也得以传承和创新。当今世界面临百年未有之大变局，来自气候治理、数字革命、地区冲突、粮食危机、能源危机等经济、社会、政治、科技各方面的挑战层出不穷。面对这些挑战，习近平总书记提出全球发展倡议、全球安全倡议、全球文明倡议以及全球人工智能治理倡议等，充分体现了中国加强全球治理，应对全人类挑战，构建人类命运共同体，营造更加美好世界的愿望。

　　最后是人与自身的和谐共处。在资本主义现代化发展模式中，个体的人生目标就是掌握尽可能多的物质财富以体现人生价值。资本逻辑导致物质文明和精神文明之间产生巨大的不平衡，致使人的

---

　　① 陈炜晗. 论人与社会和谐发展的内涵及核心. 科技资讯，2008（25）.

价值取向和自我评价都以资本为导向，带有深深的"逐利性"色彩。人为资本所控制是资本主义社会的典型特征。马克思主义的本质就是人的解放学，实现人的自由而全面的发展是马克思主义的最终价值追求。这里所说的自由全面的发展，主要是就人的感觉的自由性和全面性而言的。马克思非常重视人的感觉，在他看来，人的感觉是对象性的本质力量①的直接体现方式。如果人的感觉不能获得解放，人的生命的本质就无法真正地实现。② 马克思将实现了真正自由的人的联合体所构成的社会称为共产主义社会，在共产主义社会中人从与自然界的异化关系、与他人的异化关系中解放出来，实现了个人的最后解放。马克思认为，个人的解放需要依靠人与自然、人与人之间和谐关系的建立，如果人的发展还要受限于"人的依赖关系"和"物的依赖性"，那么人的自由发展更是无从实现。

日本创价学会名誉会长池田大作曾言，现代社会给人们造成生存压力，使人在身心方面产生了症状，出现了所谓"现代病"：精神恐惧，心理孤独，享乐主义、拜金主义盛行，价值失范，道德滑坡等。③ 人的解放意味着人类可以冲破自然必然性和历史必然性的枷锁，按照自己的个性特点自由地安排自己的生活和活动，消除人的自我异化，重塑人的本质和价值，最终实现人的自由和全面发展。

---

① "对象性的本质力量"是马克思在《1844年经济学哲学手稿》中通过"对象性的活动"的论述所表述的一个思想，即人通过劳动将其目的、观念实现在产品中，使对象成为人化的对象，同时，使人的本质力量对象化。

② 陈艳波. 自然·社会·个人：论马克思"人的解放"思想的三个层面. 烟台大学学报（哲学社会科学版），2019（2）.

③ 汤因比，池田大作. 展望二十一世纪：汤因比与池田大作对话录. 荀春生，朱继征，陈国梁，译. 北京：国际文化出版公司，1997：284.

在"西学东渐"即传统化走向现代化的同时，"东（中）学"也在"西渐"，即以"传统药"来救治"现代病"。[①] 汤因比与池田大作都对以中国为代表的东方文明在未来的命运充满信心。池田大作曾这样问汤因比："您最希望出生在哪个时期的哪个国家？"汤因比说："公元 1 世纪佛教已传入的中国新疆。"[②] 在中华文明的宝库中蕴藏着诸多有益人类内心健康的精神资源，人类不同文化之间的平等对话将有利于相互沟通与理解，在交流互鉴中共同纠正现今人类文明的严重缺陷，构建一个适应现代化和未来社会的和谐文明的世界。

党的二十大报告指出，中国式现代化是全体人民共同富裕的现代化。人的解放或者说人处理好与自身的关系需要完成人对自身的改造，消除财富集中于少数人而大多数人一无所有的"两极分化"现象，使每个人都拥有保障自己生存、发展和享乐的物质财富基础，从而联合起来进行创造性的活动。党的二十大报告同样指出，中国式现代化是物质文明与精神文明协调发展的现代化。只有人类实现精神世界的充盈，才会有正确的价值取向和价值追求，人们的幸福感才会增强。

第二节　开放包容的人类文明新形态

人类文明新形态蕴含着构建人类命运共同体所需要的核心价值

---

① 乔兆红. 传承传统文化不是"回归"，而是文化自信的新出发. (2017 - 02 - 06)[2023 - 12 - 18]. https://www.jfdaily.com/news/detail.do? id=43962.

② 汤因比，池田大作. 展望二十一世纪：汤因比与池田大作对话录. 荀春生，朱继征，陈国梁，译. 北京：国际文化出版公司，1997：284.

理念、世界交往规则和文明交流互鉴原则,人类文明新形态是构建人类命运共同体的文明基础。①

一、人类文明新形态的生成逻辑

文明形态是以一定的科学技术和生产力水平为支撑的社会形态及其发展状况。一定的社会形态决定着一定的文明形态,一定的文明形态的演进预示着文明形态的升级。人类文明新形态,是中华民族在开拓中国式现代化道路过程中创造的物质、制度、精神等成果的总称。② 当前中国已经发展为世界第二大经济体,自觉提出人类文明新形态这一创新性概念,既是当代中国政治理性和政治能力积极发展的自然结果,也是中国现阶段关于自身与世界发展潮流的整体构想与认知。从文明溯源来看,人类文明新形态是马克思主义、西方文明和中华文明三者融合创新的文明。

马克思主义关于人类社会发展规律的思想为在当代背景下创造人类文明新形态提供了理论指南。马克思认为,在人类社会发展进程中,生产力起决定性作用,生产力和生产关系之间的矛盾是推动人类社会发展和文明进步的根本动力。在生产力作用下,人类社会从农业文明进入工业文明,由封建社会进入资本主义社会,人类文明还将向更加高级的形态演进。人的存在方式要经历从人的依赖性到物的依赖性,再到自由个性的发展过程。未来的高级社会将是具备"自

---

① 陈金龙. 人类文明新形态的四重意蕴. 广东社会科学,2021(6).
② 刘仓. 人类文明新形态的生成逻辑、多维内涵和世界意义. 陕西师范大学学报(哲学社会科学版),2022(4).

由个性"的社会形态。在这里，人们将获得实质性的自由和独立，人与人之间的社会关系不再借助物质生产来建立，人对物的依赖关系将被彻底清除。人们也将从生产力发展水平的约束中解脱出来，"真正的人类共同体"将有可能实现，人类文明也将进入全新的时代。从时间维度看，人类社会从蒙昧、野蛮走向文明时代是历史发展的必然趋势，也是一个从低层次文明向高层次文明演进的动态过程；从空间维度看，文明体从孤立到整体、从闭塞到开放的转变是世界历史和人类社会发展的必然规律。各种文明间的相互交融对人类文明进程产生了重大影响，世界历史的发展对全球的空间合作提出了新的要求。

西方文明在启蒙运动后形成了多种思潮和流派，其中的文明进步论、多元共生、人的自我实现等学说对人类文明新形态的理论建构具有一定的启发意义。文明进步论将正义、合法性、公开性、自由归为文明的原则，认为"共同的价值"以自由和民主作为支撑，指引了人类努力前行的方向[①]，这是西方关于共同文明与共同价值较早期的思索。随着不同文明的交流交融以及民族社会意识的觉醒，特别是在伏尔泰将"东方主义"引入欧洲后，西方对文明的认知由单数拓展到复数，多元文明观开始流行。布罗代尔从多元文明中看到了自由、平等、博爱等人类共同价值，尽管这些朴素的共同价值观念后来成为西方所谓"普世价值"的思想源头和政治工具，却也为人类文明新形态提供了实践参考。罗素在《西方哲学简史》中指出，如果要说东方文明和西方文明有什么区别，那就是东方文明重

---

① 基佐. 欧洲文明史. 程洪逵，译. 北京：商务印书馆，2005：20.

视心灵思辨，西方文明具有双重性。也就是说，西方文明有允许哲学运动和科学传统联袂发展的特点，而这个特点赋予了西方文明独特的探索视野。理论上，马克思主义产生于西方文明中，属于西方文明的一部分。西方社会经过几百年的发展，创造出了科技发达的现代工业文明，积累了诸多积极进步的文明成果，值得取其精华去其糟粕，批判地吸收，为我所用。而所谓"普世价值"、达尔文主义、西方中心论、历史终结论等则由于种种缺陷和自身偏颇而被摒弃。

中华文明及中华优秀传统文化是人类文明新形态生长的土壤，为人类文明新形态培育了根系，注入了灵魂。以中华文化和中华精神为特征的中国思想理论资源自然构成了人类文明新形态形成的价值与精神基础。中华文明崇尚"天下为公""和合共生""仁民爱物""兼爱非攻"等政治理想，这些理想深刻反映出中华民族重仁义、尚和合、求大同的民族底色和精神基因。中华文明具有的五个突出特性，即连续性、创新性、统一性、包容性、和平性，决定了根植于中华文明的人类文明新形态同样具有强大的包容性和生命力，具备了文明的传承性和重塑性。诸多看似是西方发明的价值观念，如自由、平等、民主、博爱等，实际上都出自中华文明，来源于以儒家思想为主的容蓄百家的思想体系。例如美国民主概念，一般认为它直接来源于欧洲，却忽略了它间接来源于中国的事实。18 世纪后期，北美英属殖民地的精英们通过欧洲启蒙运动接触到中国儒家文化，逐渐产生了"儒家历史情结"，他们把启蒙运动的精神产物移植到北美的土地上，而这些精神原本是欧洲从中国引进的。

人类文明新形态根植于中华文明，在马克思主义与中华优秀传统文化的结合过程中形成了茎叶和脉络，孕育了中国式现代化的文明之花。近代中华文明蒙尘的根本原因在于中国生产力与生产关系落后于西方的发展；中华文明的出路不在于文化本身，而在于能否重塑和统一意识形态，找到一条既能挽救国家命运，又适合中国国情的现代化发展道路，实现中华文明形态的现代转化。马克思主义契合了中国要走出一条不同于西方资本主义的道路的民族追求，"真正的共同体"与中华民族"天下大同"的政治理想相符合，马克思主义思想与中华优秀传统文化结合、融通进而创新，马克思主义基本原理同中国具体实际相结合，激活了中华文明，使中华文明从传统走向现代，开辟出一条中国式现代化新道路。

中国式现代化是人类文明新形态的物质基础、实践载体和发展路径。新中国成立 70 多年来，走完了西方国家走了几百年的以工业化和信息化为标志的现代化道路。中国的经济增长、科技进步、国防实力、综合国力在全球名列前茅。中国经济总量跃居世界第二位，2016 年以来对世界经济增长贡献率超过 30％，是世界经济增长的新引擎。2022 年中国经济总量达 18 万亿美元，占全球经济比重约为 18％，人均国内生产总值达 1.27 万美元。中国具备独立自主捍卫国家主权、制度、道路和安全的能力，彻底摆脱了近代以来积贫积弱落后挨打的局面，中国人民的生活水平和幸福感大幅提升。

二、人类文明新形态的精神内涵

1. 以人民为中心

人类文明新形态明确倡导"以人民为中心"，强调尊重人民主体地位和首创精神。人类文明新形态"以人为本"的思想来源于中华传统文化中的民本思想。《尚书·五子之歌》曰："民惟邦本，本固邦宁"。"民惟邦本"指的是只有民才能够成为立邦、安邦、兴邦之本。由此，《论语》提出"因民之所利而利之"，是为利民；《道德经》中记载"圣人无常心，以百姓心为心"，是为爱民；《孟子》强调"民为贵，社稷次之，君为轻"，《荀子》提出"君者，舟也；庶人者，水也。水则载舟，水则覆舟"，主张人民是国家的主体，是为重民。中国典籍中"先天下之忧而忧，后天下之乐而乐""雨顺风调百谷登，民不饥寒为上瑞"等大量的千古名句，饱含着忧民情愫和家国情怀。民本思想是中华传统文化中用以治国安邦的指导思想，不失为中华文明所含"民主性精华"的优良部分。

与中国民本思想将民视为"群"，民更多以群体和阶层的形式出现不同，西方素来盛行的是个体本位思想。西方人本思想主张自我的存在是人的存在的最重要形式，自我的人才是唯一的、至上的，要注重人的发展。卢梭在《社会契约论》中指出，人最关心的是他自己。康德则提出人权思想，认为任何人都不应该凌驾于人权之上。19世纪德国哲学家费尔巴哈以人学批判黑格尔思辨理性哲学，以人学取代基督教神学，确立了人的第一性的重要地位。

1721年，孟德斯鸠在《波斯人信札》中写道："随着这个世纪的进展，欧洲的经济和工业取得进步，并扩张到了其他大陆，因此欧洲高人一等的概念发展了起来。"① 西方的人本主义逐渐沿着两个方

---

① 孟德斯鸠.波斯人信札.罗大冈，译.北京：人民文学出版社，2020：288.

向异化：一是经济利益至上的资本逻辑，二是白人至上的种族主义观念。前者开始脱离"人"这个文明的创造主体和核心，将资本作为一切实践活动的起始动机和最终目的，在资本逻辑下人不可避免地成为资本的附庸，沦为资本实现价值的工具，人的价值不断被物化。最典型的例子就是人力资本被作为一种生产要素，成为同生产资料和劳动对象对等的"物品"，加深了人对物的依赖。后者虽然仍以人为中心，其核心却是人群和族群的机制理论，认为欧洲的气候比其他大陆要好，欧洲人一定比其他地方的人优越，欧洲的民族成了具有优越性的民族。在种族主义者看来，一个民族要有创造性，首先在血统上必须纯正。这就形成了人与人之间、民族与民族之间不平等的根源。

人类文明新形态吸取了中华优秀传统文化中的民本思想和西方人本主义中的人权、民主思想的精华，摒弃了个人主义、种族主义等错误观念，真正体现了人类作为历史主体、实践主体、认识主体和价值主体"四位一体"的辩证统一，以真正的人民性超越了以资本为中心的逻辑。人类文明新形态离不开人类的创造与塑造，以人民为中心是人类文明新形态的思想基础之一，它奠定了人类文明新形态的实践逻辑。人民群众是历史的创造者，坚持以人民为中心，实现人的现代化，是社会全面发展和进步的必要条件，也是人类文明新形态的主要特征。全体人类就是人类文明新形态的主人，所有国家都是人类文明新形态的主体，各国人民都是人类文明新形态的有机分子，是人类文明新形态的参与者和创造者，都有平等塑造人类文明新形态的权利。人类文明新形态中人的价值与人的发展有机统一起来，把人民对美好生活的向往作为社会发展的根本目的，以促进人的全面发展和实现全体人民共同富裕。

2. 包容共生

人类文明新形态倡导开放包容，以兼容并蓄的思维看待世界，具有全球视野和天下情怀。人类文明新形态包容同一时空条件下不同文明国家的制度、语言、宗教、文化、利益等方面的差异及其变化的预期。在其建构过程中秉持"和而不同"理念，允许差异性存在，追求"和谐统一"，允许多样性存在，这意味着人类文明新形态尊重多维性，包容多元性。人类文明新形态形成了能够包容各类无害异质型外来文化的"多元融合型柔性文化观念"，超越了西方中心论视野下的文明优越论、文明等级论的狭隘观念和文明冲突论的思维方式，实现了以人民和人类社会为立足点的发展格局，超越了西方国家以市民社会和利益至上为出发点的资本运行逻辑。

人类文明新形态倡导文明共生新理念。中国之所以能够从近代积贫积弱的落后国家发展为新时代全球化大潮的引领者，成为全球发展的贡献者、国际秩序的建设者、世界和平的维护者，根本原因在于我们既深深扎根于交流融合、协和万邦的中华文明中，又牢牢遵循和平发展、合作共赢的现代文明价值，充分吸收人类文明的一切优秀成果，坚定不移走和平发展道路，创造了不忘本来、吸收外来、面向未来有机统一的人类文明新形态。[①] 作为人类文明新形态的渊源，中华文明既不以悠久的文明历史来彰显自身文明的优越，也从未以带有偏见的目光来看轻其他文明的价值，而是在文明交流互

---

① 陈玉斌. 创造人类文明新形态的三重逻辑探论. 理论导刊, 2022 (5).

鉴中彰显文明和谐共生。

与中华传统文化强调阴阳和合统一相比，西方哲学思想倾向于"二元对立"的思维模式，很多时候倡导社会达尔文主义的二元叙事体系，体现在人与人之间就是种族对立的"白人至上主义"，体现在文明之间就是"文明冲突论"，体现在国家之间就是"修昔底德陷阱""零和博弈"。这种思维和逻辑容不下别的国家和民族的崛起，竞争与博弈的最后结果就是诉诸武力，以对抗和战争赢得权力，把权力炼化为霸权。把西方政治哲学带来的"修昔底德陷阱"看作唯一的政治逻辑和必然结果，意图以此来遏制别的国家和民族的兴起，本身就是政治经济霸权主义的表现。世界格局和秩序要想实现对以中国为代表的发展中国家和新兴经济体的接纳和包容，就要从理论和实践上彻底改变西方"二元"政治思想的传统观念和做法。

"天下兼相爱则治，交相恶则乱。"人类文明新形态彰显着凝聚文明和谐共生的力量，中国肩负着形成文明和谐共生合力的大国担当，塑造着引领世界各国超越文明冲突、坚持包容共生的价值理念，承担着突破世界发展瓶颈、根除人类发展危机的全球使命。

3. 和谐发展

人类文明新形态高举和平、发展、合作、共赢旗帜，奉行独立自主和平外交政策，坚持走和平发展道路，推动建设新型国际关系，致力于构建人类命运共同体。[①]

人类文明新形态主张和谐发展，这一理念根植于中华文明的

---

① 韩振峰. 正确认识和把握人类文明新形态. 河北日报，2021-09-10.

"和"文化，这是中国政治传统基因中最为鲜明的特征。正是基于早期世界政治的实践，中国社会和文化对国际社会交往有独特的哲学和政治理念，主张世间万物"各正性命，保合太和"，信奉"百姓昭明，协和万邦""庶政惟和，万国咸宁"。为人处世，"君子和而不同，小人同而不和"；治国理政，以和为贵。无论是国家治理，还是对外交往，都强调以和合文化为基础。

人类文明新形态具有超阶级、超民族、超地域的世界意义，不同于西方的单一性、同质化要求，而是体现和而不同、和谐统一的全人类共同价值。经济发展上，全球化以来，各文明国家在经济层面相互关联、相互依存，数字技术的进步和应用更加强化了全球经济的协调与合作。人类文明新形态蕴含着平等、开放、合作、共赢的精神内涵，倡导平等包容、互惠共享的全球经济治理观，为世界经济和谐发展指引正确方向。

人类文明新形态遵循了和平发展的逻辑，树立了和平崛起的典范，打破了"国强必霸"的西方固有逻辑和世界格局，为广大发展中国家树立了走和平发展现代化道路的典范。无论是"一带一路"倡议的推进，还是人类命运共同体理念的传播，都彰显着凝聚文明和谐共生的力量，以及促进世界和平发展的中国智慧。

综上所述，人类文明新形态是建立在新科技革命和先进生产力之上的文明，是中国共产党团结带领人民实现共同富裕的文明，是物质文明、政治文明、精神文明、社会文明、生态文明全面发展全面进步的文明，是社会主义国家制度不断完善、治理体系和治理能力不断实现现代化的文明，是人与自然和谐共生的文明，是坚守中华文化立场、与世界文明交流互鉴、推进构建人类命运共同体的文明形态。①

三、人类文明新形态的世界意义

人类文明新形态是马克思主义基本原理同中国具体实践相结合、同中华优秀传统文化相结合的伟大创造。人类文明新形态继承和吸收了以往人类社会文明的优秀成果，是对古老的中华文明和现代西方文明的继承和超越，是"中国走向世界"与"世界走向中国"完美结合、相互统一的崭新形态，是与世界其他文明不断交流互鉴的文明。人类文明新形态是中国式现代化道路的文明升华，突破了西方文明所创造的"中心—外围"的世界体系，是人类文明发展史上的伟大成果，具有重大的时代、历史、理论和实践意义。

1. 回答时代之问

冷战结束后，亨廷顿提出文明冲突论，文明成为国际政治、国际关系研究的新视角、新维度、新范式。这既迎合了两极格局被打破后国际经济、政治、军事等范式亟待重塑的需要，也回应了随着发展中国家集体崛起，多极格局将会引起文明格局变化的图景。文明冲突论至少承认了一个基本事实：世界多元文明正在形成，由西方独霸天下的文明图景正在发生改变。② 人类文明进入"新轴心时代"，多元文明不是相互隔绝、各自孤立的状态，而是处于相互交

---

① 刘仓. 人类文明新形态的生成逻辑、多维内涵和世界意义. 陕西师范大学学报（哲学社会科学版），2022（4）.

② 田鹏颖，武文婧. 论人类文明新形态的生成逻辑. 科学社会主义，2021（6）.

流、相互影响的共同体中，这种存在方式提出了"多元文明如何共存"的时代之问。人类文明新形态蕴含着以文明交流超越文明隔阂、以文明互鉴超越文明冲突、以文明包容超越文明优越的思想原则，描绘了各种文明交流互鉴、取长补短、各美其美、美美与共的人类文明新图景，用中国思维思考文明关系得出的是"文明和谐"的结论，回答了"文明向何处去"的时代之问。

当今世界显现出"动荡"与"变革"的双重迹象。"百年未有之大变局""世界进入新的动荡变革期"，是习近平总书记关于当前世界时局的重大判断。当前，世界正进入国际秩序重组酝酿期、大国博弈重要关口期、经济风险喷发积聚期、社会民粹思潮高涨期、气候变化应对交锋期、科技革命创新突破期。① 越是在变革的时代，越是孕育着发展的机遇。人类文明新形态标志着中国现代化进入新发展阶段，中国式现代化新道路开创了合作共赢发展新模式，要做好面对剧烈动荡和迎接重大变革的准备，在协调平衡中积极进取，在变革图强中稳健前行。中国也是推动世界发展格局走向公平正义的最重要力量，对于重塑和引领世界未来发展潮流与价值发挥着尤为重要的作用。中国作为成熟的大国为全球治理提供中国方案，推进"一带一路"倡议、构建人类命运共同体，为推动世界重回和平稳定发展轨道发挥了引领作用，为世界各国紧密协作、共谋发展开启了崭新篇章，回答了"世界向何处去"的时代之问。

人类文明新形态使马克思主义关于"人的发展"理论焕发了青

---

① 王文.世界进入新的动荡变革期.前线，2022（7）.

春。马克思认为，人类文明的未来是在扬弃资本主义文明的基础上实现共产主义。人类文明新形态并不意味着社会主义实现对资本主义的终结。马克思就是要通过批判来改变现存世界，从而建立一个使人自由全面发展的"人类社会或社会化的人类"。在马克思主义的指导下，中国所进行的现代化实践都是以人民为中心并始终为人的自由全面发展服务的，人类文明新形态得以创造的根本原因也在于中国式现代化新道路始终把人作为实践的主体和价值的主体，实现了实践主体与价值主体、建设主体与享受主体的有机统一。中国式现代化创造了"中国之治"，给人类发展带来新的希望。中国式现代化能够升级为人类文明新形态，根本原因就在于其自觉将中国问题和人类面临的共同问题结合起来，为人类文明的普遍发展贡献了方向和原则，为人类所面临的共同危机提供中国智慧和中国方案，进而成为世界意义上的人类文明。① 人类文明新形态回答了"人类向何处去"的时代之问。

2. 拓展发展中国家走向现代化的途径

中国作为当代世界经济最有活力、增长势头最好、增长能力最优的主要经济体之一，是当代世界经济的重要组成部分；"中国崛起"作为当今世界最显著的标志性事件，其综合国力发展的理论与实践更加具有普遍的世界文明意义。

中国代表新兴市场和全球新增力量，也将代表发展中国家在全球治理理论和实践上扬弃传统治理模式。"一带一路"倡议和人类命运共

---

① 田鹏颖，武文婧. 论人类文明新形态的生成逻辑. 科学社会主义，2021 (6).

同体就是中国提供给当代世界特别是发展中国家的优质公共产品，填补了西方发达国家在基础设施建设、可持续发展投资等方面的不足，为发展中国家发展工业化、实现现代化增添了助力。

作为人类文明新形态载体的中国式现代化道路，成功开辟出了一条不同于西方殖民掠夺和霸权统治的道路，破除了"全球化＝西方化""西方化＝现代化"的固有模式，动摇了"华盛顿共识"、新自由主义和所谓"普世价值"的僵化错误理念，为破解西方式现代化向"逆全球化"异化提供了可行路径。具有不同文明的国家，有权选择结合自身特点的不同的现代化发展道路，既可以选择西方式的发展道路，也可以选择非西方式的发展道路，而不是必须在西方"中心—外围"模式的裹挟下走上贴有西方文明标签的西式发展道路，落入西方"一元文明"的窠臼，被西方同一化。

中国式现代化道路拓展了发展中国家走向现代化的途径，给世界上那些既希望加快发展，又希望保持自身独立性的国家和民族提供了全新选择。正如党的二十大报告所指出的："中国式现代化为人类实现现代化提供了新的选择，中国共产党和中国人民为解决人类面临的共同问题提供更多更好的中国智慧、中国方案、中国力量，为人类和平与发展崇高事业作出新的更大的贡献！"[1]

3. 引领世界各国文明交流互鉴的方向

人类文明新形态的世界意义，并不在于它提供了人类文明发展的唯一正确的"世界标准"，而在于各国都要基于本国的民族、历

---

[1] 习近平. 高举中国特色社会主义伟大旗帜　为全面建设社会主义现代化国家而团结奋斗：在中国共产党第二十次全国代表大会上的报告. 北京：人民出版社，2022：16.

史、文化传统，坚持从本国实际出发，独立探索适合自己的发展道路和文明形态，同时以世界眼光和开放包容心态积极吸收借鉴人类一切优秀文明成果和经验。①

具体而言，人类文明新形态蕴含着构建平等、互鉴、包容的新文明观，摈弃狭隘的、以自我为中心的西方资本文明观，尊重文明多样性，构建文明平等、互信互鉴的良性关系，创造文明交往新形态；以创新、协调、绿色、开放、共享发展为动力，创新文明交往模式和治理理念；面对逆全球化思潮和地缘政治冲突，以创新理念突破西方资本文明理念的局限性，并促使创新理念成为各方发展的共识，推动人类文明核心动力的转换；以建设持久和平、普遍安全、共同繁荣、开放包容、清洁美丽的世界为价值目标，为人类文明注入新的内涵要素，不仅破解了西方资本文明的困境，也为人类文明发展提供了新路向。

世界文明突破零和博弈的思维桎梏，实现蝶变重生与文明升华，创造出更为先进、更为合理的文明形态，是人类社会进步的内在要求。人类文明新形态不是一个民族一个国家唱独角戏的文明，而是各国各民族共同搭台、联合演绎的文明，是与其他文明交流互鉴、取长补短、共同发展的文明。正如费孝通所指出的："文化上的唯我独尊、故步自封，对其他文明视而不见，都不是文明的生存之道。只有交流、理解、共享、融合才是世界文明共存共荣的根本出路。"②

---

① 蔡笑天，李哲．深刻理解和把握人类文明新形态．人民政协报，2022－10－26．
② 费孝通．中国文化的重建．上海：华东师范大学出版社，2014：295－296．

第三节　构建人类命运共同体，
走向人类文明新形态

一、从共同体到人类命运共同体

共同体概念起源于西方文明萌芽的古希腊时期。亚里士多德提出人们存在于一个共同体中，人们对善的共同追求使人们获得了相应的利益；而国家本身是一个具有道德性的共同体，是"必要之善"。① 亚里士多德对共同体的观察与评价，是基于希腊文明中的城邦概念，这种概念超越了家族基础，也是西方文明史对共同体认识的起点。卢梭在《社会契约论》中谈到了共同体与"公意"的关系，认为共同体是由一个个具体的人组成的，而这样的人自身及其全部力量都处于公意的最高指导下，是共同体不可分割的组成部分。共同体的根基要到人原初的激情或情感中去寻找，从这些情感中能产生比任何人为的纽带更加神圣和牢靠的纽带。德国社会学家滕尼斯在《共同体与社会》一书中最早将共同体（Community）从社会（Society）概念中分离出来，认为共同体主要是以血缘、感情和伦理团结为纽带自然生长起来的，其基本形式包括亲属（血缘共同体）、邻里（地缘共同体）和友谊（精神共同体）。②

① 龚群. 自由主义的自我观与社群主义的共同体观念. 世界哲学，2007（5）.

② 张志旻，赵世奎，任之光，等. 共同体的界定、内涵及其生成：共同体研究综述. 科学学与科学技术管理，2010（10）.

随着人类进入工业文明，马克思从生产关系的角度出发对传统共同体概念进行了重构，提出了共同体的三种形态，即"传统""虚幻""真正"。马克思认为，传统共同体是自发组建的自然联合体，自身蕴含着"内在规定性"，带有数量众多、规模较小、聚集度低且分布不均的特点，对个体意志产生了强烈束缚，导致个体既不能放弃共同体天然成员的身份，也不能自主性地选择自己所扮演的角色，此时的共同体思想完全丧失了"个性"。伴随着生产力的发展，传统共同体逐步解体，人类社会进入以货币、资本为纽带的虚幻共同体阶段。"交换""分工"的普遍化，致使交换价值发展为社会生产的终极目标，同时，"群体"的地位下降，国家不再是为统治阶级敛财和谋利的组织形式，而成为一种虚假性的存在。西方中心论、文明冲突论、文明优越论、文明霸权论、历史终结论在意识形态上即属于"虚幻共同体"范畴。基于此，破解时代困境，建立真正的共同体形态的要求应运而生。真正的共同体虽是一种设想，但并非凭空捏造。马克思就此深入剖析了社会历史发展走向与资本主义的生产方式，形成了对人类未来社会的合理展望。每个人是自由发展的，也存在着这样一个联合体——代替具有阶级和阶级对立的资产阶级旧社会，每个人的自由发展是一切人的自由发展的条件。马克思认为，要实现全人类的解放，就必须建立"真正的共同体"，即"自由人的联合体"。

马克思认为，人类生活的历史就是一部各类共同体发生、发展与相互牵制的历史，人类社会一开始就是以共同体形式组织发展起来的。正如马克思指出的："**人的本质**是人的**真正的共同体**。"共同体是人类的必然选择，人类从未停止建构共同体的实践活动，也从未停止对和谐美好的共同体理想的追求。具体而言，马克思、恩格斯从人类发展历史的角度阐释了共同体发展的几种形式：前资本主义共同体、资本主义共同体、人道主义共产主义共同体与人类共同体，即自由人的联合体。马克思认为人的存在方式要经历从人的依赖性到物的依赖性，再到自由个性的发展过程。当前，人类社会仍处于以物的依赖性为基础的阶段，与马克思所说的"自由人的联合体"的高级阶段还有很大差距，而构建人类命运共同体就是要引领人类世界走向自由与共同富裕，建立公平合理的国际新秩序，走向马克思所说的"自由人的联合体"。

作为马克思主义的理论延伸与实践拓展，党的十八大以来，"生命共同体""中华民族共同体""人类命运共同体"三种共同体形式先后被提出。"生命共同体"意即人与自身所处的自然之间是血肉相连、休戚与共的共生关系，它代表了人与自然的关系；"命运共同体"意指伴随经济全球化进程而来的各国之间的命运相关性，是在近代以来的历史过程中形成的；而"中华民族共同体"兼具自然性与历史性，共同体成员之间亦具有血肉相连、休戚与共的准自然性、准永恒性。[①] 后两者代表人与人之间的关系。从人类生存发展的终极目标看，人类命运共同体映射的两个核心就是人与自然、人与人的双重关系。

从共同体到命运共同体，再到人类命运共同体，是马克思主义

---

① 王南湜. "共同体"命题的哲学阐释. 光明日报，2019-08-12.

理论和实践的巨大进步。命运共同体本身有着重大的政治含义，是作为当代中国马克思主义的最新理论思考与实践成果而提出的。人类命运共同体理念是马克思主义中国化的最新成果，是马克思主义在当代中国的最新实践形态。人类命运共同体有两条演进逻辑：一条是反映其根源、内涵、理念的理论逻辑，另一条是推进现代化建设、创造人类文明新形态方面的实践逻辑。人类命运共同体基于人类对未来社会的理想和价值目标，以人类共同利益为核心，致力于将人类社会建设成政治、经济、文化、社会和生态等五个维度的共同体，即持久和平的政治共同体、共同繁荣的发展共同体、开放包容的文明共同体、普遍安全的社会共同体以及清洁美丽的生态环境共同体。

从共同体到命运共同体，再到人类命运共同体，中国思想和中国方案也在不断地丰富和完善，人类命运共同体从理论形态到实践形态，从逻辑到现实，逐渐获得了其应有的政治地位和功能，不仅在新时代中国特色社会主义制度空间中具有重要作用，而且在中国与世界关系的互动中开始发挥重要作用。人类命运共同体兼具理论深度与实践广度，为人类文明的前途指明了方向。

世界面临百年未有之大变局，人类正处在大发展、大变革、大调整时期，人类文明正孕育着新的突破与跃升。正如习近平总书记所说："站在世界历史的高度审视当今世界发展趋势和面临的重大问题"，"不依附别人、更不掠夺别人，同各国人民一道努力构建人类命运共同体，把世界建设得更加美好"。[①] 人类命运共同体的构建将

---

① 习近平. 在纪念马克思诞辰 200 周年大会上的讲话. 北京：人民出版社，2018：22，23.

赋予人类文明形态独特的气质、深厚的文化底蕴，推动人类文明新形态的发展。

二、走向人类文明新形态

2023 年 3 月 15 日，习近平总书记在中国共产党与世界政党高层对话会上发表题为《携手同行现代化之路》的主旨讲话，继全球发展倡议和全球安全倡议之后，提出包括四点主张在内的全球文明倡议，进一步丰富了"世界怎么了，我们怎么办"这一世界之问的中国答案。

第一，倡导尊重世界文明多样性，坚持文明平等、互鉴、对话、包容。多样性是世界的基本特征，也是人类文明的魅力所在。交流互鉴是文明发展的本质要求。只有同其他文明交流互鉴、取长补短，才能保持旺盛的生命活力。习近平总书记将党的十九大报告中提出的"尊重世界文明多样性，以文明交流超越文明隔阂、文明互鉴超越文明冲突、文明共存超越文明优越"进一步推向全世界，呼吁文明交流互鉴应该是对等的、平等的，应该是多元的、多向的，而不应该是强制的、强迫的，不应该是单一的、单向的。

第二，倡导弘扬全人类共同价值。继 2015 年 9 月在第七十届联合国大会一般性辩论中提出"和平、发展、公平、正义、民主、自由"的全人类共同价值后，习近平再次强调"和平、发展、公平、正义、民主、自由"是各国人民的共同追求，反对将自己的价值观和模式强加于人的行为和做法，反对打着民主旗号挑动分裂对抗，挑起意识形态对抗的新冷战。习近平指出："中国式现代化不走殖民掠夺的老路，不走国强必霸的歪路，走的是和平发展的人间正道……中国实现现代化是世界和平力量的增长，是国际正义力量的壮大，无论发展到什么程度，中国永远不称霸、永远不搞扩张。"

第三，倡导重视文明传承和创新。不仅要注重本国本民族文化的传承和创新，也要"充分挖掘各国历史文化的时代价值"。在人类文明发展的进程中应充分汲取和弘扬各个文明的启示、智慧和力量，发掘各个文明的宝贵遗产，搭建文明协同发展的舞台，彰显同舟共济、权责共担的人类命运共同体意识。

第四，倡导加强国际人文交流合作。通过加强国际人文交流合作，推动世界各种文化相互借鉴，取长补短，有助于维护世界文化的多样性，促进世界文化的繁荣与发展。中国已经举办过亚洲文明对话大会，习近平总书记提出"探讨构建全球文明对话合作网络"这一新举措，在全球层面上进一步扩大文明交流对话的范围，有助于丰富交流内容，拓展合作渠道，促进各国人民相知相亲，共同推动人类文明发展进步。

全球发展倡议聚焦解决"发展"问题，表明中国共产党将致力于推动高质量发展，促进全球发展繁荣。全球安全倡议重点关注"安全"问题，强调中国共产党将致力于维护国际公平正义，促进世界和平稳定。而此次提出的全球文明倡议表明中国共产党将致力于推动文明交流互鉴，促进人类文明进步，再次彰显出中国共产党的全球视野和使命担当。

习近平总书记在全球文明倡议中再次强调："以文明交流超越文明隔阂、文明互鉴超越文明冲突、文明包容超越文明优越。"站在新的历史起点上，推进中国式现代化建设、构建人类命运共同体、促进全球共同发展、走向人类文明新形态，不仅是中华民族的前途所在，也是人类文明的前进方向。促进文明交流互鉴、相互包容，是实现文明和谐共生的根本路径。树立以文明交流互鉴和全球文明倡议为精神内核的新型文明观是走向人类文明新形态的必由之路。

以新型文明观超越文明冲突论，首先要立足于本国本民族文化，坚定文化自信，推动中华传统文化的创造性转化和创新性发展；其次应强调文明的多元化，反对"单一文明论"，反对霸权主义、单边主义、强权政治和民粹主义；最后，在此基础上，通过更多富有中国特色的优秀作品来传播共通"文明之美"，加强学术作品和文艺作品的国际化表达，对外传播中华文明之美。

1. 立足于本国本民族文化，坚定文化自信

民族的就是世界的。在推动各种文明交流互鉴的过程中，首先要立足于本国本民族文化，坚定文化自信战略。我们坚定文化自信，有着充分的理由和依据。这种自信首先来自中华民族 5 000 多年绵延不绝的文明传承和发展。几千年来，中华民族凭借自身孕育出的物质和精神文化，为全人类的发展进步做出了举世瞩目的重大贡献。中华文化不仅始终保持着相对独立的、自成体系的思想风格和发展脉络，而且凭借灿烂辉煌的文明成果和广泛的包容力与影响力对周边的文化持续施加着自身的影响。

习近平总书记在庆祝中国共产党成立 95 周年大会上的讲话中明确指出："在 5 000 多年文明发展中孕育的中华优秀传统文化，在党和人民伟大斗争中孕育的革命文化和社会主义先进文化，积淀着中

华民族最深层的精神追求，代表着中华民族独特的精神标识。"①

　　对中华文化的自信，不仅来源于几千年辉煌的文明历史，来源于中华文明在东亚乃至全球文明史上的独特地位，更来源于几千年来中华文化对周边和世界文化的重要影响。对中华文化的自信，还来自中国共产党领导中国人民实现民族解放和独立的光辉功绩，来自建设新时代中国特色社会主义国家的道路自信，来自中国式现代化建设的伟大成就，特别是改革开放以来我国经济、社会、科技、文化等各项事业获得了蓬勃发展，党的十八大以来以习近平同志为核心的党中央的坚强领导和对我国与世界发展的战略研判，以及我们迎来的中华民族伟大复兴的光明前景。

　　对中华文化的自信，还来源于坚持人民至上的价值理念。从"为人民服务"到"人民至上"，我国的文化建设，实际上是确立并巩固了人民性的文化文明观，为中华文化文明注入了新质、刻画了新貌、升华出了新境界。人民是实践主体、历史主体、价值主体，确立起彻底的人民主体意识，才会"六亿神州尽舜尧"，我们的社会主义建设才会站在历史和道义的制高点、文化和文明的制高点。只有在中华文化沃土中确立人民主体意识，才能真正树立文化自信。可以说，我们的文化自信正来自运用马克思列宁主义在中国的文化原野上所发现、唤醒和构建起来的人民文化，我们的文化自信正成长在人民性文化文明的沃土之中。②

　　改革开放以来直至今天，各种文化自卑现象仍然很有市场。随

---

① 习近平. 在庆祝中国共产党成立95周年大会上的讲话. 北京：人民出版社，2016：13.
② 马滢漳. 从"文明蒙尘"到"人类文明新形态". 中国艺术报，2021－07－21.

着我们确立并坚定了中国特色社会主义道路，实现了我国国力的不断增长，中国经济增长对世界发展做出了重要贡献，特别是党的二十大报告又提出了新时代中国特色社会主义思想，中国正日益走向世界舞台的中心，中国提出的人类命运共同体理念为解决国际问题和全球治理问题提供了重要引领，中国的发展道路对广大发展中国家产生了越来越强大的引导力和感召力，中华文化和中国特色社会主义制度对外部世界的吸引力和影响力不断增强。在这种情况下，我们更应该坚定对中华文化的信心，正如习近平总书记所说："当今世界，要说哪个政党、哪个国家、哪个民族能够自信的话，那中国共产党、中华人民共和国、中华民族是最有理由自信的。"① 我们不仅要坚定文化自信，更要推动中华传统文化的创造性转化和创新性发展。

2. 强调文明的多元化，反对"单一文明论"，反对霸权主义、单边主义、强权政治和民粹主义

以新型文明观超越文明冲突论，应强调文明的多元和平等，反对"单一文明论"和文化霸权主义。文明冲突的根源不是古老文明的现代复兴，而是单一文明的唯我独尊。"单一文明论"也被称为"单一模式优越论""文明中心论"，即认为自己的文明高人一等，全世界只有自己的文明才是最优越的，其他文明都是落后文明，把文明的多样性和由此形成的文明差异性看作文明的冲突的根源，妄称"最优秀的单一文明"最终应该取代"落后文明"。破解文明冲突论

---

① 习近平. 在庆祝中国共产党成立 95 周年大会上的讲话. 北京：人民出版社，2016：12.

就要旗帜鲜明地反对"单一文明论"，尊重文明的多样性和差异性。正如习近平总书记所指出的，人类文明多样性是世界的基本特征，也是人类进步的源泉；人类文明因多样才有交流互鉴的价值；人类文明多样性赋予这个世界姹紫嫣红的色彩，多样带来交流，交流孕育融合，融合产生进步。不同于西方"一元现代性"的同质化模式，人类命运共同体的建构秉持"和而不同"，允许差异性存在，追求"和谐统一"，允许多样性存在，不是用时间性去消灭空间性的单一模式。①

以新型文明观超越文明冲突论，应反对霸权主义、单边主义、强权政治，积极构建人类命运共同体。当今世界正处于百年未有之大变局，人类面临气候变化、地缘冲突、经济衰退等各种问题的挑战，全球需要更为公平正义合理的规则和秩序来应对全球治理赤字、信任赤字、和平赤字、发展赤字这"四大赤字"，以确保人类文明的延续和发展。然而，霸权主义、单边主义、强权政治严重阻碍了文明的平等相待，中断了文明的交流互鉴，破坏了文明的和谐共处。新麦卡锡主义和冷战思维沉渣泛起，通过各种形式的对抗人为制造文明的冲突。在这种情况下，以文明和谐论破解文明冲突论就必须坚决反对霸权主义、单边主义和强权政治，积极构建人类命运共同体。习近平总书记提出的人类命运共同体理念打破了人类不同文明互争的枷锁，也突破了霸权主义、强权政治主导下的世界观，旨在构建一个开放包容、兼收并蓄的命运共同体，以文明和谐超越文明

---

① 李丽丽，余祥臻. 构建人类命运共同体与创造人类文明新形态. 云南社会科学，2023（1）.

冲突，最终实现人类文明的进步和发展。只有以公平正义为引领，以世界人民的共同利益为目的，以构建新型文明为原则，汲取各种文明元素的积极力量，才能够赢得世界人民的认同和支持，真正建成人类命运共同体，促进人类社会和人类文明整体发展。

以新型文明观超越文明冲突论，还应警惕民粹主义的蔓延和对文明交流互鉴的挑战。今天的民粹主义不仅以空前紧密的程度与西方发达国家的政党政治纠缠在一起，更是在逆全球化的大背景下同民族主义、国家主义、本土主义、文化孤立主义等意识形态相互裹挟，对西方政治中的代议制民主实践、自由主义观念与精英治国的理念构成了声势浩大的挑战。民粹主义在世界各国蔓延，美国最为严重。我们必须审时度势，继续关注民粹主义在全球的发展，警惕民粹主义的蔓延，理性应对的同时保持自身的战略定力和韧性，为推动中国自身的发展和人类文明的和谐共存而努力。

3. 加强国际化表达，传播共通"文明之美"

以新型文明观超越文明冲突论，应促进中华优秀传统文化创新发展，坚持文明教育，传播共通"文明之美"。促进文明交流互鉴，首先要立足于本国本民族文明。习近平总书记强调："进行文明相互学习借鉴，要坚持从本国本民族实际出发，坚持取长补短、择善而从，讲求兼收并蓄，但兼收并蓄不是囫囵吞枣、莫衷一是，而是要去粗取精、去伪存真。""每一个国家和民族的文明都扎根于本国本民族的土壤之中，都有自己的本色、长处、优点。"① 世上并没有完

---

① 习近平. 在纪念孔子诞辰 2565 周年国际学术研讨会暨国际儒学联合会第五届会员大会开幕会上的讲话. 北京：人民出版社，2014：10-11，8.

美无缺的文化，就中华传统文化而言，也必须弃其糟粕、取其精华，坚持创造性转化、创新性发展，不断铸就中华文化新辉煌。习近平总书记特别强调结合所处时代、具体实践对传统文化进行创新发展，强调加强对中华优秀传统文化的挖掘和阐发，使中华民族最基本的文化基因与当代文化相适应、与现代社会相协调，把跨越时空、超越国界、富有永恒魅力、具有当代价值的文化精神弘扬起来。其次，加强文明教育，通过文明教育实现文明传播。教育能够传承文明和创造服务，通过文明教育能够实现文明的传播，这是消除文明冲突的途径，也是实现不同文明和谐相处、包容共生的对策。习近平总书记指出，通过教育使人们认知、感悟不同文明之美，是消除文明冲突的方式。最后，通过更多富有中国特色的优秀作品来传播共通"文明之美"。习近平总书记指出，每一种文明都是美的创造与美的结晶，都能彰显人类的创造之美，一切美好的事物都是相通的，文明之美集中体现在哲学、社会科学等经典著作和文学、音乐、影视剧等文艺作品之中。民族的就是世界的。哲学社会科学工作者和文艺工作者应该创作出更多富有学术价值和中国特色的优秀学术作品和文艺作品，加强国际化表达，对外传播中华文明之美。

马克思曾经说："**问题**就是公开的、无畏的、左右一切个人的时代声音。问题就是时代的口号，是它表现自己精神状态的最**实际的**呼声。"① 当前出现的各种全球性生存危机不再仅仅是一种描述性的

---

① 马克思，恩格斯. 马克思恩格斯全集：第 40 卷. 北京：人民出版社，1982：289 - 290.

概念，更大程度上是一种反思性的概念。它是对人类生存方式转变的理性反思，我们需要对此正视和回应，建立面向新的全球性生存危机的哲学分析概念。因此，人类命运共同体理念应运而生，它就是对人类生存危机的一种时代性的回应。习近平总书记指出："当前，我国处于近代以来最好的发展时期，世界处于百年未有之大变局，两者同步交织、相互激荡。"① 换言之，世界正处于运动变化与发展之中，其本质在于"变"，必须构建一种新型的、全方位的国际新秩序，在此背景下，就需要深入掌握人类命运共同体和人类文明新形态的精神精髓，应对国际社会发展中的强权政治、地缘冲突、气候危机与恐怖主义等不确定因素，恰当发挥中国式现代化的道路优势。

三、数智文明：人类文明新阶段

近几十年来，以互联网、大数据、人工智能为代表的数字信息技术的飞速发展，正在彻底改变人类社会的生产生活方式和社会运作逻辑，逐渐催生出全新的人类文明新形态和文明新阶段，可称为"数智文明"。人类由此进入数字时代和人工智能时代，即进入了"数智时代"。

数智文明的核心特点是全社会的数字化和泛在的智能化，是一种针对传统时代缓慢、笨拙和模拟化的信息传递方式与完全依赖自然界生存的特点，用人类智能进行决策和从事复杂劳动的文明形态。

---

① 习近平. 习近平谈治国理政：第3卷. 北京：外文出版社，2020：428.

一个文明由技术、制度、文化这三个显性维度和道德这一隐性维度共同构成和标度。数智文明的技术基础是以网络数字化和人工智能为核心的人类科技体系的普遍数智化，从而支撑整个社会生产生活的数智化。数智文明的文化是建立在打破地域界限而形成的充分交流基础上的世界范围内的文化重组，最终形成主体认同、尊重个性多元化的文化共同体。数智文明的制度架构依托充分数智化改造的制度体系，以消减传统时代人类科层官僚治理体系的种种弊病。数智文明的治理要充分结合数智时代的技术、制度与文化变革，形成基于普遍个体参与和泛在智能辅助的多元平等高效民主法治的新的治理体系。①

数字技术和人工智能将成为推动生产力发展的重要因素，也会将人类更加紧密地联系在一起。人工智能基于数字技术，代表着人类最新科技的发展方向之一，近年来发展迅速。历史上人工智能的发展经历过几个周期的起起伏伏，而最近的这一次高峰时段在十年左右的时间里就取得了前所未有的进展，特别是随着 ChatGPT 的问世，未来以 ChatGPT 为代表的生成式人工智能和机器学习在人类生产的各个环节、人类社会的各个领域都将发挥关键作用。人工智能将以不可阻挡之势继续影响并改造人类的生产生活，重新塑造人类文明。人们对人工智能的态度，或者积极地投身其中，或者被动地发展，并不存在置身事外的选项。

人工智能的诞生对人类文明的基本假设构成挑战。人类对自然

---

① 何哲. 数智文明：人类文明新形态：基于技术、制度、文化、道德与治理视角. 电子政务，2023（8）.

与社会的认知和改造能力构筑了人类文明中的科学技术、哲学思想、道德准则、社会伦理、经济理论等经济基础和上层建筑。而现在，人工智能可以揭示出，现实正在以不同的方式被认知，而且这种认知可能比人类本身的理解更复杂、更快速、更准确。人工智能正在以一种微妙的方式，从哲学和实践两个层面重新塑造人类文明。

人工智能正在对自由信息、社会言论、领导力和决策力、外交和国际秩序、安全和防务等人类社会的方方面面产生深刻影响，改变着人与人、人与人工智能之间的关系和决策模式。特别是，将人工智能与网络武器结合的形式挑战了以规则为基础的世界秩序的前提，促使人们不得不重新思考，如何改变人类处境，重塑人类文明的基础逻辑。正如基辛格等人在《人工智能时代与人类未来》一书中所言："我们应该守护传统社会的哪些方面？我们又应该冒着失去传统社会哪些方面的风险，去缔造一个更美好的社会？人工智能作为一种新兴事物，如何融入传统的社会规范和国际均势概念中？""人工智能的出现，带来了人类仅凭理性无法获得的学习和处理信息的能力，它可能会让我们在那些已被证明超出我们回答能力的问题上取得进展……人类智能和人工智能正值风云际会，两者将彼此融汇于国家、大洲，甚至全球范围内的各种追求之中。理解这一转变，需要社会各个阶层，包括科学家和战略家、政治家和哲学家、神职人员和首席执行官们，群策群力、各抒己见并做出共同的承诺。"①

---

① 基辛格，施密特，胡滕洛赫尔．人工智能时代与人类未来．胡利平，风君，译．北京：中信出版社，2023：4-33.

尽管基辛格对人工智能未来的描述带有宗教色彩，但他基本认识到了人工智能对人类文明的重大意义以及人类应该做出何种回应。

人工智能可能会让人类变得更好，但如果被错误运用，它也可能让人类变得更糟。人工智能在帮助人们处理大数据和海量信息的同时，也加大了对世界的扭曲，出于迎合人类偏好的设定，它可以轻易地放大人们的认知偏差。在文明层面，放弃人工智能是行不通的，然而过度依赖人工智能也是不行的。各国的决策者们不得不直面这项技术的冲击，他们对人工智能应用的方式和方向负有重大责任。人类要想塑造未来，就需要就指导每个具体选择的共同原则达成一致。

无论人工智能带来的革新多么有冲击力，人工智能归根结底是一种工具，人类不能把人工智能发展为超越工具的范畴，而是必须牢牢掌握驾驭人工智能的能力。人工智能这个强大的工具带给人类更多的解放，不仅是体力劳动的解放，还带来了部分脑力劳动的解放，使人类有更多的时间去追求更高级的文明和文化。这就是人工智能对人类文明的根本意义。

在数智时代，由普遍连接形成的数字流行文化必然兴起，同时相对独立的和广域覆盖的网络空间也会进一步促进全球范围内形成更大的文化融合和变革。面对数智时代到来可能给人类社会带来的挑战，构建以全世界人民为中心的人类命运共同体显得更加紧迫。

参考文献

中文文献

马克思，恩格斯．马克思恩格斯文集：第 1 卷．北京：人民出版社，2009．

马克思，恩格斯．马克思恩格斯文集：第 4 卷．北京：人民出版社，2009．

马克思，恩格斯．马克思恩格斯文集：第 8 卷．北京：人民出版社，2009．

马克思，恩格斯．马克思恩格斯选集：第 1 卷．3 版．北京：人民出版社，2012．

马克思，恩格斯．马克思恩格斯选集：第 3 卷．3 版．北京：人民出版社，2012．

习近平．携手建设更加美好的世界：在中国共产党与世界政党高层对话会上的主旨讲话．北京：人民出版社，2017．

习近平．习近平谈"一带一路"．北京：中央文献出版社，2018.

习近平．论坚持推动构建人类命运共同体．北京：中央文献出版社，2018.

习近平．习近平谈治国理政：第 1 卷．2 版．北京：外文出版社，2018.

习近平．习近平谈治国理政：第 2 卷．北京：外文出版社，2017.

习近平．习近平谈治国理政：第 3 卷．北京：外文出版社，2020.

习近平．习近平谈治国理政：第 4 卷．北京：外文出版社，2022.

习近平．深化文明交流互鉴 共建亚洲命运共同体：在亚洲文明对话大会开幕式上的主旨演讲．人民日报，2019-05-16.

习近平．加强政党合作 共谋人民幸福：在中国共产党与世界政党领导人峰会上的主旨讲话．北京：人民出版社，2021.

习近平．高举中国特色社会主义伟大旗帜 为全面建设社会主义现代化国家而团结奋斗：在中国共产党第二十次全国代表大会上的报告．北京：人民出版社，2022.

习近平．把中国文明历史研究引向深入增强历史自觉坚定文化自信．求是，2022（14）.

习近平．习近平复信希腊学者．人民日报，2023-02-21.

习近平．携手同行现代化之路：在中国共产党与世界政党高层对话会上的主旨讲话．人民日报，2023-03-16.

阿普尔比．无情的革命：资本主义的历史．宋非，译．北京：社会科学文献出版社，2014.

艾克敏．布什总统的信仰历程．姚敏，王青山，译．北京：社会科学文献出版社，2006.

安萨莉．人类文明史．蒋林，译．北京：中国人民大学出版社，

2021.

巴尼特 . 五角大楼的新地图：21 世纪的战争与和平 . 王长斌，汤学武，谢静珍，译 . 北京：东方出版社，2007.

鲍登 . 文明的帝国：帝国观念的演化 . 杜富祥，季澄，王程，译 . 北京：社会科学文献出版社，2020.

贝瑟尔 . 剑桥拉丁美洲史：第 5 卷 . 胡毓鼎，高晋元，涂光楠，等译 . 北京：社会科学文献出版社，1992.

伯恩斯，查利普 . 简明拉丁美洲史 . 王宁坤，译 . 北京：世界图书出版公司，2009.

布罗代尔 . 资本主义论丛 . 顾良，张慧君，译 . 北京：中央编译出版社，1997.

布罗代尔 .15 至 18 世纪的物质文明、经济和资本主义：第 3 卷 . 顾良，施康强，译 . 北京：生活·读书·新知三联书店，2002.

布罗代尔 . 文明史纲 . 肖昶，等译 . 桂林：广西师范大学出版社，2003.

曹鹏飞 . 关于人类文明新形态的答问 . 北京：国家行政学院出版社，2022.

陈麟书，陈霞 . 宗教学原理：新版 . 北京：宗教文化出版社，1999.

陈玉霞 . 西方文明的危机与出路：汤因比文明形态史观研究 . 哈尔滨：黑龙江大学，2005.

崔立如 . 世界大变局 . 北京：时事出版社，2010.

达利，等 . 美索不达米亚的遗产 . 左连凯，译 . 桂林：广西师范大学出版社，2022.

戴世平 . "文明冲突论"偏颇与失实的预测 . 学术探索，1998（6）.

董并生．西方中心论的历史学基础//黄河清．欧洲文明史察疑．北京：中国大百科全书出版社，2021．

费孝通．中国文化的重建．上海：华东师范大学出版社，2014．

弗格森．文明社会史论．林本椿，王绍祥，译．沈阳：辽宁教育出版社，1999．

弗兰克．白银资本．刘北成，译．2版．北京：中央编译出版社，2005．

弗洛伊德．论文明．徐洋，何桂全，张敦福，译．北京：国际文化出版公司，2000．

福山．历史的终结与最后的人．陈高华，译．桂林：广西师范大学出版社，2014．

富尔塔多．拉丁美洲经济的发展：从西班牙征服到古巴革命．徐世澄，译．上海：上海译文出版社，1981．

冈萨雷斯．基督教史：上．赵城艺，译．上海：上海三联书店，2016．

哈特，奈格里．帝国：全球化的政治秩序．杨建国，范一亭，译．南京：江苏人民出版社，2005．

何勤华．"文明"考．政法论坛，2019（1）．

何哲．数智文明：人类文明新形态：基于技术、制度、文化、道德与治理视角．电子政务，2023（8）．

亨廷顿．变革社会中的政治秩序．李盛平，杨玉生，等译．北京：华夏出版社，1988．

亨廷顿，张铭，周士琳．不是文明是什么？：后冷战世界的范式．国外社会科学文摘，1994（10）．

亨廷顿，李俊清．再论文明的冲突．马克思主义与现实，2003（1）．

亨廷顿．我们是谁？：美国国家特性面临的挑战．程克雄，译．北京：

新华出版社，2005.

亨廷顿．文明的冲突与世界秩序的重建：修订版．周琪，刘绯，张立平，等译．北京：新华出版社，2010.

基辛格，施密特，胡滕洛赫尔．人工智能时代与人类未来．胡利平，风君，译．北京：中信出版社，2023.

基佐．欧洲文明史．程洪逵，译．北京：商务印书馆，2005.

吉登斯．现代性与自我认同：晚期现代中的自我与社会．夏璐，译．北京：中国人民大学出版社，2016.

库尔茨．资本主义黑皮书：自由市场经济的终曲．钱敏汝，张崇智，李文红，等译．北京：社会科学文献出版社，2003.

库马尔．千年帝国史．石炜，译．北京：中信出版社，2019.

赖国栋．文明、经济与布罗代尔的现实情怀．厦门大学学报，2015（3）.

雷迅马．作为意识形态的现代化：社会科学与美国对第三世界政策．牛可，译．北京：中央编译出版社，2003.

李伯庚．欧洲文化史：全球史视角下的文明通典．赵复三，译．南京：江苏人民出版社，2012.

李春辉．拉丁美洲史稿：上．北京：商务印书馆，1983.

李明．亨廷顿文明冲突论思想研究．哈尔滨：黑龙江大学，2017.

李庆霞．斯宾格勒与汤因比的文化形态学之异同．社会科学战线，2003（1）.

李慎明．马克思主义国际问题基本原理：上卷．北京：社会科学文献出版社，2008.

李慎之．全球化与中国文化．太平洋学报，1994（2）.

李世安，孟广林．世界文明史．北京：中国人民大学出版社，2002.

李小林.如何讲好中国故事.北京：商务印书馆，2019.

李琰，刘慧，赵益普，等.中国为全球减贫事业作出重要贡献.人民日报，2020-06-02.

梁孝.美国文化软战争的实质、运用及其防范.南京政治学院学报，2012（4）.

刘仓.人类文明新形态的生成逻辑、多维内涵和世界意义.陕西师范大学学报（哲学社会科学版），2022（4）.

刘禾.世界秩序与文明等级：全球史研究的新路径.北京：生活·读书·新知三联书店，2016.

刘靖华.冷战后世界冲突问题.世界经济与政治，1994（2）.

刘浪波，任学岑.文化异化的主要内涵、特征及其现实启示初探：基于《巴黎手稿》的文本考察.品位·经典，2022（4）.

刘同舫.人类文明新形态的内在依据：生产方式的创新性发展.北京：北京大学学报（哲学社会科学版），2023（1）.

刘易斯.穆斯林发现欧洲：天下大国的视野转换.李中文，译.北京：生活·读书·新知三联书店，2013.

刘易斯.历史上的阿拉伯人.马肇春，马贤，译.北京：华文出版社，2015.

刘振洪.亨廷顿"文明冲突论"四题.阴山学刊，1999（6）.

罗荣渠.现代化新论.北京：北京大学出版社，1993.

马立博.现代世界的起源.夏继果，译.3版.北京：商务印书馆，2017.

麦克尼尔.世界史：从史前到21世纪全球文明的互动：第4版.施诚，赵婧，译.北京：中信出版社，2013.

曼. 社会权力的来源：第 2 卷. 陈海宏，等译. 上海：上海世纪出版集团，2015.

米勒. 文明的共存：对塞缪尔·亨廷顿"文明冲突论"的批判. 郦红，那滨，译. 北京：新华出版社，2002.

摩尔根. 古代社会. 杨东莼，马雍，马巨，译. 北京：中央编译出版社，2007.

奈，潘忠岐，谭晓梅. 冷战后的冲突：上. 国外社会科学文摘，1997（1）.

奈. 论权力. 王吉美，译. 北京：中信出版社，2015.

牛可. 地区研究创生史十年：知识构建、学术规划和政治学术关系. 北京大学教育评论，2016（1）.

欧阳谦，贾丽艳. 卢梭的异化观及其文化批判. 广东社会科学，2019（1）.

帕戈登. 两个世界的战争：2500 年来东方与西方的竞逐. 方宇，译. 北京：民主与建设出版社，2018.

派格登. 西方帝国简史. 徐鹏博，译. 天津：天津人民出版社，2007.

潘忠岐. "文明冲突"理论的系统阐释：亨廷顿新著《文明的冲突与世界秩序的重建》简介. 现代外国哲学社会科学文摘，1997（6）.

彭树智. 两斋文明自觉论随笔. 北京：中国社会科学出版社，2012.

秦亚青. 知识涵化与社会知识再生产. 世界经济与政治，2023（1）.

阮炜. 文明与文化. 深圳大学学报（人文社会科学版），2001（2）.

萨义德. 东方学. 王宇根，译. 北京：生活·读书·新知三联书店，1999.

萨义德. 文化与帝国主义. 李琨，译. 北京：生活·读书·新知三联书店，2003.

斯宾格勒. 西方的没落. 甘长银，译. 北京：煤炭工业出版社，2016.

苏国勋．从社会学视角看"文明冲突论"．社会学研究，2004（3）.

汤一介．评亨廷顿的《文明的冲突？》．哲学研究，1994（3）.

汤一介．"文明的冲突"与"文明的共存"．北京大学学报（哲学社会科学版），2004（6）.

汤因比．文明经受着考验．沈辉，赵一飞，尹炜，译．杭州：浙江人民出版社，1988.

汤因比．历史研究．刘北成，郭小凌，译．上海：上海人民出版社，2000.

屠启宇．超越疆界：关于世界格局的地缘分析．东方，1995（1）.

汪世超．希腊化时代亚历山大城犹太区的兴衰．上海：华东师范大学，2011.

王缉思．文明与国际政治：中国学者评亨廷顿的文明冲突论．上海：上海人民出版社，1995.

王缉思．"文明冲突"论战评述．太平洋学报，1995（1）.

王晋新．动荡变换成就斐然：西欧文明之路．北京：人民出版社，2011.

王立胜．西方中心主义的历史逻辑、现实表达及其内在问题．人民论坛·学术前沿，2022（2）.

王绍光，胡鞍钢．中国国家能力报告．沈阳：辽宁人民出版社，1993.

王伟．布罗代尔史学研究．上海：复旦大学，2012.

王文．改革开放积聚民族复兴磅礴之势．前线，2019（2）.

王文．世界进入新的动荡变革期．前线，2022（7）.

威廉斯．关键词：文化与社会的词汇．刘建基，译．北京：生活·读书·新知三联书店，2005.

韦伯.马克斯·韦伯全集:第 17 卷.北京:人民出版社,2021.

沃尔夫.欧洲与没有历史的人民.赵丙祥,刘传珠,杨玉静,译.上海:上海世纪出版集团,2006.

沃尔兹,韩召颖,刘丰.冷战后国际关系与美国外交政策.南开学报(哲学社会科学版),2004(4).

夏璐.当代美国政治学中的比较共产主义研究.当代世界社会主义问题,2017(4).

徐国琦.塞缪尔·P. 亨廷顿及其"文明冲突"论.美国研究,1994(1).

杨多贵,周志田.霸权红利:美国不劳而获的源泉.红旗文稿,2015(3).

杨光斌.中国政治认识论.北京:中国社会科学出版社,2018.

杨光斌.作为世界政治思维框架的文明范式:历史政治学视野的《文明的冲突与世界秩序的重建》.学海,2020(4).

于光胜.文明的融合与世界秩序研究:关于塞缪尔·亨廷顿的文明冲突论的新解读.北京:中国社会科学出版社,2015.

张东刚.消费需求的变动与近代中日经济增长.北京:人民出版社,2001.

张东刚.奋力谱写全面建设社会主义现代化国家崭新篇章.教学与研究,2022(10).

张东刚.坚持"两个结合",开辟马克思主义中国化时代化新境界.红旗文稿,2022(23).

张东刚.深刻把握和更好运用习近平新时代中国特色社会主义思想的世界观和方法论.哲学研究,2023(5).

张飞岸.被自由消解的民主.北京:中国社会科学出版社,2015.

张琳.国外犹太人希腊化研究述论.古代文明,2022(3).

张远新 . 中国贫困治理的世界贡献及世界意义 . 红旗文稿，2020（22）.

张蕴岭 . 百年大变局：世界与中国 . 北京：中共中央党校出版社，2019.

张志旻，赵世奎，任之光，等 . 共同体的界定、内涵及其生成：共同体研究综述 . 科学学与科学技术管理，2010（10）.

张志强 . 在世界百年未有之大变局中创造人类文明新形态 . 世界社会主义研究，2022（4）.

仲伟民 . "西方中心论"源自种族主义 . 领导月读，2022（9）.

周良发，唐建兵 . 斯宾格勒、汤因比、梁漱溟文化史观之比较 . 湖南工程学院学报（社会科学版），2011（2）.

外文文献

AJAMI F. The summoning. Foreign affairs，1993（4）.

AL-RODHAN K R. A critique of the China threat theory：a systematic a-nalysis. Asian perspective，2007，31（3）.

ARNOLD J，TOYNBEE A. Study of history：abridgement of volumes I-VI（Royal institute of international affairs）. New York & London：Oxford University Press，1987.

AUSTINM M. The Hellenstic world from Alexander to the Roman conquest. 2nd. Cambridge：Cambridge University Press，2006.

ASHFORD E，BEEBE G，BLACK C，et al. Is there a deep state?. The national interest，2018（154）.

BAKER A. The West vs. the Rest. The michigan daily，2018 - 10 - 23.

BRAUDEL F. On history. Chicago：University of Chicago Press，1982.

BRZEZINSKI Z, HUNTINGTON S P. Political power: USA/USSR. New York: Viking Press, 1964.

CARNESALE A, DOTY P, HOFFMANN S, HUNTINGTON S P, et al. Living with nuclear weapons. Cambridge: Harvard University Press, 1983.

CARR J. Islamophobia, Neoliberalism, and the Muslim "Other". Insight Turkey, 2021, 23 (2).

CHANG G G. The coming collapse of China. New York: Random House, 2001.

CHARRON N. Déjà Vu all over again: a post-Cold War empirical analysis of Samuel Huntington's "clash of civilizations" theory. Cooperation and conflict, 2010 (45).

CLARKE M C. China's reform program. Current history, 1984, 83 (494).

COLLINGWOOD R G. What civilization means//The new Leviathan. New York: Thomas Crowell Company, 1971.

CROZIER M J, HUNTINGTONS P, WATANUKI J. The crisis of democracy: report on the governability of democracies to the trilateral committee. New York: New York University Press, 1975.

DUDERIJA A, RANE H. Islam and Muslims in the West. Cham: Palgrave Macmillan, 2019.

EDWARD S M. East-West passage. London: Routledge, 1971.

FIDLER D P. The return of the standard of civilization. Chicago journal of international law, 2001.

FOX J, SANDLER S. Culture and religion in international relations. Basingstoke: Palgrave Macmillan, 2004.

FREDRICKSON G M. Racism: a short history. Princeton: Princeton University Press, 2002.

FUKUYAMA F. The end of history. The national interest, 1989 (16).

FUKUYAMA F. The end of history and the last man. New York: Free Press, 1992.

FUKUYAMA F. State-building: governance and world order in the 21st century. Ithaca: Cornell University Press, 2004.

FUKUYAMA F. The origins of political order: from prehuman times to the French Revolution. New York: Farrar, Straus and Giroux, 2011.

FUKUYAMA F. Political order and political decay: from the industrial revolution to the globalization of democracy. New York: Farrar, Straus and Giroux, 2014.

GOLDSTONE J A. The coming Chinese collapse. Foreign policy, 1995 (99).

GONG G W. The standard of civilization in international society. Oxford: Clarendon Press, 1984.

HAAS R. The age of non-polarity: what will follow US dominance. Foreign affairs, 2008 (87).

HADAS M. Hellenistic culture. New York: W. W. Norton & Company, 1989.

HAIPHONG D. The importance of the 20th CPC National Congress to the world. CGTN, 2022 - 10 - 18.

HARDT M, NEGRI A. Multitude: war and democracy in the age of empire. New York: The Penguin Press, 2004.

HARKAVY H. Images of the coming international system. Orbis, 1997 (4).

HUNTINGTON S P. The soldier and the state: The theory and politics of civil-military relations. Cambridge: Harvard University Press, 1957.

HUNTINGTON S P. The common defense: strategic programs in national politics. New York: Columbia University Press, 1961.

HUNTINGTON S P. Political order in changing societies. New Haven: Yale University Press, 1968.

HUNTINGTON S P, NELSON J M. No easy choice: political participation in developing countries. Cambridge: Harvard University Press, 1976.

HUNTINGTON S P. American politics: the promise of disharmony. Cambridge: Harvard University Press, 1981.

HUNTINGTON S P. The strategic imperative: new policies for American security. Cambridge: Ballinger Pub. Co. , 1982.

HUNTINGTON S P. The third wave: democratization in the late 20th century. Norman: University of Oklahoma Press, 1991.

HUNTINGTON S P. The clash of civilizations. Foreign affairs, 1993, 72 (3).

HUNTINGTON S P. If not civilizations, what?: paradigms of the post-Cold War world. Foreign affairs, 1993, 72 (5).

HUNTINGTON S P. The clash of civilizations and the remaking of the world order. New York: Simon & Schuster, 1996.

HUNTINGTON S P. Who are we?: the challenges to America's national identity. New York: Simon & Schuster, 2004.

HUNTINGTON S P. The clash of civilizations and the remaking of world order. 2nd. Simon & Schuster, 2011.

ISMAEL T Y，RIPPIN A. Islam in the eyes of the West. London：Routledge，2010.

KANT D M. Liberal legacies，and foreign affairs. Philosophy and public affairs，1983.

KANT D M. Liberalism and world politics. American political science review，1986（80）.

KIRKPATRICK J. The modernizing imperative tradition and change. Foreign affairs，1993（4）.

KIRKPATRICK J，WEEKS A，PEIL G. The modernizing imperative：tradition and change. Foreign affairs，1993（72）.

KISSINGER H. Diplomacy. New York：Simon & Schuster，1995.

KORTUNOV A. The West vs. the Rest：or the core vs. the periphery?. Modern diplomacy，2014 – 12 – 06.

KRAUTHAMMER C. The unipolar moment，in rethinking American security：beyond Cold War to new world order. New York：Norton，1992.

LANG S. Challenges. New York：Springer，1999.

LENTIN A. Racism：a beginner's guide. London：One world Publications，2008.

LINDSAY B. State capacity：what is it，how we lost it，and how to get it back. Niskanen center，2021.

LINDVALL J，TEORELL J. State capacity as power：A conceptual framework. Stance working paper series（1）：department of political science，Lund，Sweden：Lund University，2016.

LUCAS J A. US has killed more than 20 million people in 37 "victim nations" since World War II. Global research, 2018 - 10 - 24.

MAOZ Z, RUSSETT B. Normative and structural causes of democratic peace, 1946 - 1986. American political science review, 1993 (87).

MARANGOS J. A Marxist political economy retort to the "after the Washington consensus". Review of political economy, 2023 (1).

MCEWAN C. Postcolonialism and development. London: Routledge, 2009.

NOUR A. Islam and the West: what went wrong and why. Global research, 2018 - 03 - 05.

NYE J. What new world order?. Foreign affairs, 1992 (2).

PAGDEN A. The defence of civilization in eighteenth-century social theory. History of the human sciences, 1988 (1).

PEI M. China's trapped transition: the limits of developmental autocracy. Cambridge: Harvard University Press, 2006.

QUIGLEY C. The evolution of civilizations: an introduction to historical analysis. Indianapolis: Liberty Fund Co. , 1979.

QUINN R. An analysis of Samuel P. Huntington's the clash of civilizations and the remaking of world order. London: Macat Library, 2017.

RANDALL L. An economic history of Argentina in the twentieth century. New York: Columbia University Press, 1978.

RICHARD R. A new concert of powers. Foreign affairs, 1992 (2).

ROSENAU J. The dynamics of globalization: toward an operational formulation. Security dialogue, 1996 (27).

ROSS R S. Assessing the China threat. The national interest, 2005 (81).

ROY D. The "China Threat" issue: major arguments. Asian survey,

1996, 36 (8).

RUSSETT B. Grasping the democratic peace: principles for post-Cold War world. Princeton: Princeton University Press, 1993.

RUSSETT B, ONEAL J R, COX M. Clash of civilizations, or realism and liberalism Déjà Vu? some evidence. Journal of peace research, 2000 (37).

SAAFU K. Ancient Egypt: Africa's stolen legacy. New African, 2000 (10).

SACHS J. America's unholy crusade against China. Project syndicate, 2020 – 08 – 05.

SAMIEI M. Neo-orientalism?: the relationship between the West and Islam in our globalised world. Third world quarterly, 2010, 31 (7).

SEN A. Identity and violence: the illusion of destiny. New Delhi: Penguin Books India, 2006.

SHELLY M. Aspects of European cultural diversity. London: Routledge, 1995.

SLAUGHTER A. America's edge: power in the networked century. Foreign affairs, 2009 (88).

STAROBINSKI J. The word civilization. Cambridge: Harvard University Press, 1993.

TARN. The Greeks in Bactria and India. Cambridge: Cambridge University Press, 2010.

TIERNEY D. Does America need an enemy?. The national interest, 2016 (146).

TUSICISNY A. Civilizational conflicts: more frequent, longer, and bloodier?. Journal of peace research，2004 （41）.

VOLKAN V D. The need to have enemies and allies：a developmental approach. Political psychology，1985 （2）.

WEINER M，HUNTINGTON S P. Understanding political development. Boston：Little，Brown and Company，1987.

YASHENGH. Why China will not collapse. Foreign policy，1995 （99）.

YOUNIS M. Perceptions of Muslims in the United States：a review. （2018 – 02 – 26）［2024 – 03 – 02］. http：//news. gallup. com/opinion/gallup/187664/perceptions-muslim-united-states-review. axpx.

ZHAO Suisheng. The China model：can it replace the Western model of modernization?. Journal of contemporary China，2010 （65）.

后　记

2022 年 4 月 25 日，习近平总书记在中国人民大学考察调研时指出，要发挥哲学社会科学在融通中外文化、增进文明交流中的独特作用，传播中国声音、中国理论、中国思想，让世界更好读懂中国，为推动构建人类命运共同体做出积极贡献。习近平总书记寄语广大师生，要坚定"四个自信"，弘扬优良传统，发挥特色优势，为实现中华民族伟大复兴的中国梦做出新的更大贡献。

中国人民大学作为新中国哲学社会科学的一面旗帜，一直牢记嘱托、走在前列。为更好回答中国之问、世界之问、人民之问、时代之问，加快构建以中国自主知识体系为内核的中国特色哲学社会科学学科体系、学术体系、话语体系，从 2022 年 2 月起，在党委书记张东刚的领导下，中国人民大学系统整合校内外优质力量，启动"文明史研究工程"，推动《中国文明史》《世界文明史》编写工作，从理论逻辑、历史逻辑、实践逻辑出发，学理化阐释中国式现代化与人类文明新形态的科学内涵。

"文明史研究工程"以系统性的文明史研究，学理化阐释党的创新理论，深刻揭示中国共产党带领中国人民创造百年伟业和走中国式现代化道路的深厚文明史底蕴；以"独树一帜"的标志性成果为我国国际话语权提供成果支持；以系统性工程为文史哲学科建设提供资源支持，打造人文社会科学创新高地，为走出一条建设中国特色世界一流大学的新路做出更大贡献。

在习近平总书记全球文明倡议的指引下，中国人民大学党委书记张东刚组织学校相关学科专家撰写了本书，作为中国人民大学"文明史研究工程"的重要组成部分。具体分工如下：

中国人民大学重阳金融研究院执行院长王文作为执行负责人策划本书编写工作，第一章、第二章由经济学院讲师杨成撰写，第三章由马克思主义学院教授夏璐撰写，第四章由国际关系学院教授田文林撰写，第五章由重阳金融研究院副研究员申宇婧撰写，第六章由苏州校区副教授布超撰写，第七章由重阳金融研究院研究员蔡彤娟撰写。本书写作过程中得到了学校科研处的资助和支持。

我们期望本书能抛砖引玉，推动国内新型文明观与人类文明新形态的研究，促进国际社会对全球文明倡议的积极响应，推动不同国家、不同民族、不同文化间加强交流互鉴。我们深知，本书作为"文明史研究工程"的一部分，仅仅开了个头，有待继续完善充实。在本书的出版过程中，感谢中国人民大学出版社为此付出努力的各位编辑。如有不当之处，敬请专家指正。

图书在版编目（CIP）数据

文明冲突论的终结 / 张东刚，王文著 . -- 北京：
中国人民大学出版社，2025.6. --（文明新形态"两史
两论"丛书 / 张东刚，林尚立总主编）. -- ISBN 978-7-
300-34133-0

Ⅰ. G125

中国国家版本馆 CIP 数据核字第 20255TL077 号

文明新形态"两史两论"丛书
总主编　张东刚　林尚立

文明冲突论的终结

张东刚　王　文　等 著

Wenming Chongtulun de Zhongjie

出版发行	中国人民大学出版社			
社　　址	北京中关村大街 31 号		**邮政编码**	100080
电　　话	010 - 62511242（总编室）		010 - 62511770（质管部）	
	010 - 82501766（邮购部）		010 - 62514148（门市部）	
	010 - 62511173（发行公司）		010 - 62515275（盗版举报）	
网　　址	http://www.crup.com.cn			
经　　销	新华书店			
印　　刷	涿州市星河印刷有限公司			
开　　本	720 mm×1000 mm　1/16		**版　　次**	2025 年 6 月第 1 版
印　　张	23 插页 3		**印　　次**	2025 年 7 月第 2 次印刷
字　　数	242 000		**定　　价**	79.00 元